"十四五"时期国家重点出版物出版专项规划项目

城市地下空间出版工程·城市地下物流系统研究前沿

基于地下物流系统的城市一体化货运网络
——结构、过程与机理

◎ 陈志龙　董建军　著

同济大学出版社·上海

图书在版编目(CIP)数据

基于地下物流系统的城市一体化货运网络：结构、过程与机理/陈志龙，董建军著. —上海：同济大学出版社，2022.9
城市地下空间出版工程. 城市地下物流系统研究前沿
ISBN 978-7-5765-0301-2

Ⅰ. ①基… Ⅱ. ①陈… ②董… Ⅲ. ①城市交通运输—地下铁道运输—货物运输—研究 Ⅳ. ①F570.8

中国版本图书馆 CIP 数据核字(2022)第 132402 号

城市地下空间出版工程·城市地下物流系统研究前沿
基于地下物流系统的城市一体化货运网络
——结构、过程与机理

Urban Integrated Freight Transportation Network Based on Underground Logistics Systems:
Structure, Process, and Mechanisms

陈志龙　董建军　著

策划编辑：吕　炜　胡晗欣
责任编辑：胡晗欣
责任校对：徐逢乔
封面设计：潘向蓁

出版发行	同济大学出版社　www.tongjipress.com.cn (地址：上海市四平路1239号　邮编：200092　电话：021-65985622)
经　　销	全国各地新华书店、建筑书店、网络书店
排版制作	南京文脉图文设计制作有限公司
印　　刷	常熟市华顺印刷有限公司
开　　本	787mm×1092mm　1/16
印　　张	14.5
字　　数	362 000
版　　次	2022年9月第1版
印　　次	2022年9月第1次印刷
书　　号	ISBN 978-7-5765-0301-2
定　　价	88.00元

版权所有　侵权必究　印装问题　负责调换

前 言

地下物流系统已引起世界范围内社会各界的广泛关注。早在 20 世纪,欧洲的许多国家如荷兰、德国等已进行了重要的试点项目尝试。自 1999 年国际地下物流协会在美国密苏里大学成立并召开了第一届会议以来,地下物流系统从被人们质疑到被人们认可经历了 20 多年坎坷的研究与发展。从最初的概念构想到现在的网络系统开发,地下物流系统即将在世界范围内以不同的技术形式落地实施,例如,中国北京城市副中心依托地铁构建地下物流系统,瑞士规划了城际地下物流专线等。近年来我国的国家级战略方针,如《交通强国建设纲要》(2019)和《"十四五"现代流通体系建设规划》(2022)中明确提出了发展地下物流系统。可以预见,地下物流系统因其在提高城市物流效率、缓解城市交通负面影响等方面的巨大优势必将成为未来城市发展的战略性基础设施。

30 多年来,本人一直致力于地下空间与人防工程相关的教学、研究和实践工作。在 20 世纪 90 年代就较早地介入了地下物流系统的研究,并作为国际地下物流协会理事和中国岩石力学与工程学会地下空间分会的理事长,参与和组织了第四届(2005 年,上海)、第六届(2010 年,上海)、第八届(2018 年,北京)国际地下物流会议。2004 年,主持了北京市地下空间规划项目,并将地下物流系统纳入其中,这是我国第一次尝试思考具体城市实施地下物流系统的可行性。近年来,承担了多项相关的研究项目,包括国家自然科学基金重点项目"新型城镇化导向下的城市地下物流系统集成与管理研究"及面上项目"随机特征下城市地上地下一体化货运网络的耦合机制与优化方法研究"。同时,主持和参与了国内多个城市和区域的地下物流系统规划,包括上海、武汉、青岛、北京副中心以及雄安新区等。尤其是北京城市副中心采用基于地铁的地下物流系统规划已获得正式批复,雄安新区起步区也拟采用地下物流系统,让我切身感受到地下物流系统在我国落地实施已经不远了。

地下物流系统,涉及地下空间规划、物流工程、交通工程、地下工程施工与管理等多个交叉学科。多年来在该领域的探索,让本人深切体会到地下物流系统的实践推动需要更加广泛的力量和更全面的研究。因此,有必要系统地对地下物流系统知识体系进行梳理和总结,让相关专业和关注地下物流系统的研究者与从业人员,能够通过本书,对地下物流系统的定位有总体的把握,对其系统构成有比较全面的了解,以期能够助力对地下物流系统的进一步研究和发展。

本书广泛收集了国内外城市地下物流系统规划与实践的案例,基于研究团队在地下物流领域的科研与实践的既有成果,提出基于地下物流系统的城市一体化货运网络规划设计理论。从地下物流系统既是一类新型物流方式，又是一类复杂基础设施工程的双重属性出发，考虑大型复杂网络化基础设施系统实施过程中的不确定性和动态性特征，构建包含城市地下物流系统的网络基础参数体系、地上地下物流网络一体化布局和网络开发时序等问题的综合决策理论与方法。

本书是由本人与南京理工大学董建军副教授合著完成，所属丛书"城市地下空间出版工程·城市地下物流系统研究前沿"有幸被列为"十四五"时期国家重点出版物出版专项规划项目，并得到国内外同行专家的交流和支持。特别感谢钱七虎院士在本书写作过程中提供的指导和帮助。感谢中国岩石力学与工程学会地下空间分会的同仁，北京交通大学高自友教授、刘保国教授，陆军工程大学郭东军副教授及赵旭东、任睿、陈一村、许元鲜和胡万杰博士为本书出版付出的辛劳工作。感谢同济大学出版社对本书出版发行的大力支持。

鉴于本人学术、科研水平有限，书中难免存在一些论述不够严谨的内容和值得商榷的观点，希望国内同行和专家予以批评指正。本书的写作过程参考了国内外专家学者的著作和论文，已在参考文献中一一列出，部分文献可能会有遗漏，在此，也向这些文献的作者表示深深的谢意。

陈志龙
2022 年春于南京

目 录

前言

第 1 章　　地下物流系统　001
1.1　　地下物流系统简介　001
1.2　　"未来城市"实施地下物流系统的必然性　002
1.3　　地下物流系统的技术构成与制式　007
1.4　　地下物流系统实施的可行性　015
1.5　　本章小结　017

第 2 章　　国内外地下物流系统的研究与典型案例　019
2.1　　研究现状分析　019
2.2　　国际地下物流系统实践　025
2.3　　国内地下物流系统实践　032
2.4　　本章小结　042

第 3 章　　城市地上地下一体化货运网络　046
3.1　　城市地下物流系统网络及构成　046
3.2　　基于地下物流系统的一体化货运网络耦合特征分析　048
3.3　　耦合网络的货物特征分析　055
3.4　　耦合网络性能参数分析　059
3.5　　案例研究：某市某新区 ULS 货运量预测及网络性能参数分析　061

第 4 章　　城市地上地下一体化货运网络运作流程研究　071
4.1　　一体化货物运输组织过程分析　072
4.2　　基于随机效用理论的一体化货运网络运输费用研究　074
4.3　　一体化网络运作组织模型构建与求解　078

4.4　案例研究：多因素影响下的一体化货运网络运行流程分析　081
4.5　本章小结　090

第 5 章　随机情境下的轴辐式地下物流网络分层布局优化　093
5.1　多级轴辐式地下物流系统网络规划分析　093
5.2　地下物流网络拓扑范式及布局决策边界　097
5.3　基于随机鲁棒理论的多目标地下物流网络布局最优化模型　102
5.4　最优化模型重构　110
5.5　求解算法设计　115
5.6　案例研究：北京市五环城区地下物流网络布局仿真优化　119
5.7　本章小结　127

第 6 章　城市地下物流网络开发时序与资源优化配置　129
6.1　地下物流网络"资源-时序"优化问题分析　130
6.2　网络"资源-时序"多目标动态规划模型　135
6.3　混合优化-仿真解决方案设计　144
6.4　案例研究：北京市五环城区地下物流网络开发时序与资源配置　151
6.5　本章小结　158

第 7 章　考虑碳排放的地上地下一体化货运网络资源配置及扩张研究　160
7.1　耦合网络碳排放量计算　161
7.2　耦合网络资源配置及扩张模型构建　162
7.3　资源配置及扩张模型仿真流程设计　166
7.4　案例研究：北京-雄安新区耦合一体化货运网络对资源配置的影响　171
7.5　本章小结　179

第 8 章　城市地上地下一体化货运网络多属性效益优化研究　181
8.1　耦合网络效能的多属性效益优化模型　182
8.2　两种算法设计及比较　184
8.3　案例研究：上海洋山港地下集装箱网络多属性效益优化模型分析　192

8.4　本章小结　200

第9章　基于AnyLogic的城市地上地下一体化货运网络动态仿真　202
9.1　AnyLogic仿真软件概述及功能分析　203
9.2　耦合网络的动态仿真建模　206
9.3　案例研究　210
9.4　本章小结　223

第1章 地下物流系统

1.1 地下物流系统简介

地下物流系统(Underground Logistics System,ULS)是指通过以清洁能源作为动力的自动导引车(Automatic Guided Vehicle,AGV)或胶囊小车等运载工具或介质,以单独或编组的方式在地下隧道或管道等封闭空间中全自动化地运输货物,最终将货物配送到各终端的运输和供应系统[1],又称地下货物运输(Underground Freight Transport,UFT)。

1976年,Zandi[2]第一次提出"货运管道技术"的概念。1999年,Boerkamps[3]首先将地下物流系统定义为包括运输、仓储和其他活动的物流过程。经过二十余年的发展,各国从运营模式、应用技术等角度,相继拓展了地下物流系统的概念,其中有代表性的系统如DMT[4]、CargoCap[5]、PCP[6]、Pipe-net[7]、CST[8]等(图1-1)。在我国,钱七虎院士团队率先提出基于中国国情的地下物流系统理念和发展路线,即地下物流系统为城市内部及城市间通过地下管道或隧道运输货物的一种全新概念的运输和供应系统。

图1-1 地下物流运输系统概念

可以看出，城市地下物流按运输形式可分为管道形式和隧道形式。当涉及较小物体（直径小于 1 m）时，地下货物以管道的形式进行运输；对于较大物体，则以单个车辆或列车通过隧道的形式进行运输。

管道形式的城市地下物流系统按动力来源的不同划分为气力管道（Pneumatic Pipeline，PP）、浆体管道（Slurry Pipeline，SP）和囊体管道（Capsule Pipeline，CP），其可运输货物的范围和能力有限。最早的管道运输系统可以追溯到 1853 年英国伦敦的电报管道运输系统，这种运输系统由气体驱动，通过管道传递电报和消息。到 1909 年，这种服务系统已经拓展到英国 17 个城市，仅伦敦就建设有 64.4 km 的运输管道，后来，由于现代电信技术的兴起，这些系统因失去了重要性而逐渐被废弃[9]。1971—1983 年，俄罗斯建造了几个"Transprogress"系统并投入商业使用，首套系统建在格鲁吉亚的第比利斯，用来运输碎石；其他的系统建在圣彼得堡，用于砾石、沙子、矿物甚至废弃物的运输。20 世纪 90 年代初，日本川崎重工业株式会社（TYO）和长野工业株式会社（NKK）的研究人员测试了一个由线性同步电机（Linear Synchronous Motor，LSM）驱动的胶囊运输系统的原型，试运行的轨道长 45 m，管道直径为 30 cm。同期，美国佛罗里达州莱克兰的一家磷矿开采公司 IMC Agrico 也建造了一个使用直线同步电机移动胶囊的示范项目；一种称为"Subtrans"的胶囊运输系统被运用于 UPS，TNT，EMS 三大物流配送中心与纽约附近的纽瓦克机场之间运输邮件和包裹[1]。

隧道形式的城市地下物流系统按特征分为日本的 DMT（Dual Mode Truck），美国的 FSS（Freight Shuttle System）、FRT（Freight Rapid Transit）和 Hyperloop，英国的 MUFP（MOLE Underground Freight Pipeline），德国的 CargoCap，以及瑞士的 CST（Cargo Sous Terrain）。1906 年，芝加哥在地下 12.2 m 处建造了一条长 96.6 km 的地下货物运输网络，以电驱动，以四轮机车为单元，运输城市垃圾与煤，该系统于 1959 年停止运营。1927 年，伦敦地下邮政运输系统（又称邮政铁路）投入使用，用于伦敦市中心邮政局之间的邮件运输，运行了近 80 年，于 2006 年停止运营，2017 年 7 月 17 日起作为伦敦邮政博物馆的一部分而重新开放。日本开展了一个类似于"Tokyo L-net"的项目，拟采用轻型卡车（双模卡车）通过隧道进行货物运输，该专用地下基础设施于 1994 年停止[10]。荷兰代尔夫特理工大学建立了一个专门用于研究地下物流运输设备的试验场，一直运行到 2001 年[1]。德国波鸿鲁尔大学对 CargoCap 进行研究，开发了一个比例为 1∶2 的货舱盖模型[1]。

19—20 世纪地下物流系统管道形式与隧道形式对比时间轴如图 1-2 所示。

1.2 "未来城市"实施地下物流系统的必然性

新型城镇化推进在加快城市经济社会发展的同时，也不可避免地导致越来越多的城市出现交通拥堵、环境恶化等"大城市病"，这与城市的可持续发展和人民日益增长的美好

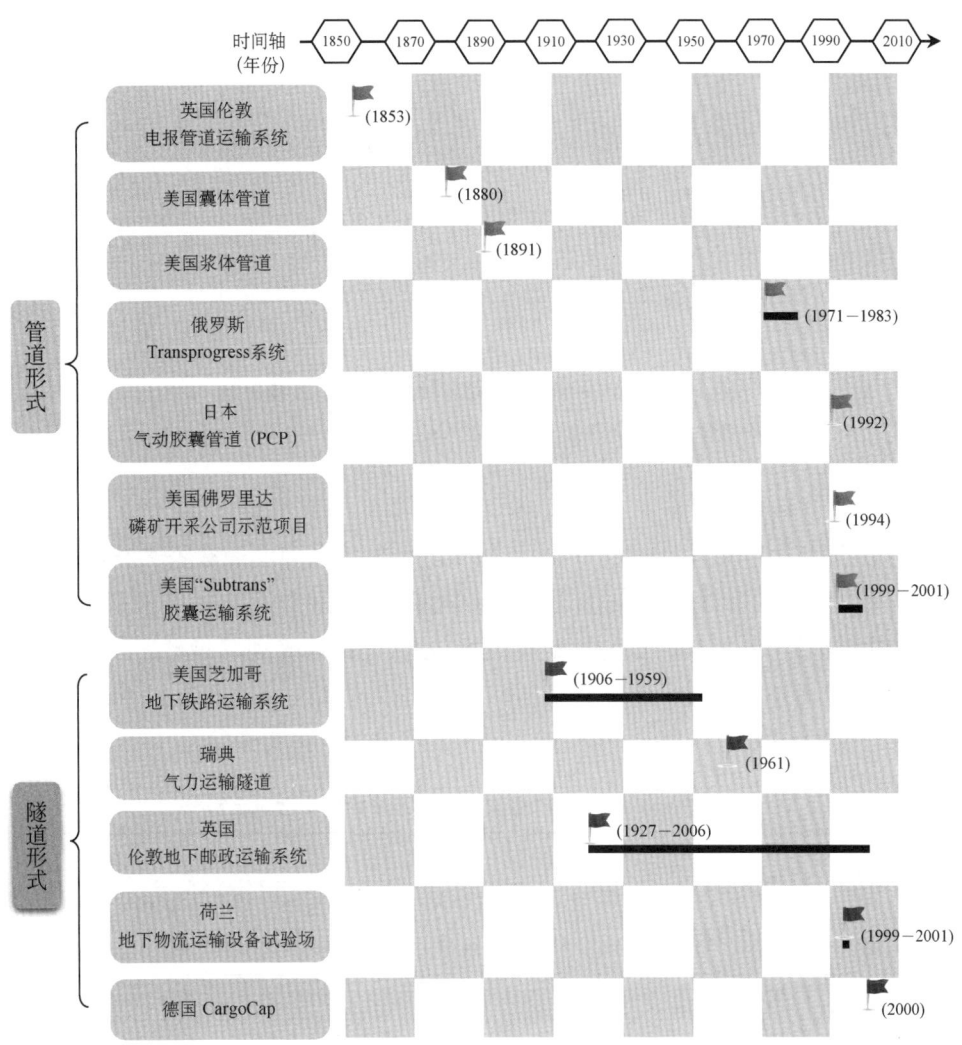

图 1-2　19—20 世纪地下物流系统管道形式与隧道形式对比时间轴

生活需要相悖。城市物流对城市定位和功能发挥起到纽带作用，中商产业研究院数据统计显示，我国同城货运市场规模从 2014 年的 8 000 亿元增至 2018 年的 12 000 亿元，年均复合增长率达 10.1%，增长十分迅速，并预计到 2023 年，市场规模将突破 18 000 亿元（图 1-3），前景广阔。然而，面对物流需求的爆发式增长（国家统计局数据显示，截至 2020 年年底，我国仅快递年业务量已达到 833.6 亿件），货运负面问题与可持续发展之间的矛盾已然成为世界范围内大城市都遇到的"困局"。

首先，城市综合交通的发展远跟不上需求的增长速度，交通问题已成为制约城市物流乃至城市可持续发展的瓶颈。

城市交通拥堵是世界范围内大城市都面临的首要难题之一。2017 年，我国已有三个城市——重庆、成都和北京，在全球拥堵城市排名中名列前十（表 1-1）。各城市高峰期的

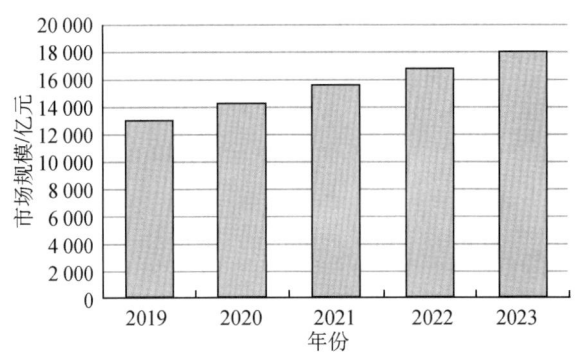

图 1-3　2019—2023 年中国同城货运市场规模预测

（资料来源：中商产业研究院，2019 年中国同城货运市场前景研究报告）

交通时间比平峰期都增加半小时以上，早晚高峰期的交通拥堵水平也都远高于 50%。《2020 Q4 中国城市交通报告》选取了我国 100 个主要城市，对交通数据进行统计，数据显示有 60% 的城市存在拥堵（通勤高峰拥堵指数大于 1.5），其中 15% 的城市非常拥堵（通勤高峰拥堵指数大于 1.8），45% 的城市处于缓行状态（通勤高峰拥堵指数处在 1.5～1.8）。此外，我国百万人口以上城市单程通勤所需时间比欧洲同规模城市超出 44.4%，以北京市为例，将交通拥堵时间折算后，居民因交通拥堵造成的损失每天超过 5 亿元人民币[11]。

表 1-1　2017 年 TomTom 发布的全球拥堵城市及拥堵参数排名前十

序号	城市	国家	统计里程/km	额外的交通时间①/min	拥堵水平/%		
					早高峰	晚高峰	整天平均值
1	墨西哥城	墨西哥	55 419	59	96	101	66
2	曼谷	泰国	40 837	64	91	118	61
3	雅加达	印尼	42 073	48	63	95	58
4	重庆	中国	6 215	55	90	94	52
5	布加勒斯特	罗马尼亚	6 435	57	90	98	50
6	伊斯坦布尔	土耳其	18 178	46	63	91	49
7	成都	中国	8 962	46	74	79	47
8	里约热内卢	巴西	20 211	43	63	81	47
9	台南	中国	7 833	37	51	71	46
10	北京	中国	22 200	47	72	84	46

注：① 额外的交通时间指高峰时段的行车时间与自由流的行车时间之差。

其次，货运对交通的干扰巨大，如拥堵、污染排放、交通能耗、噪声和事故等，城市货运可持续管理战略日渐受到关注。

截至 2019 年年底，全国民用载货汽车拥有量为 2 782.84 万辆，约占民用汽车拥有总量的10.97%。尽管货运车辆在城市机动车中所占比例较小,但货车的载重和排放量大、周转次数多且使用频率高,占用城市道路空间资源的比例较大。货车的交通量(车公里数)占整个城市范围交通量的20%以上,大城市内40%的交通拥堵是由货运造成的[12]。城市货运的尾气对空气造成污染的比重达到50%,相关物流活动占用城市约5%的土地空间[13]。欧洲大城市也因货运而越来越拥堵,能源消耗亦日益增加[14]。在交通事故率上,载重货车的交通事故率是小客车的近3倍,而当大货车占交通流的比例超过20%时,交通事故率近乎成倍增长。因此,世界各国都在为解决城市交通和环境问题进行积极探索,处理好货运交通已成为共识。

最后,针对城市货运实施的举措效果甚微,使得物流市场几乎无利可图[12]。

城市交通问题反作用于城市物流,限制了城市货运能力的增长,其内在的关系冲突如图1-4所示。一方面,为了缓解交通拥堵,各大城市主要采取分时段、分路段限行的粗放、简单化城市货运管理方案,但由此带来的物流效率降低、成本上升等问题成为物流企业不得不面对的难题。许多货运限制性政策与物流企业的经营目标存在冲突,如北京市规定,每天6时至23时,五环路(不含)以内道路禁止载货汽车通行。另一方面,仅通过单方面增加地面交通设施来满足不断增长的交通需求,既不科学也不现实[13]。事实上,在不增加物流成本或降低客户服务水平的情况下,很难仅通过政策调控手段来平衡货运的所有负面影响[15]。

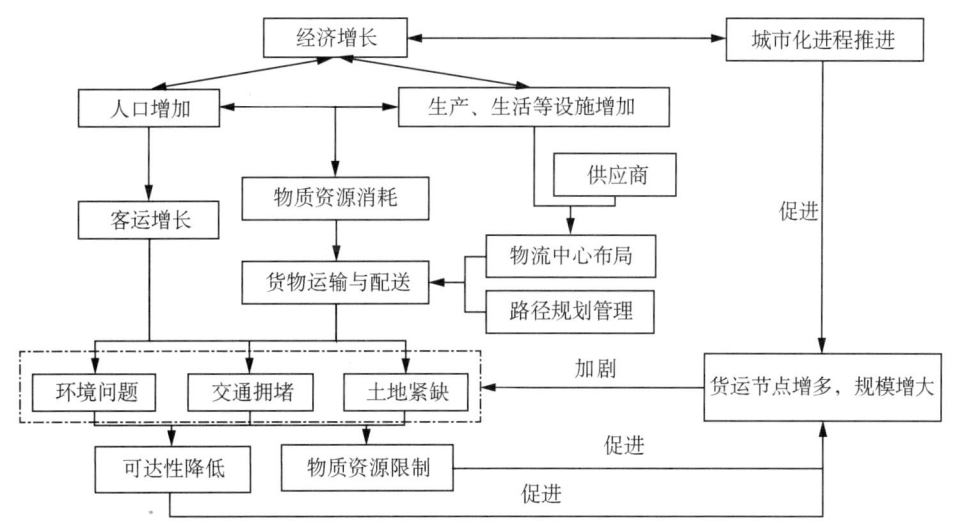

图1-4 城市化推进过程中交通运输内在作用与反作用示意

从城市有限的用地资源来看,从一维空间向多维空间扩展来发展现代化运输和供应系统,即"上天入地"成为突破城市货物运输瓶颈的新思路。而在城市空间层面,虽然无人机送货不存在技术壁垒,但出于安全性和适用小包裹特征的考虑,无人机并不适合成为现有城市货物运输的替代方法。因此,"入地"成为解决城市交通拥堵问题的新方向。

其中,"城市地下物流系统"的研究和发展逐渐被许多发达国家重视[14]。城市地下物流系统是指城市内部及城市间通过地下管道或隧道等封闭空间来自动化运输货物的一种全新概念运输和供应系统。从城市地下空间的角度来看，它不占用地面道路，与外部空间物理隔绝，可采用全自动化技术保障货物可靠的运输，能有效减少城市污染。从城市物流的角度来看，在城市有限的狭小空间内，很难新建和扩建仓储及末端节点等物流设施，而转入地下空间，依靠地下空间的深度和广度建立货运网络基础设施，能突破现有城市物流的瓶颈，提高物流运输效率。

当前，城市地下物流系统的实现技术已完全可行[14]。据国外试点项目测算，通过地下运输，能减少50%的温室气体排放、27%因空气污染关联的死亡人数、32%的相关事故损失。将地下物流系统作为新型综合交通体系的重要补充，能够完善城市交通基础设施网络，全面提升城市综合竞争力。尽管技术系统研究成熟，但当前研究仍局限于对城市地下物流系统单线或其自身的网络研究。而事实上，在城市范围内，不可能将所有货物都纳入地下物流系统进行运输。货运从地下到客户，不可避免地要经过一段地面运输。因此，地下物流系统不可能替代地上货运，二者需耦合并共同完成货物配送。更加关键的是，地下工程具有不可逆性，一旦施工则很难更改，而日益复杂的社会经济结构、动态变化的货运需求和地上地下空间一体化的影响，使地下物流系统的最优设计形态和运营管理模式很难确定[16]。正如钱七虎院士指出："城市地下空间开发利用整体管理水平不高，远不能适应城市可持续发展的整体需求。"[17] 国际组织地下物流学会（International Society for Underground Freight Transportation，ISUFT）主席Johan Visser教授也认为："无论从短期还是长远来看，地下物流系统的有效利用，离不开地上地下的整合与协同。"[1]

综上所述，基于地下物流系统的城市一体化货运是未来城市货物配送和物流可持续发展的重要模式之一，保证这种模式顺畅运行的关键就是地上货运网络与地下物流网络的耦合，在整个耦合网络中，货物配送的整体过程，地上、地下系统之间的协同性决定了整个城市一体化货运网络的服务能力和服务效率，同时，高效优质的耦合网络服务也将有效改善城市交通和环境。

由于地下工程造价高且网络形成周期长，地下物流系统在初期仅能作为城市交通运输系统的重要补充[18]。因此，本书以"基于地下物流系统的城市一体化货运网络"为研究对象，结合雄安新区、北京通州副中心等新城新区规划建设的工程实践，从地下物流网络基础参数、地上地下耦合网络的运作机理、设施布局和网络开发时序等方面来展开研究，并基于AnyLogic平台进行动态仿真试验研究。

本书的理论意义在于：首先，相比于传统城市货运配送模式，提出了基于地下物流系统的城市一体化货运网络规划建设与运营管理基础性和建设性的理论方法；其次，确立了包括一体化货运网络的基本结构形式、关键参数、运作机理、系统规划过程等一系列对于地下物流系统项目实施至关重要的理论基础，通过数学建模、智能算法和动态仿真，为以上理论提供坚实的数学推导和定量分析途径，实现了相关研究从"概念化"到"理论模型"再到"应用导向"的突破。本书对基于地下物流系统的城市一体化货运网络的深入解析丰富和拓展了城市综合交通运输体系的研究范畴，能够有效促进城市物流、地下空间和工程管理等相关学科领域的知识融合。

本书的现实意义在于：首先，相比于传统的货运网络和配送模式，基于地下物流系统的城市一体化货运网络的运行机制和结构形态更为多样化，其技术指标和约束条件作为交通运输网络体系的延伸和扩展，能够应用于城市物流、城市地下空间规划和地下工程管理等相关学科领域。以城市地下空间规划为例，通过将有限的城市道路资源和地下空间统一协同配置，可以实现综合交通运输体系的最大运营能力和效率，并缓解交通压力和改善城市环境，从而打破城市发展的"困局"。而城市货运空间由二维平面向三维立体过渡，其功能模块间的空间联系更为紧密。其次，综合交通运输体系中各类交通运输网络自身、彼此之间以及城市空间形态布局等存在复杂的交互关系，以分层货物运输视角解读城市物流组织过程中的复杂因素级联现象，可以为立体化综合交通运输体系的合理布局和系统间的无缝衔接提供基础，从而从根本上缓解城市发展与交通拥堵的矛盾这一关键问题，提高城市货运的应急能力和服务水平以适应互联网＋时代和电子商务蓬勃发展的需求。

1.3 地下物流系统的技术构成与制式

1.3.1 城市地下物流技术构成

根据所关注的地下物流应用背景和采取技术的不同，世界各国城市地下物流系统的定义和实现方式都有所区别，各有优劣。基于不同的应用场景，地下物流系统的技术形式不尽相同，主要分为两类。

(1) 城市内部地下物流系统。通过地下自动化运输来提升货物在城市地区流通的效率并缓解污染，旨在解决都市内部配送问题。比如，东京大学和日本交通署开展的 UFTS 项目[19]，提出隧道内无人驾驶和地面人工驾驶配送相结合的运营模式，利用地下两用货车(DMT)进行运输；美国纽约提出的利用气动胶囊管道(Pneumatic Capsule Pipeline，PCP)技术运输集装箱、垃圾和建筑材料等物资[20]；意大利提出的 Pipe-net 系统用于零售店或超市的包裹运输；德国波鸿鲁尔大学提出了 CargoCap 系统承担城市间集装箱和托盘运输；瑞士利用 CST 系统运输托盘、集装箱、单个物品和散装货物。

(2) 特殊形式的地下物流系统。在物流门户之间建立若干大直径隧道，实现货物的集中转移。比如，荷兰开展了连接史基浦(Schiphol)机场和阿尔斯梅尔(Aalsmeer)花卉市场的 OLS-ASH 项目，开展了对 AGV 自动引导车以及站点的设计[21]；中国上海洋山港计划建立地下集装箱专线连接外高桥场桥与嘉定物流园区，每班列车搭载两个标准箱，分摊港区约 35% 的集装箱转运量[22]。这种形式的地下物流系统可以更好地与地铁系统进行协同运输。因此，依托地铁网络实施城市地下货物运输也逐渐引起学者们的关注[23]。

根据运载工具、隧道形式、动力来源以及命名方式的不同，表 1-2 对地下物流系统的技术变迁进行了总结，列举了国内外城市地下物流系统及其主要参数。

表 1-2 地下物流系统技术变迁

编号	项目名称	国家(城市)	启动年份	追溯年份	研究层面	状态	机车制式	隧道直径/m	规模/km	运行速度/(km·h⁻¹)	系统示意
1	Pneumatic Despatch	英国(伦敦)	1853	1869	落地应用	废止	PCP	0.5	4	64	
					通过气动管道在两个相距 4 km 的证券交易所之间传递邮件						
2	Underground Parcel System	美国(芝加哥)	1906	1959	落地应用	废止	轨道列车	4~5	—	30	
					在工厂之间运送邮件、包裹和生产材料,部分经过城市的线路用于运输生活垃圾						
3	Transprogress	苏联(圣彼得堡)	1960s	1983	落地应用	取消	轨道列车	0.91	—	—	
					规划用于战时城市物资供应,建成后用于运输矿石、砂砾等工业原材料						
4	Freight Pipeline	美国	1975	1998	概念设计	取消	PCP、HCP	1.05	—	100	
					服务于快递业长距离包裹运输,每个舱体规划容载 80 kg 货物,管道最大通行能力为每小时 1 875 个舱体						
5	Sumitomo	日本	1980s	2000	落地应用	废止	PCP	1	7~10	—	
					用于将矿山石灰石输送至水泥工厂,以及在高速公路和隧道项目现场负责建筑材料的运输,舱体容载 1.6 t 货物						
6	Tokyo L-net Logistics LAN	日本(东京)	1993	2002	概念设计	取消	DMT	5.5	300	30	
					通过无人驾驶的电动货车在专用地下道路中运输货物,每辆 DMT 容载 2 t,主要承运零售商品、食物和城市垃圾						
7	Alameda Corridor	美国(洛杉矶)	1994	2020	落地应用	运行	轨道列车	—	32	65	
					连接海港和铁路终端的渠道式地下集装箱铁路运输线路,每天运行班次 60 列,有效缓解港城矛盾						

（续表）

编号	项目名称	国家（城市）	启动年份	追溯年份	研究层面	状态	机车制式	隧道直径/m	规模/km	运行速度/(km·h^{-1})	系统示意
8	OLS-ASH	荷兰（阿姆斯特丹）	1994	2005	实验仿真	暂停	AGV	4	25	20	
					利用 200~400 辆 AGV 往复行驶于 3 个物流终端组成之间的隧道来运输花卉托盘						
9	CargoCap	德国（波鸿）	1998	2008	实验仿真	暂停	胶囊小车	2	80	36	
					由直线电机驱动的轮制胶囊小车在高密度地下配送网络中编组运行，小车承载两个标准欧洲托盘，最小行驶间距为 2 m						
10	PCP-Container	美国（纽约）	2004	2008	概念设计	取消	PCP	10	320	56	
					通过矩形气动舱隧道实现纽约港与周边 5 个城市的集装箱转移，每小时发送 270 个标准欧洲箱舱体						
11	UCM	比利时（安特卫普）	2005	2010	概念设计	暂停	传输带	8	20	16	
					在港区内部建立地下集装箱运输环线隧道连接海岸两侧的不同码头，系统与场桥直接对接，每年规划转运 450 万标准箱						
12	Pipe-net	意大利（佩鲁贾）	2009	2020	实验仿真	研发	真空管	0.8	—	1 500	
					在地下真空管内发射超高速、高频次胶囊舱体，每个舱体尺寸约为 0.6 m（长）×3.5 m（宽），承载 50 kg 货物或一个集装箱转运量						
13	UCTS	中国（上海）	2010	2020	可行性论证	研发	轨道列车	5~8	30	80	
					建立地下集装箱专线连接外高桥与嘉定物流园区，每班列车搭载两个标准箱，分摊港区约 35% 的集装箱转运量						
14	Mole	英国（曼彻斯特）	2012	2020	实验仿真	研发	轨道列车	3~4	50	36	
					利用由直线电机驱动的地下轨道机车实现城市配送，系统设计每年处理 100 万件包裹						

(续表)

编号	项目名称	国家（城市）	启动年份	追溯年份	研究层面	状态	机车制式	隧道直径/m	规模/km	运行速度/(km·h⁻¹)	系统示意
15	UFT	美国（得克萨斯）	2014	2020	可行性论证	研发	轨道列车	7.6	402	72	
					• 将休斯顿港的集装箱通过地下线路分配至周边城市，系统每年发车1 334班次，每天运输2 880个集装箱						
16	Hyperloop One	美国	2017	2020	工程建设	施工	真空管	3	—	1 126	
					• 通过地下真空管和磁悬浮运输技术，实现货物在城际间的集中高速运输						
17	Cargo Sous Terrain	瑞士	2018	2020	工程建设	施工	轮制列车	6	350	60	
					• 以苏黎世为中心建立若干地下线路连接周边城市，通过悬挂式及无人车辆运输托盘和小型货物，初建线路长度为70 km						
18	ARUP-JTC	新加坡	2019	2020	可行性论证	研发	胶囊小车	—	—	未知	
					• 初期考虑新加坡港附近建立地下仓储中心，后期考虑在社区内建立末端地下配送网络，解决"门到门"运输						
19	Magway	英国（伦敦）	2019	2020	筹资	研发	磁悬浮	2	100	64	
					• 开发地下磁悬浮胶囊运输技术，服务于伦敦地区每年600万件的包裹配送						
20	雄安新区地下货运系统	中国（雄安）	2017	2020	可行性论证	研发	轨道列车	3~6	—	—	
					• 面向未来城市，利用预留于雄安容东片区地下空间的货运廊道实现物流园区到城内客户的自动化配送						

1.3.2 典型地下物流系统运输设备制式

1. PCP 系统

气动胶囊管道(PCP)系统是利用圆形或矩形的胶囊轮式车辆在管道内被空气推动来运输货物。管道的形式根据胶囊轮式车辆的不同,可分为圆形管道和矩形管道,如图 1-5 所示。

(a) 圆形管道

(b) 矩形管道

图 1-5 管道样式

PCP 主要利用线性感应电动机(Linear Induction Moter,LIM)电磁泵进行驱动。它最早由 Liu 和 Rathke 在 1976 年提出,并在 1984 年获得专利。根据研究,为了实现最佳操作,当管道为圆形截面时,每个 LIM 的长度应约为管道直径的 50 倍;当管道为方形截面时,每个 LIM 的长度应约为管道宽度的 50 倍。根据 PCP 设计的经验法则,对于使用 1 m 管径的 PCP,沿管道每 5 km 需要布置一个长约 50 m 的 LIM。这通常会使 LIM 站之间的管道上产生不超过 0.3 个大气压的压降,胶囊速度约为 20 m/s,最大填充量约为 20%。

2004 年以来,针对不同类型货物的运输,比较有代表性的 PCP 系统按照系统从小到大的顺序排序分别是:

(1) 用于运输大量矿物和矿山废弃物的 PCP 系统。该系统由 LIM 泵驱动,使用一个截面为 1 m×1 m 的方形管,并使用矩形胶囊,每个胶囊底部装有 4 个钢轮,车轮在双钢轨上运行,类似于普通火车。该系统每年可运输多达 5 000 万 t 矿物。稍加修改,该系统还可用于运输固体废物、建筑材料、某些农产品(如谷物)以及邮件和包裹。

(2) 用托盘或箱子/板条箱或袋子运输货物的 PCP 系统。托盘货物 PCP 系统设计在托盘上,或在盒子/板条箱中,或在袋子中,可以使用标准的装卸设备如叉车或起重机装载和卸载胶囊。该系统也可以运输用小型集装箱装载的货物,PCP 管道的方形截面尺寸约为 1.7 m×1.7 m,托盘集装箱尺寸为 3.891 m(长)×1.435 m(宽)×1.456 m(高)。每个集装箱可以容纳 3 个托盘[托盘占地面积为 1.22 m×1.22 m,托盘可用高度(头部空间)为 1.3 m],集装箱的空重为 1 000 kg,每个集装箱可以携带 2 380 kg 的货物。

（3）用于运输 20 英尺或 40 英尺标准集装箱①的 PCP 系统。集装箱的前后隔间为每个集装箱所携带的轮子、电池和特殊设备的空间。中间隔间是 1 个 40 英尺集装箱或者 2 个 20 英尺集装箱。采用 2 个单轴转向架，分别位于胶囊两端，该系统 PCP 管道截面尺寸约为 3.3 m×3.3 m。

2. 自动导向车

为了解决东京都市圈的交通拥堵问题，日本于 1991 年提出的东京 UFTS 项目由东京大学和日本交通署牵头进行一系列的地下货运可行性研究。UFTS 采取的技术形式为两用货车（DMT），这种轮制货车能在隧道内以 45 km/h 的速度实现无人驾驶，出地面后则由人工驾驶将货物配送到终端。其中一个名为"Tokyo L-net"的子项目中，规划了长 300 km、直径为 5 m 的地下隧道，地下物流节点共有 150 个，如图 1-6 所示。但是由于得不到政府支持，无论是"Tokyo L-net"还是后续的"Logistics LAN"项目都没有得到实施。

图 1-6 "Tokyo L-net"项目

荷兰 ASH 项目使用了 AGV 进行地下货物的运输，利用 200~400 辆轮制 AGV 往复行驶于 3 个物流终端组成之间的隧道来运输花卉托盘。这种 AGV 和现有的内部运输 AGV 系统一样，采用电力驱动，不同的是 ASH 项目中使用的 AGV 要大得多。网络中的规划隧道长度为 16~25 km，隧道直径为 4 m，连接 5~20 个终端，运输速度为管内 6 m/s、码头 2 m/s，能处理 10 英尺的飞机托盘（尺寸为 3.18 m×2.44 m×3.00 m，承载能力为 3 500 kg，长 6 m），也能处理 6 个工业托盘或 4 辆花卉拍卖市场汽车的货物。

3. CargoCap 系统

CargoCap 是由德国波鸿鲁尔大学 Stein 教授提出的在地下运行的轨制胶囊车，其设计是根据空气动力学原理，采取后轮驱动的方式，侧向导轮使胶囊车保持在轨道上行驶或变轨。车轮的驱动力主要由带有变频器的三相异步电动机（图 1-7）提供。

---

① 20 英尺标准集装箱尺寸：5.898 m（长）×2.352 m（宽）×2.390 m（高）。
40 英尺标准集装箱尺寸：12.024 m（长）×2.352 m（宽）×2.390 m（高）。

图 1-7 CargoCap 项目三相异步电动机

每个 CargoCap 装载两个标准欧洲托盘，其主要技术参数如表 1-3 所列。

表 1-3 CargoCap 主要技术参数

相关指标	数值	单位	相关指标	数值	单位
净重	800	kg	车轮直径	200	mm
最大载重	2 000	kg	轴距	2 840	mm
最大速度	40	km/h	车长	3 500	mm
最大加速度	1	m/s^2	电压	500	V
轨距	800	mm	持续功率	3 400	W
			最高功率	35 000	W

4. 集装箱运输系统

随着直线感应电动机和隧道掘进机设计技术的进步，地下货物运输（UFT）系统已可以承载不同尺寸集装箱的负载。基于集装箱的尺寸（长 12.20 m、宽 2.44 m、高 2.90 m），系统可容纳 20 个美国货盘，最大毛重达 30 844 kg。国际航空运输协会（the International Air Transport Association，IATA）A-2 板条箱长 3.17 m，宽 2.23 m，高 2.01 m，毛重可达 6 033 kg。在从货运站到仓库的短途运输路线上，需考虑空运箱荷载。图 1-8 展示了每个负载的形状及尺寸。

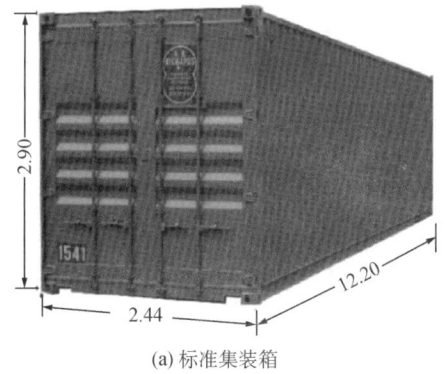
(a) 标准集装箱

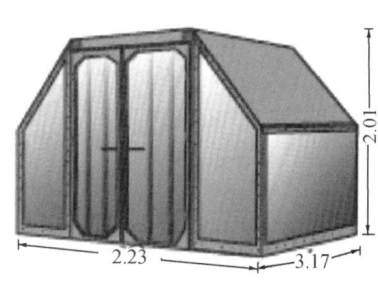
(b) IATA A-2 板条箱

图 1-8 标准集装箱和 IATA A-2 板条箱的形状及尺寸（单位：m）

隧道是货物运输所需的地下空间,大多由混凝土管制成,对于这种应用,根据土壤条件和其他地下设施(如埋地公用设施线路)情况,隧道的深度可达到 12.2～18.3 m。图 1-9 和图 1-10 分别显示了标准集装箱和 IATA A-2 板条箱 UFT 系统的设计示意。

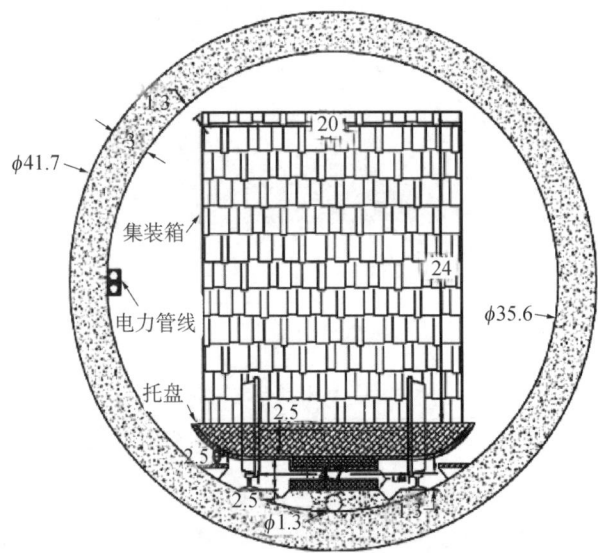

图 1-9 标准集装箱 UFT 系统方案设计(单位:cm)

(图片来源:Shahooei S, Mattingly S P, Shahandashti M, et al. Propulsion system design and energy optimization for autonomous underground freight transportation systems. Tunnelling and Underground Space Technology, 2019, 89: 125-132.

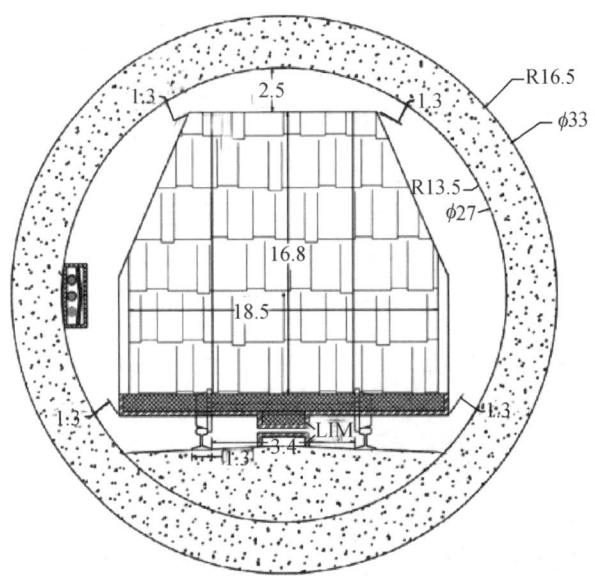

图 1-10 IATA A-2 板条箱 UFT 系统方案设计(单位:cm)

(图片来源:Shahooei S, Mattingly S P, Shahandashti M, et al. Propulsion system design and energy optimization for autonomous underground freight transportation systems. Tunnelling and Underground Space Technology, 2019, 89: 125-132.)

1.4 地下物流系统实施的可行性

1.4.1 政策可行性

从城市有限的用地资源来看,发展地下物流系统是革新城市物流的不二之选。地下物流系统完全符合国家重大战略需求和"创新、协调、绿色、开放、共享"的新治国发展理念。"绿色物流""智慧物流"等关键词频繁出现在国家重大纲领性文件中,如"十三五"规划以及《交通强国建设纲要》《国家新型城镇化规划(2014—2020年)》《国家中长期科学与技术发展规划(交通专题)》《物流业发展中长期规划(2014—2020年)》《"十三五"现代综合交通运输体系发展规划》等。地下基础设施工程是《国务院办公厅关于保持基础设施领域补短板力度的指导意见》中的重要方向。表1-4列举了2006年以来我国关于城市交通发展方向的政策文件。

表1-4 2006年以来城市交通发展方向相关政策文件汇总

序号	发布时间	文件名称	相关内容
1	2006-02-06	《国家中长期科学和技术发展规划纲要(2006—2020年)》	重点开发现代物流技术和城市交通管理系统
2	2014-03-16	《国家新型城镇化规划(2014—2020年)》	依托多种交通方式的衔接,完善集疏运系统与配送系统
3	2014-09-12	《物流业发展中长期规划(2014—2020年)》	提高物流效率,降低物流成本,以减轻资源和环境压力为重点
4	2016-05-25	《城市地下空间开发利用"十三五"规划》	地下空间应当优先安排市政基础设施建设和发展的需要
5	2017-03-01	《"十三五"现代综合交通运输体系发展规划》	要推进城市治理现代化,着力解决交通拥堵、交通安全等问题
6	2018-09-17	《推进运输结构调整三年行动计划(2018—2020年)》	加强不同运输方式间的有效衔接,完善城市配送网络节点配套设施建设
7	2019-09-19	《交通强国建设纲要》	大力发展城市地下物流配送系统
8	2020-12-03	《北京物流专项规划》	核心区内不规划独立占地的物流节点,只配置末端物流设施,核心区内应统一配置末端配送场所,尽量结合地下空间设置
9	2021-03-11	《中华人民共和国国民经济和社会发展第十四个五年规划和2035年远景目标纲要》	建设现代化综合交通运输体系,推进各种运输方式一体化融合发展
10	2021-04-08	《2021年新型城镇化和城乡融合发展重点任务》	优化综合交通枢纽布局,建设衔接高效的综合货运枢纽,促进各类交通方式无缝接驳

河北省政府工作报告中提出在雄安新区实施地上地下一体化物流体系，并已进入规划阶段。北京副中心通州区地铁-货运项目已列入区域控制性详细规划中。国内多家龙头企业，如中国铁建股份有限公司、中国建筑集团有限公司、京东物流集团、顺丰速运有限公司等已将城市地下物流系统的开发作为企业未来的重要研发方向，准备应对即将到来的大规模实施。

1.4.2 经济可行性

地下物流系统具有潜在的市场和应用前景，由于可配备不同的运输机车，以满足各种类型货物的运输需求，因此即使在同一轨道上，冷链、液体货物和普通货物也可以通过不同形式的车辆同时运输，远超地面物流的运输能力。通过大规模运营、货物和机车的有效配置、运输资源的最大化利用等方式，可以稳定、显著地提高城市物流的效率。

地下物流系统综合效益明显，经济效益良好。直接的社会效益包括缓解交通拥堵、减少交通污染排放、提高货运效率以及使用清洁能源以减少能源消耗等。间接的社会效益体现在促进区域经济发展、提高城市土地价值等方面。物流服务系统不仅可以在物流供应链的各个层面运作，而且可以与其他物流模式协作，为供应商、公司、中间商、消费者和其他各方提供服务。尽管运营成本较高，但地下物流系统仍具有良好的外部经济性。在考虑用城市交通系统替代现有的城市交通时，节省的人力和购车成本甚至会高于城市交通系统的运营成本。在政府补偿政策的条件下，边际社会效益远高于边际运营成本，也将高于用户的边际成本。

嵌入地下空间中的城市地下物流系统是一个流动的区域空间，进一步研究将考虑其与城市轨道交通、地下商业综合体等地下设施的联系，促进地下空间人流、物流、资金流和信息流的融合，提高城市地下空间的管理水平；降低地下商业物流链的复杂性，改善仓储模式和货运模式，可以促进城市地下空间发展和产业升级，最终实现"智慧城市"，促进可持续发展。

1.4.3 技术可行性

我国的地下工程建设在地铁、山河隧道、地下电站、地下储库等方面已取得显著的成就，隧道工程技术居世界领先地位，地下空间开发利用规模和速度居世界第一。截至2021年9月，我国共有48个城市运营地铁共249条，运营里程达8 069 km，居世界首位。重庆正在建设的解放碑地下环道，全长6.3 km，三期工程预计于2022年10月完工，建成后，将连通已运行的环道一、二期工程，形成地下"一环七线N连通"的交通循环体系，连接26个车库、20 000多个车位，使其有效共享地下空间，充分利用城市地下空间，最终打破地下空间的孤立和非系统性利用。我国还有许多大型隧道工程，如亚洲第一条长公路隧道——秦岭—终南山隧道，全长18.02 km；渤海海峡隧道，全长57 km；等等。

地下物流系统运输设备多种多样，如PCP/HCP、SFS（美国）、AGV（荷兰）、CargoCap

（德国）、DMT（日本）和 Mole 集装箱卡车（英国）等。近年来，针对地下物流系统的研究逐渐从理论研究、实验室研究走向了应用和工程实践，这一切都是基于地下物流系统运输设备展开的。在中国，机车企业以中国中车股份有限公司为龙头，从事轨道车辆和城市轨道车辆等产品的设计制造。在上海市科学技术委员会的支持下，上海振华重工（集团）股份有限公司采用直线电机技术开发了地下集装箱运输机车，提高了机车的速度和运输能力。

此外，科学技术的发展也为地下物流系统提供了良好的技术基础。网络化、信息化、智能化技术促进了物流智能化，已成为众多物流企业的战略重点。一系列新技术在货运市场推广，包括物联网、云计算、大数据、跟踪和定位、无线射频识别、电子数据交换、可视化和移动信息等。传统物流企业自身资源优势已经变成了"互联网＋"创新模式。例如，2016 年年底，交通运输部提出"承运人无卡车"模式，积极探索道路货运转型。智能仓储管理系统正在快递、电子商务、冷链、医药等领域迅速发展。机器人、无人机电子配送等智能物流技术也得到了应用。终端智能配送方式正在不断完善和推广。机械化、自动化、信息化显著提高了我国物流业供应链各环节的运营管理水平。

综上所述，我国已经具备了地下物流系统硬件开发、生产、组装和施工的技术储备。

1.5　本章小结

本章从地下物流系统的概念、研究的背景和意义、技术构成与制式以及实施的可行性四个方面对地下物流系统及其网络做了基础性的介绍。运载形式和动力技术的多样性使得城市地下物流系统具有广泛的适用性。

本章参考文献

［1］Visser J G S N. The development of underground freight transport: An overview[J]. Tunnelling and Underground Space Technology, 2018, 80: 123-127.

［2］Zandi I, Allen W B, Morlok E K, et al. Transport of solid commodities via freight pipeline: First year final report[R]. University of Pennsylvania, 1976.

［3］Boerkamps J, Van Binsbergen A. GoodTrip—new approach for modelling and evaluation of urban goods distribution[C]//Proceedings of the 1st International conference on city logistics, Cairns, Queensland, Australia, 1999.

［4］Kashima S, Nakamura R, Matano M, et al. Study of an underground physical distribution system in a high-density, built-up area[J]. Tunnelling and Underground Space Technology, 1993, 8(1): 53-59.

［5］Stein D, Stein R, Beckmann D, et al. CargoCap: Feasibility study of transporting containers through underground pipelines[C]//Proceedings of the 4th ISUFT, Shanghai, China, 2005.

［6］York K, Liu H. Predicting drag coefficient of pneumatic capsule[J]. Journal of Transportation Engineering, 2001, 127(5): 390-397.

［7］Cotana F, Rossi F, Marri A. Pipe-net: Application study and further development of system[C]//

Proceedings of the 6th ISUFT, Shanghai, China, 2010.

[8] Wikipedia electronic encyclopedia. Cargo Sous Terrain[EB/OL]. (2019-02-12). https://en.wikipedia.org/wiki/Cargo_Sous_Terrain.

[9] Standage T. The victorian internet: The remarkable story of the telegraph and the nineteenth century's on-line pioneers[M]. New York: Walker Publishing Company Inc, 1998.

[10] Taniguchi E, Ooishi R, Kono T. Development and future perspectives for underground freight transport systems in Japan[C]//Proceedings 2nd International Symposium Underground Freight Transportation by Capsule Pipelines and Other Tube/Tunnel Systems (ISUFT 2000), TRAIL Conference Proceedings Series no. P2000/2, TRAIL Research School, Delft, 2000.

[11] 郭东军, 陈志龙, 钱七虎. 发展北京地下物流系统初探[J]. 地下空间与工程学报, 2005, 1(1): 37-41.

[12] Speranza M G. Trends in transportation and logistics[J]. European Journal of Operational Research, 2018, 264(3): 830-836.

[13] Gonzalez-Feliu J, Ambrosini C, Pluvinet P, et al. A simulation framework for evaluating the impacts of urban goods transport in terms of road occupancy[J]. Journal of Computational Science, 2012, 3(4): 206-215.

[14] Commission E. EU transport in figures: Statistical pocketbook[R]. Luxembourg, Office for Official Publications of the European Communities, 2018.

[15] Dablanc L. Freight transport for development toolkit: Urban freight[R]. Washington: The World Bank, 2009.

[16] Li X Z, Li C C, Aurele P, et al. Multiple resources and their sustainable development in Urban Underground Space[J]. Tunnelling and Underground Space Technology, 2016, 55: 59-66.

[17] 钱七虎. 地下空间科学开发与利用[M]. 南京: 江苏科学技术出版社, 2007.

[18] Taefi T T, Kreutzfeldt J, Held T, et al. Supporting the adoption of electric vehicles in urban road freight transport—A multi-criteria analysis of policy measures in Germany[J]. Transportation Research Part A: Policy and Practice, 2016, 91: 61-79.

[19] Kosugi S. Effect of traveling resistance factor on pneumatic capsule pipeline system[J]. Powder Technology, 1999, 104(3): 227-232.

[20] He M, Sun L, Zeng X, et al. Node layout plans for urban underground logistics systems based on heuristic Bat algorithm[J]. Computer Communications, 2020, 154: 465-480.

[21] Pielage B J. Underground Freight Transportation. A new development for automated freight transportation systems in the Netherlands[C]//Proceedings of the 2001 Intelligent Transportation Systems, Oakland, California, USA, 2001.

[22] Chen Y, Guo D, Chen Z, et al. Using a multi-objective programming model to validate feasibility of an underground freight transportation system for the Yangshan port in Shanghai[J]. Tunnelling and Underground Space Technology, 2018, 81: 463-471.

[23] Dampier A, Marinov M. A study of the feasibility and potential implementation of metro—Based freight transportation in Newcastle upon Tyne[J]. Urban Rail Transit, 2015, 1(3): 164-182.

第2章
国内外地下物流系统的研究与典型案例

2.1 研究现状分析

为了全面而准确地分析城市地下物流系统,本节从地下物流系统的全球研究趋势和地下物流系统网络两个方面的研究现状展开分析。

2.1.1 地下物流系统的全球研究趋势

1. 基于知识图谱的研究主题聚类分析

采用数据挖掘软件 VOSviewer 分析近 20 年来地下物流系统(ULS)的相关文献,热点研究主题如图 2-1 所示。

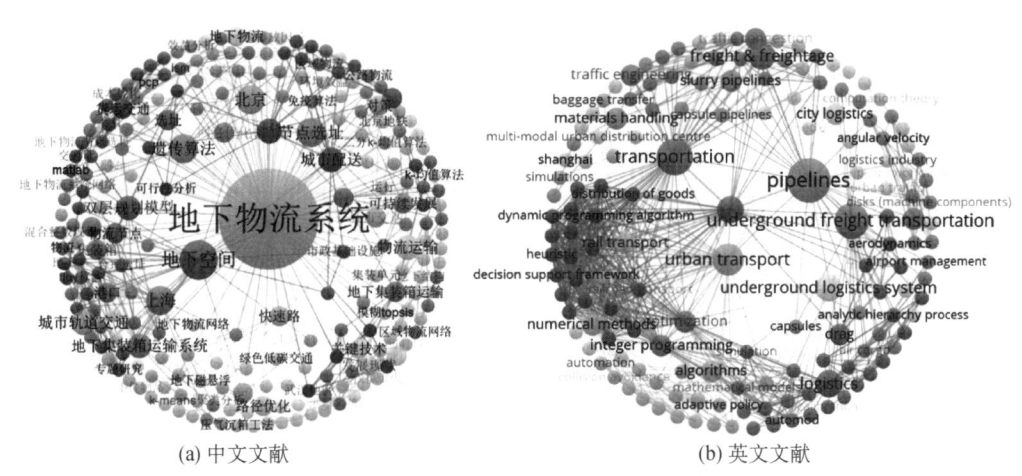

(a) 中文文献　　　　　　　　　　　(b) 英文文献

图 2-1　近 20 年 ULS 文献研究热力图谱(1998—2019 年)

ULS 相关英文文献采用 Scopus 数据库检索获得。对全部检索到的 98 篇 SCIE、SSCI 源英文期刊论文,43 篇核心及以上的中文期刊论文,以及 92 篇国际 ULS 会议论文(去除重复后)进行关键词综合分析,按词频从高到低排序为:地下货物运输、管道运输、城市交通、ULS、整数规划、算法、延迟、交通拥堵、数学模型、胶囊等,所得图谱如图2-1(b)所示,节点之间连线紧密,热点区域辨识程度较高,约1/5的研究集中在ULS的建模与优化方法领域。

中文文献根据CNKI检索获得,按关键词共现频率从高到低排序为:ULS、地下空间、节点选址、遗传算法、北京、城市配送、上海、双层规划模型、物流节点、网络优化和地下集装箱运输等,可见国内研究更多聚焦于地下空间与基础设施规划,以及针对大城市的网络设计方法,研究内容分布较为零散,尚不成体系。

2. 文献发表年份及国家分布

对上述期刊文献的发表年份分布情况进行分析,如图2-2所示,国内外学者对ULS的研究一直处于不温不火的状态,直到2018年开始出现爆发式增长,2019年一年在学术期刊上共发表了34篇论文(英文20篇、中文14篇),意味着ULS已经引起了学者们广泛的关注和认可,与ULS直接相关的科学话题将在未来几年内迎来研究热潮。

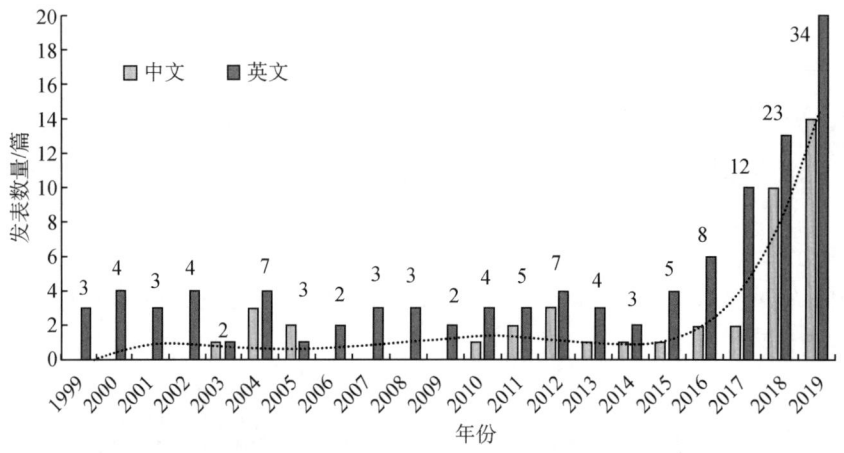

图2-2 ULS期刊文献发表年份分布

国际地下物流学会(International Society for Underground Freight Transportation, ISUFT)是由各国ULS研究者组成的综合学术群体,现代ULS的研究共经历了20年,其间举办过8次大型会议(表2-1),一些发达国家如美国[1]、荷兰[2]、德国、日本[3]已开展了不同程度的理论研究与工程实践。国内最早由陆军工程大学钱七虎院士团队提出并开展相关研究[4],中国地质大学[5]和上海市政工程设计研究总院(集团)有限公司[6]等机构的研究也开展得较早。

表2-1　　　　　　　　　　ISUFT会议年度议题

届次	时间	地点	主办单位	议题	论文数量
第一届	1999年	美国密苏里州	密苏里大学哥伦比亚分校	学会成立;提出ULS及其特点;技术发展;潜在的应用领域	—

(续表)

届次	时间	地点	主办单位	议题	论文数量
第二届	2000年	荷兰代尔夫特	代尔夫特理工大学	ULS的基本描述；政策与规划问题；组织与实施,物流与经济学问题；技术发展；荷兰在规划ULS中的经验；车辆构造、动力和导向技术	27
第三届	2002年	德国波鸿	波鸿鲁尔大学	提出了CargoCap概念；建造技术；法律框架和经济可行性；发展ULS的动因	21
第四届	2005年	中国上海	上海市城乡建设和交通委员会	中国发展ULS的总体概念与阶段性发展规划；建立了ULS在工程布局、成本效益等方面的理论体系	29
第五届	2008年	美国得克萨斯州阿灵顿	得克萨斯大学阿灵顿分校	ULS的实证研究；提出了ULS应用领域的分类标准；荷兰史基浦机场的案例分析	18
第六届	2010年	中国上海	中国岩石力学与工程学会	ULS的环境效益评价；城市垃圾的地下运输；政府在发展ULS中的作用	14
第七届	2016年	美国得克萨斯州阿灵顿	得克萨斯大学阿灵顿分校	施工方法,如盾构、非开挖技术等；可行性研究；货运管道在城市环境中的应用研究	11
第八届	2018年	中国北京	中国岩石力学与工程学会	城市ULS网络规划；地铁货运系统的可行性；地上地下一体化城市物流产业布局	22

图2-3展示了ISUFT会议文献以及在外文数据库Scopus上检索到的以ULS为主题的期刊文献国家分布情况,可以发现,尽管我国在该领域属于后来者,但在论文贡献总量方面目前已跃居世界第二。从各届会议论文和议题情况来看,许多有价值的问题已经被界定并取得了一定的成果,但目前的研究对于指导ULS规划建设直至最终落地还远远不足[7]。由中国岩石力学与工程学会牵头的第八届ISUFT暨第二届中国国际ULS会议(CLULS 2018)在北京召开,主题为"城市ULS,让生活更美好",由中国机构承办的

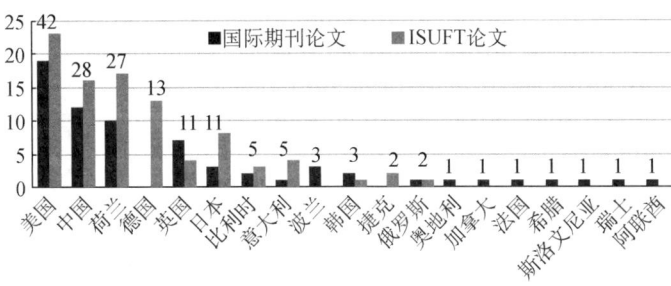

图2-3 国际ULS学术期刊发表国家分布（基于Scopus数据库）

ISUFT会议数量表明，我国对ULS的研究在世界上的影响力逐渐扩大，也体现了我国城市货运问题面临的困境对ULS的迫切需求和认知接受程度。综合而言，ULS是一个相对崭新且拥有广阔学术前景的拓展领域，并且已然成为交通运输工程和地下工程建设与管理领域研究的热点[8]，有必要基于我国特大城市案例，对ULS的前沿管理规划问题开展系统性研究。

3. 城市地下物流系统主要研究方向

由于地下物流系统的建设和运营周期长，其系统的网络形态、参数设置和运营管理模式各项特征与城市地面货运交通相互作用、相互影响，且地下工程具有不可逆性，因此，即使工程建设不存在重大问题，但影响货物运输各项性能和指标的定量分析还是很复杂的。首先，地下物流系统属于地下工程，是交通运输网络的重要组成，具有城市关键基础设施、物流和地下空间的三重特征[9]。其次，只有在地下物流系统网络设计和运营方式确定且技术上可行的条件下，才可以结合地下物流系统与城市货物运输的特征，针对不同的地理条件，对地下物流系统机车技术、自动仓储技术和隧道建设技术等进行方案比选，完成地下物流系统的施工建设。

从目前已有的研究结果来看，在城市地下物流系统研究的方法上，大部分学者基于地下物流系统的技术基础，从网络规划设计和运营管理等不同维度，结合地下物流系统的网络空间对与货物运输相关联的各项指标及效益进行了分析，其研究分类如图2-4所示。其中，对地下物流系统概念及其应用和货运网络优化设计的研究是基于基础设施网络开展的，而对地下物流系统运营管理的研究是针对投资者、物流商和客户等对象，基于货物运输服务网络而开展的。

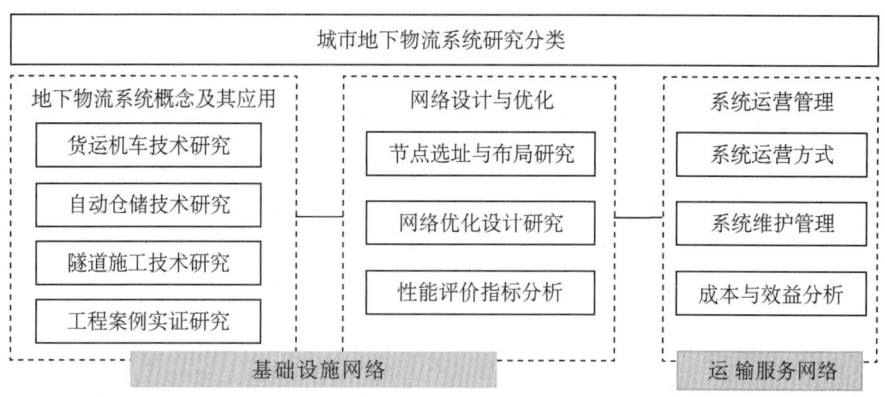

图2-4 城市地下物流系统研究分类

2.1.2 地下物流系统网络相关研究

1. ULS网络设计与规划研究综述

现代城市ULS网络的概念最早由日本早稻田大学尾岛俊雄教授在其著作《东京大改

造》中提出，书中设想在东京地下 50 m 深处建造一个 300 km 长的综合网络，以运输城市垃圾、能源和固体物品。此后，ULS 网络的设计与规划问题在世界各大城市案例中得到了广泛的研究[10]。例如，20 世纪 90 年代，荷兰交通部规划了一个全国范围的 ULS 网络，并对阿姆斯特丹机场附近的 3 条地下货运专线进行了详细的可行性评估[11]。与此同时，在德国，研究者尝试将大直径地下集装箱隧道与小容量、高密度的地下管道相结合组成轴辐式网络，用于码头集装箱与沿途城市居民区之间的一步到位式分拨运输[12]。意大利 Pipe-net 项目提出建设直径为 1 m 的地下真空货运管道，构建城市地区工厂—零售商—消费者之间的高频交付地下运输网络。中国北京也对 ULS 的网络布局方案进行了初步探索[13]。目前，与 ULS 网络相关的研究主要集中于模式设计[14]、节点 AGV 运行仿真、ULS 网络动态植物开发算法[15]、基于遗传算法的路径优化、节点选址双层规划模型、分层轴辐式 ULS 网络布局优化[16]等。

城市地下物流系统网络设计是指根据城市货运网络现状在满足一定服务能力、客户需求、投资预算、共同安全、环境及货物运输时空约束等条件下，以提高货运网络的综合效能为目标，设计地下物流系统的节点、通道和路线，并确定相应的特征参数[17]。国内外针对城市地下系统网络设计开展了许多实践探索。早在 1996 年，荷兰针对史基浦国际机场、阿尔斯梅尔花卉市场和铁路终端的地下货运网络进行了设计。我国城市地下物流系统网络设计最早的研究可以追溯到 2003 年陆军工程大学钱七虎院士团队针对北京市进行的地下物流系统规划设计，该规划设计提出了城市地理信息分析、地下物流可开发区域分析、网络节点确立、建立网络布局方案和网络优选评估等网络规划与设计步骤[18]。此外，上海洋山港和日本东京港等港口集疏运的地下货运系统的网络设计也被广泛探讨[19]。

城市地下物流系统网络设计的特征因素如图 2-5 所示。从整体网络设计角度来看，其节点、通道和路线三部分要素构成了地下物流系统的设施骨架。从货物地下运输的角

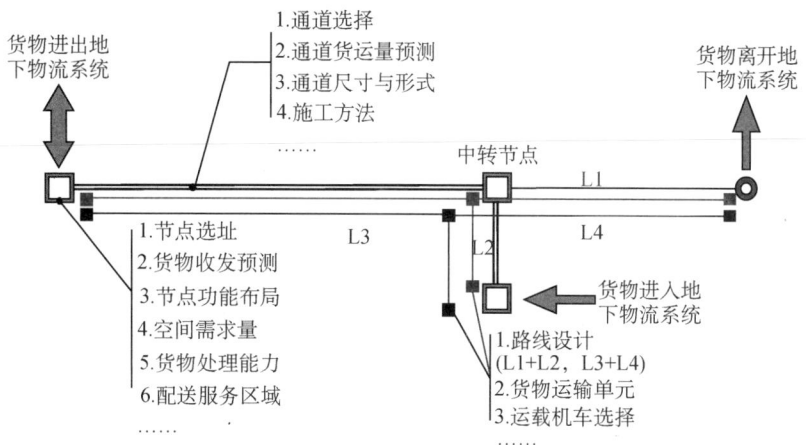

图 2-5　城市地下物流系统网络设计特征因素示意

度来看,首先,货物通过网络节点进入地下物流系统,经过打包、装箱等服务,在满足时间约束和容量约束等前提下,选择合适的路线进行装车运输。这一过程中,地下物流节点需要确定所服务的区域,以此来进行货物的收发预测,并预留好货物装卸、储存和运输的空间。其次,货物在装车运输过程中,为了提高效率,通常以规则的尺寸型号制定统一的运输单元,并选取相应的运载机车。而通道所需运输的货运量和运输单元尺寸,决定了通道的服务能力,间接影响了通道的尺寸形式和施工方法。

根据文献分析,大部分研究仅限于单线或若干条线段组成的地下隧道路径优化,针对复杂边界(如需求不确定性)下的 ULS 网络拓扑形式及节点选址—分配—布局等方面的定量研究仍处于"真空期",考虑到网络是 ULS 实施运作的载体,开发成熟有效并能够模拟真实环境的 ULS 网络规划设计方法,对于指导 ULS 建设具有深刻的现实意义。

2. 轴辐式网络规划问题研究综述

轴辐式网络规划(Hub-spoke Network Planning,HSNP)问题(或称枢纽选址布局位置问题,或称 P-中值问题)是由 O'Kelly[20]正式提出的,在这之后又有研究人员分别提出针对连续型货运站及离散型单分配枢纽站的选址模型,并指出该问题属于 NP-hard 问题,随后经历了长期的发展并衍生出该问题的多种变体。其中,Campbel[21]提出多分配选址问题,并首次提出以起讫点之间的路径为决策变量定义方式,针对整个运输网络总运输成本最小的混合整数规划模型,并考虑容量限制和线路开发成本的问题。Ishfaq 等[22]在运输时间不确定的情况下,针对多式联运枢纽选址问题提出随机多目标规划模型,即总投资成本最低和最大运输时间最小化。国内则由金凤君[23]首次引入此概念,并论述了轴辐式网络在航空运输中的优越性。胡绍荣[24]基于不同运输方式的技术经济特征,建立了适应多城市之间选择最优的运输方式组合模型。李阳[25]拓展了轴辐式物流网络的模型,并首次将轴辐式物流网络应用推广到应急救灾领域中。刘四辈[26]研究了考虑时间窗的轴辐式物流网络问题,并设计了启发式算法用来求解。总的来说,轴辐式网络在结构上是分层的,来自不同分支节点的流量首先被合并到枢纽节点,然后通过枢纽之间的通道进行交互,最终到达目的地。在 HSNP 问题中,运输成本、旅行时间[27]和可靠性[28]通常被作为建模优化的目标。

轴辐式网络规划方法在交通物流领域中的应用通常集中于解决城市道路配送、轨道交通选址、航空和海运等多式联运协同问题;Wang[29]提出了基于多利益相关者的非线性混合整数规划模型来解决海港—铁路—公路转运问题;Yang[30]以降低运输成本和提高效率为建模目标,对一级枢纽、二级枢纽和辐条终端的选址—分配进行建模;孙会君和高自友[31]在充分考虑了配送路线对物流设施的选址影响后,提出了选址双层规划模型及其求解算法;Merakl 和 Yaman[32]引入 Benders 分解技术解决随机需求下的多级分配枢纽选址问题;杨斌等[33]考虑节点拥堵成本对轴辐式网络路径进行了优化;佟士祺和张晋[34]提出了基于轴辐式网络的三级海运物流网络模型;He[35]采用德尔菲法结合最大集合覆盖建模,对北京市电动汽车充电站轴辐式网络进行选址布局优化;Saberi 等[27]提出了分支-价格优化算法来分析规模经济对分层网络布局的影响。由此可见，HSNP问题已经引起了广泛的学术共鸣，并且其规划方法在技术上已趋于成熟，运用轴辐式网络规划方法去研究ULS的枢纽选址—分配—布局问题，结合城市地下空间特征去探究属于ULS自身的网络规划体系，是本书的出发点与主要研究内容之一。

2.2 国际地下物流系统实践

2.2.1 城市级地下物流系统整体网络案例

1. 荷兰：ASH地下物流网络

荷兰首都阿姆斯特丹有着世界上最大的花卉供应市场，往返于机场和花卉市场的货物供应与配送完全依靠公路，对于鲜花这种时效性要求很高的货物，拥挤的公路交通会对其供应和配送产生严重影响。因此，人们试图在机场和花卉市场间建立一个专业的地下物流系统，旨在提高当地花卉市场的物流效率，进一步增强当地花卉在国际市场的竞争力。

为了确保鲜花高效、高质量地运输，将阿姆斯特丹史斯浦机场、阿尔斯梅尔花卉市场和霍夫多普铁路中转站三个地方通过单向管道相互连接，形成地下货物运输系统，全长约13 km的ASH(Aalsmeer-Schiphol-Hoofddorp)项目，投资总额约为2亿欧元，它的特点是服务对象明确、针对性强。因此，系统设计和运行等均需全部按照货物质量要求标准来规划，具体的尺寸详见本书第1.3.2节。地下管道AGV与自动化运输、装卸、物流规划与控制相结合，形成高效、快速、灵活、可靠的货物运输系统。

ASH项目原计划从2006年开始运行，在2020年可运输货物350万t，物流活动的收入达到6 500万美元。然而，由于政策支持力度不足，且需要巨额投资而难以找到适用的商业融资模式，该项目于2002年不幸搁置。

2. 英国：Magway磁悬浮系统

英国初创公司Magway正在计划建造一个地下物流网络来替代传统的地面卡车运输方式(图2-6)，该网络是由一系列直径小于1 m的运输管道组成，这些运输管道与自来水、天然气等地下管道相似。该系统计划每周运送相当于2万个长为12.20 m集装箱的货物，包裹由管道中的货运舱进行运输，这些货运舱将沿着同步电磁马达驱动的轨道进

图2-6 Magway磁悬浮项目

行,使用直线电机和驱动器推进系统。该系统支持多模式的最后一英里交付选项,包括电动和自动车辆、无人机、快递和点击收件等。

Magway计划中的第一条地下物流线路将从伦敦北部的哈特菲尔德(Hatfield)到伦敦西部的郊区皇家公园(ParkRoyal),相距约32.2 km,该系统能够以约64 km/h运行,两个货运舱之间的间隔不到半秒。这条线路预计在2022年投入运营,预计每年能运输超过6亿个包裹。

Magway作为地下物流配送的形式之一,是一种革命性的电子商务配送系统,具有智能、快捷、安全、清洁的特点,更重要的是它可以减少对重型货车、轻型货车的依赖,大幅减少道路交通拥堵,改善空气质量。

2.2.2 地铁货运系统案例

1. 法国:"大巴黎"项目

法国巴黎正在建设中的"Chapelle International"是一个基于城市轨道交通和多式联运的物流枢纽,"大巴黎"项目就是利用一条地铁线路将巴黎市郊的制造工厂与"Chapelle International"相连。每列地铁拖挂的车厢能够运输60个标准货物单元。该方案据估计每年能够节省约1万辆卡车。

巴黎地铁网有220 km的网络和302个服务车站。Onur Ozturk[36]针对巴黎客货联运的具体情况,研究了车厢的优化部署方法,模拟了一条10个站点的线路,考虑总时长为300 min,车次频率为每10 min一列,每辆车的货运能力是15个标准货物单元(图2-7),列车的站台等候时间为1 min(其中,旅客等候时间最短为30 s,每个标准货物单元装卸时间为10 s),并分析了客货车调度问题。"大巴黎"项目的建设,不仅能够缓解巴黎城市的交通拥堵状况,减少卡车污染物的排放,给环境带来很大的效益,而且通过货物的延伸运输将给城市带来经济的繁荣,也带来更多的就业机会。目前,该项目处于概念设计阶段。

图2-7 装载货物的货车演示模型

(图片来源:Ozturk O, Patrick J. An optimization model for freight transport using urban rail transit. European Journal of Operational Research, 2018, 267: 1110-1121.)

2. 英国:纽卡斯尔项目

英国纽卡斯尔项目拟建立以泰恩威尔地铁(Tyne-Wear Metro)为基础的货运系统,

专注于中小型包裹、低密度高价值商品和可回收材料的运输(图 2-8)。计划将 Palmersville 地铁站附近发展成一个微型整合中心,所有来自周边企业的货物将被装载到改装后的地铁列车上。列车在 Palmersville 地铁站和 Manors 地铁站之间运行,目前只计划在晚上使用,到达站点后,货物将由自行车或电动汽车进行分类运输。

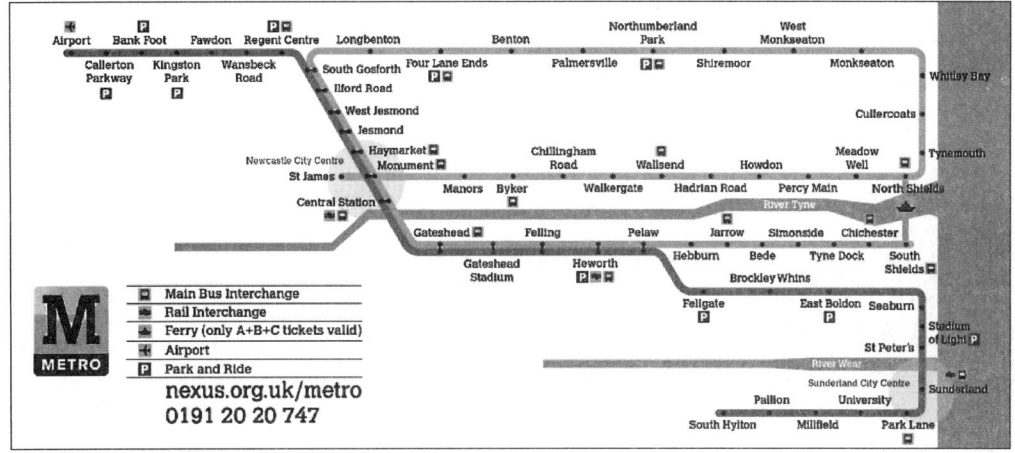

图 2-8　英国泰恩威尔地铁线路示意

该项目针对具有货运能力的地铁车厢设计,共有三种方案。

(1) 第一种设计方案是利用现有地铁车厢的空间进行运输,又可分为两种方式:一种是用轮式标准制式箱子来运输货物上、下车厢(图 2-9),并整齐地摆放于车厢中;另一种是在座位上架设容纳平台,摆放货物(图 2-10),这种设计适用于较小货运包裹的运输。这两种方式均可有效利用车厢内部的空间,且投资费用很小。

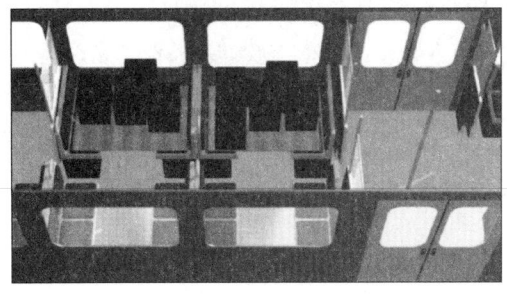
图 2-9　轮式标准制式设计模型

图 2-10　座位上铺平板设计模型

(2) 第二种设计方案是设计一个可重新配置的车厢,能够同时提供货运和客运服务,并拥有可调整的座位来释放车厢内的空间,同样可分为两种方式:一种采用创新的横向座椅设计(图 2-11),在货运服务期间座椅可以折叠起来,能为货物储存创造更多的地板空间;另一种方式是由前一种设计的思路发展而来,通过调整座椅椅背创建一个水平平台(图 2-12),用以搭载货物。

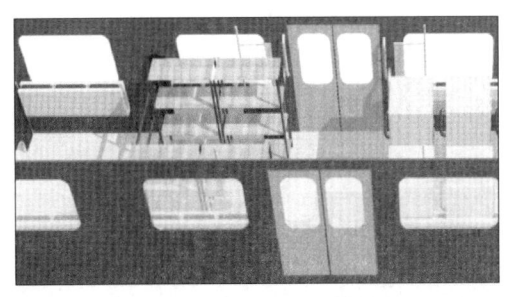
图 2-11　横向座椅设计模型

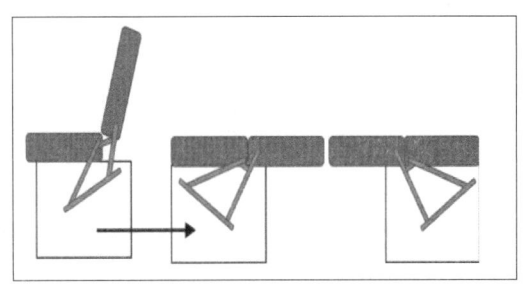
图 2-12　可调椅背设计模型

（3）第三种设计方案是设计一个使用地铁系统的全自动货运系统。以双轮 AGV（图 2-13）作为货物集装箱,直接将货物分配给客户。在货物运行中通过射频识别技术来识别商品,并利用电磁场来识别和跟踪附着在货物上的芯片,从而提高系统的运营效率。在繁忙的步行区,AGV 将以 1.4 m/s 的平均步行速度行驶,在开阔区域具有加速能力。AGV 两端都有自动滑动门,可以使货物方便地进入,AGV 尺寸约为 1 m×1.5 m×1 m,单个 AGV 载重约 500 kg。该方案允许两个 AGV 并排放置在改良的地铁车厢内,并有足够的行走空间(图 2-14)。

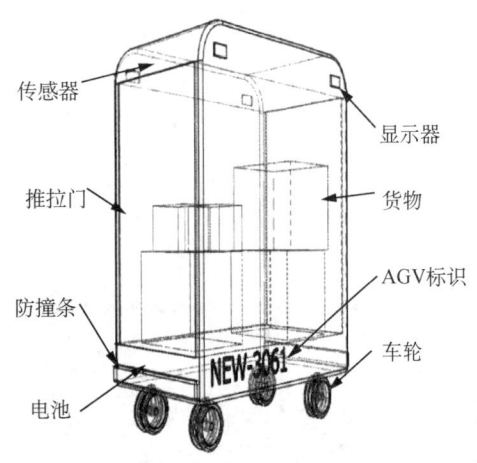
图 2-13　AGV 参数模型

图 2-14　AGV 在地铁车辆上的平面图

从长远来看,利用现有轨道交通设施在城市地区分配货物是可能的,该方案也可为轨道交通系统本身带来一些好处,如增加新业务的机会、增加利润和优化资源利用等,同时还可以减少对环境的负面影响。目前,该项目处于可行性论证阶段。

2.2.3　地下集装箱专线案例

美国洛杉矶的阿拉米达地下集装箱运输系统(又称阿拉米达货运走廊),是一条连接洛杉矶港、长滩港与内陆铁路场站的地下三线货物运输通道。该工程于 1997 年正式开工,2002 年通道铺轨完毕并开始试运营。阿拉米达货运走廊项目建设资金约 24.31 亿美元，建成后总长度为 32 km，其中地下通道长 16 km，深 10 m，宽 15 m，消除了 200 多个平行交道口，使交通延迟损失降低 90%，对缓解港城矛盾做出了极大的贡献。

在阿拉米达货运走廊运输的集装箱从船上卸下后，无需经集卡中转，即可直接装上货运列车（图 2-15），然后通过著名的阿拉米达货运走廊（图 2-16）运到市区的铁路货运中转站，再从那里连接到全美和北美大陆的铁路网中，实现海铁联运的无缝衔接、海运与美国内陆运输的紧密连接以及美国经济与亚洲经济的紧密连接。

图 2-15　阿拉米达货运走廊货运图　　图 2-16　阿拉米达货运走廊俯瞰图

阿拉米达货运走廊的开通运营不仅带来自身运输效率的提升，而且其与港口及铁路的联动也产生了一系列良好的经济与社会效益，实现了集装箱货物在港口和铁路场站之间快速、便捷的中转。阿拉米达货运走廊使铁路的运行速度由不足 20 km/h 提升至 65 km/h，运行效率提高了 4 倍，可满足每天 150 列火车通过。现港区与场站之间的列车运行时间由原先的 2 h 降低至 30~45 min，每天运行的列车数量最高达 60 列，运行时采用双层集装箱列车，使铁路有能力满足不断增长的运输需求。

阿拉米达货运走廊不仅有效解决了市区拥堵及尾气、噪声污染等现象，还创造了 26 000 个以上的就业岗位，带动了阿拉米达县的经济发展。从经济效益来看，列车运行时间减少了 30%，等待时间减少了 75%，港口交通延误减少了 90%；减少了 23% 的集装箱卡车转运量，节省了巨额的卡车短驳费用。该走廊使沿海港口和内陆场站实现了高效、快捷连接，真正发挥了多式联运运输的整体效力。目前，该项目正在运行中。

2.2.4　城际地下物流干线案例

1. 德国 CargoCap 系统

1998 年，德国波鸿鲁尔大学提出"第五类地下运输与供应系统"，该系统通过地下运输管道在拥挤的城市地区快速准时地运输货物，作为传统公路、铁路、航空和水运系统的第五种运输替代方案，被命名为 CargoCap 系统（图 2-17），具体的技术参数参见本书第 1.3.2 节。CargoCap 系统定位于食品、消费品、投资产品以及包裹和快递货物等的运输，主要针对德国鲁尔地区进行规划，目的是减轻道路负担，缓解该地区的交通拥堵状况。

2005年7月，波鸿鲁尔大学以1∶2的比例运行了地上模型线，在该模型线上检测了胶囊车的空气动力学设计和自动驾驶功能。2009年春，车辆使用射频识别定位技术进行了广泛的实验研究，实现了车辆之间的距离控制。2009年8月，由德国联邦环境基金会资助的"优化CargoCap地下货运系统以支持节能运行"的研究项目立项，并计划在多特蒙德和杜伊斯堡之间开展长达85 km、共设24个地下站点的鲁尔区试运营线路。由于各方面原因影响，该项目只进行到实验仿真阶段，目前已暂停。

图2-17　CargoCap系统

2. 瑞士CST系统

CST（Cargo Sous Terrain）是瑞士为改善国家交通基础设施，减轻公路和铁路网络的负担而专门创建用于货物运输的地下物流系统，并兼具存储功能。

CST项目的主要服务对象包括零售贸易（如食品、服装、保健、生活和娱乐）、工业贸易（生产、建材）以及物流服务提供商等。项目主要由城市中心和物流中心之间的隧道系统、城市物流系统及IT控制系统组成，将先进的IT技术应用到物流体系中。计划在地下深度为20～40 m的空间运行，隧道直径约6 m，隧道内径为3.5 m，划分为三车道，每个方向一条车道，中间的服务车道可用于维修、绕过障碍物或临时储存货物和车辆。在隧道内部，无人驾驶车辆（图2-18）以30 km/h的速度行驶在三车道上，无人驾驶车辆长、宽、高分别为3.1 m、1.5 m、2.6 m，有效运能为12.09 m^3。在隧道中安装电梯，把托盘和包裹提升到城市交通枢纽，再用环保车辆运输至目的地。无人驾驶车辆带托盘运输，隧道的下部空间放置电缆和管道，上部空间装载高架输送机系统，隧道上部三个输送机可以以60 km/h的速度运输小包裹。同时，沿路线分布的枢纽可作为与其他运输工具的接口。

项目分阶段建设，第一阶段为连接哈金根-下比普地区和苏黎世地区，计划于2030年投入运营，全长67 km，包括55个城市地点，它将连接10个连接点或枢纽，并将陆续连接瑞士其他重要的物流和配送中心。项目预计耗资29亿瑞士法郎，届时预计运输性能在3.27×10^8 t/km，预计在2045年左右逐步扩展到全国范围的地下物流网络，即从瑞士西部的日内瓦延伸到东部的圣加仑。CST 整个计划的隧道长 450 km，运输量将占据路上货物流量的 40% 以上，估计成本约合 300 亿瑞士法郎。

图 2-18　CST 无人驾驶车

瑞士联邦委员会于 2020 年 1 月 29 日决定为 CST 建立法律基础。2020 年 10 月 28 日，联邦委员会将有关地下货物运输的联邦法律的立法提案提交议会。该法律规范了瑞士地下货运物流基础设施的规划、建设和运营，并为投资者提供了法律保障。2021 年 4 月 16 日，瑞士国务委员会运输委员会明确支持 CST 项目的建设。

目前，CST 项目正在进一步部署建造中（图 2-19），CST 正在凭借新货运种类的创新数字技术，为未来智能城市的发展做出重大贡献。具有地下运输路线的现代全自动输送机系统的原理确实预示着未来使用自动推进、无人驾驶的运输车辆，在指定的坡道或用升降机自动提货和运送商品，具有更好的运输效率，并且运输服务是全天候的，能更大程度地满足需求。此外，系统的任务将不仅仅是运输商品，废弃物或可回收物的处理也在考虑之中，而且在未来的可行性很高。目前，CST 项目已获得第一轮融资，计划在 2030 年建成 70 km 长的地下货运隧道，该项目也是最有可能投产使用的全球首个现代地下物流系统。

图 2-19　CST 物流中心示意

3. 日本 DMT 系统

日本提出了一种使用两用卡车(DMT)进行货物运输的地下物流系统。DMT 利用电能作为能源,能够在专用的地下线路中实现无人驾驶,也能够在地面道路上由驾驶员操作控制。由于电池动力的限制,两用卡车的载重不超过 2 t。该系统可以实现无人驾驶,在城市中除了形成一个网络外,还包括一个卡车间货物转运的终端,使城市的卡车能够顺利到达城市其他地区。DMT 地下货运系统如图 2-20 所示。

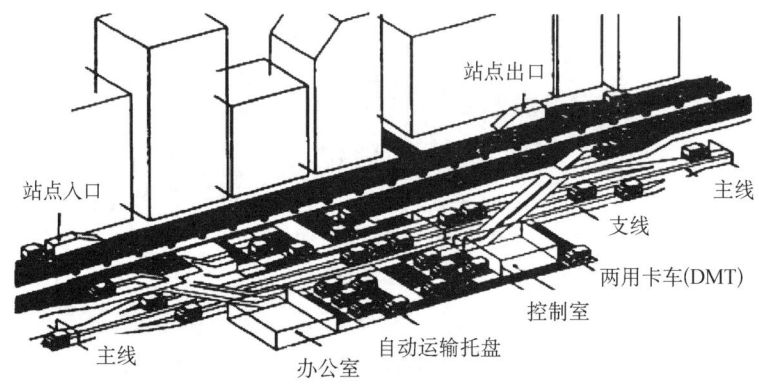

图 2-20 DMT 地下货运系统

东京 23 区规划按照三个阶段对系统网络线路进行建设。其中第一阶段线路规划长 70 km,第二阶段线路规划长 102 km,加上第三阶段线路,网络线路总长将达到 201 km。每个阶段规划建设时间均为 10 年。从提高运输效率(增大运输量、缩短运输时间)和改善城市环境(降低有害气体排放量、减少交通事故)等方面来看,系统建成使用之后将获得相应的收益,同时系统投入使用后将对系统的使用方进行收费。可惜,由于各方面原因,该项目已于 1994 年终止。

2.3 国内地下物流系统实践

2.3.1 地铁-货运系统案例:北京通州

1. 项目背景

北京通州副中心正积极地将地下物流系统纳入规划设计中。通州副中心位于北京市东部,毗邻中心城区,同时与北京市及周边地区重要交通物流干线及枢纽接壤,超过 50% 的北京市配送需求由新城区物流中心发出,扮演着区域物流集疏运以及分担主城货运交通压力的角色。该新区建设用地约为 155 km²,至 2035 年完全建成后的预计常住总人口规模约为 130 万人。

根据检索信息,北京市规划整体采用"组团"结合"家园"的部署策略。如图 2-21 所示,整个新城区共划分为 12 组团、36 个家园社区。其中,组团根据建设性质分为更新改造、城乡统筹和新建三类,承担交通出行、居住生活、国际商务、市政行政和文化旅游等不同功能。组团内部设置若干家园中心,就近满足居民的居住、就业、交通、教育、文化、医疗和休闲等需求。

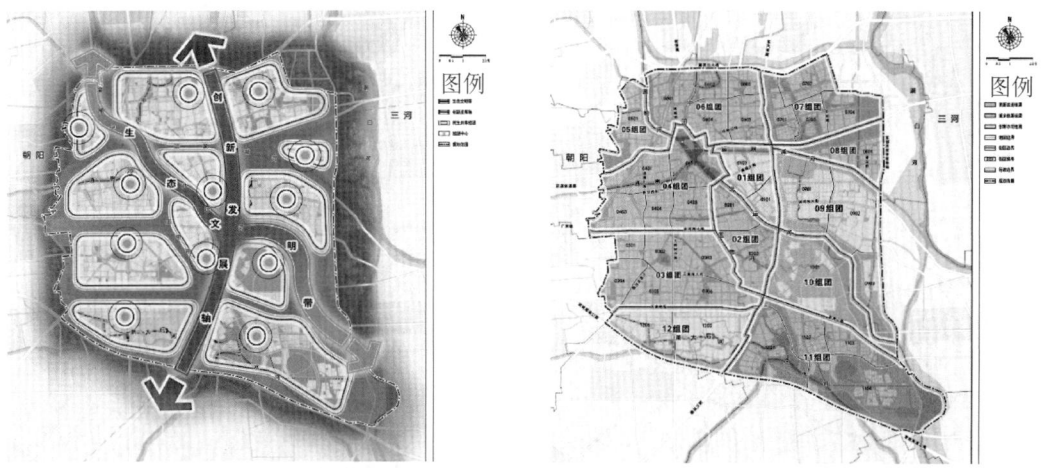

图 2-21 北京城市副中心空间结构规划图和组团街区划分示意(街道层面)

[图片来源:北京城市副中心控制性详细规划(街区层面)(2016—2035 年)规划图纸,http://ghzrzyw.beijing.gov.cn/zhengwuxinxi/ghcg/csfzxgh/.]

在轨道交通方面,如同我国许多大型城市追求的 TOD(Transit Oriented Development)发展模式,该项目规划了高密度的轨道交通站点和线路,其中有若干条横向线路连接新城区与主城区,用于客流疏导,另有一条环线规划于新城区内部,贯穿各大组团,用于服务新城区内部客运交通并承担转运任务,总体形成"横轴+环线"的骨架格局,为拟推行的高密度线网开发方案即地铁-货运系统的建设提供了现实基础。

根据互联网搜集到的北京市地铁布局图,选取 3 条地铁线路组成地铁-货运系统网络。地铁线路的拓扑和站点的位置经过调整和假设,绘制于图 2-22,其中 M102 为环线,地铁机车沿环线对向行驶(左下侧起终点沿顺时针,右上侧起终点沿逆时针),M6 与 M101 均为纵线,一侧的起终点站位于北京市新城区内,另一侧的起终点站位于中心城区,机车沿对向行驶。3 条线路组成的网络共配置 43 个非换乘地铁站和 4 个负责纵线与环线客流转运的换乘地铁站。

2. 地下物流站点规划布局

经调查显示,在北京市公路货运的品种构成中,除大型钢材、建材外,75%以上的货物(直接运输、重新包装)都适合采取地下运输的方式。本书从《北京市统计年鉴》获取了 1980 年到 2016 年的公路货运量数据,采用 BP 神经网络对货运量进行预测,计划将总货运量的 70% 放入地下。近期(2020—2025 年)、中期(2026—2036 年)和远期(2037 年以后)的地下货运量预测数据如表 2-2 所示。

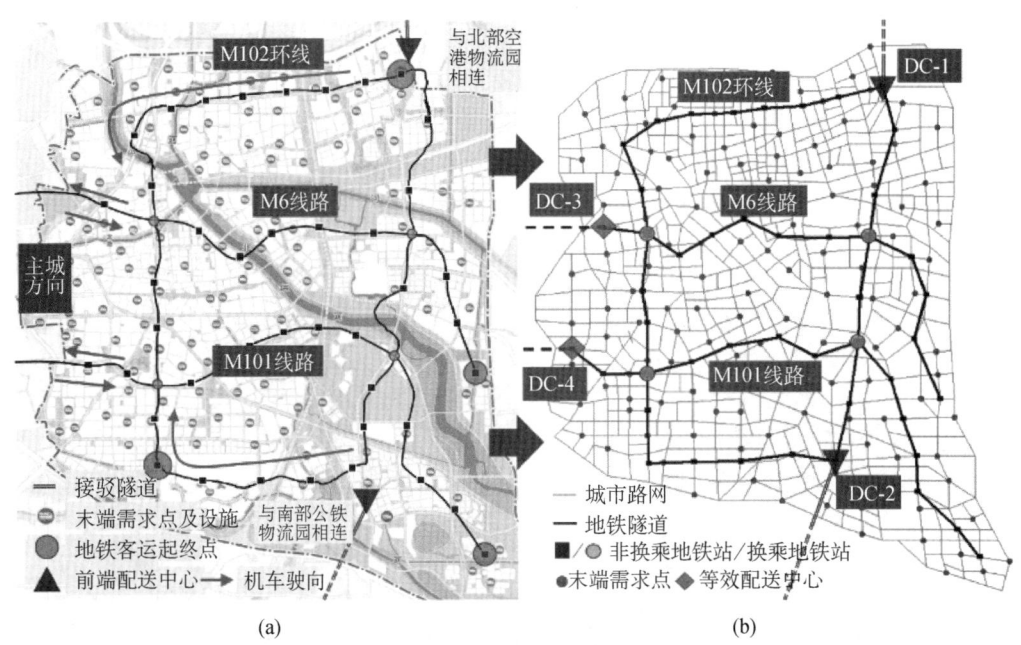

图 2-22 北京通州副中心物流与地铁设施分布

表 2-2 北京通州地下货运量预测数据

时期	地下物流总件数 /(万件·d⁻¹)	地下货运总量 /(×10² t·d⁻¹)	货运量总体积 /(×10⁴ m³·d⁻¹)
近期	147.60~196.80	51.66~68.88	3.10~4.13
中期	243.12~324.17	85.09~113.46	5.11~6.81
远期	364.26~485.679	127.49~169.99	7.65~10.20

基于以上货运量预测数据，展开了对通州地区地铁 M102 环线的地铁-货运系统规划。规划方案主要分为两部分：一是客货共线＋支线地面配送，二是客货共线＋支线地下配送，共同解决货运量问题。

对于客货共线＋支线地面配送，主要运输过程是货物通过地铁隧道到达指定组团配送中心后，由地面电动货运机车配送至相应家园终端，最后再由自提柜解决最后一公里问题，客货共线建设长度为 38.9 km，地面运输里程为 76.7 km，主要辐射范围为 149.8 km²，货运列车班次为每日 103 班次，日均处理货物 278.5 万件。

对于客货共线＋支线地下配送，随着主干地下环线建设完成，可以考虑进一步将组团配送中心的货物放入地下，通过分析各个组团周围的环境和货运状况，最终获得 9 个组团配送中心共同服务于整个区域的地下货物的配送，客货共线建设长度为 38.9 km，地面运输里程为 21.7 km，主要辐射范围为 138.8 km²，货运列车班次为每日 179 班次，日均处理货物 458.5 万件。其中主要网络构成如图 2-23 所示。

图 2-23　北京通州地铁-货运环线网络构成

客货共线的城市地铁轨道交通系统规划采用电动机车(京东)、AGV、CargoCap 和 CST 四种运输机车进行运输,其主要参数如表 2-3 所列。

表 2-3　　　　　　　　客货共线地铁轨道交通物流设备参数

运输单元	托盘/集装箱	节点作业区设备	自动化快速装卸	
运输机车	电动机车(京东)	AGV	CargoCap	CST
功能	单用	两用	单用	两用
适用网络层级	二级地面网络	二级地面/地下物流网络	二级地下物流网络	二级地面/地下网络
管道直径	—	6 m	2 m	—
运行速度	—	20 km/h	36 km/h	40 km/h
车辆载重	—	10 t	2 t	—
运输容量	—	12 m^3	2 m^3	15 m^3

注:地铁参数——D2 环线全长 38.9 km,站点 29 个,A 型列车,6 节编组,定员 310 人/辆,平均车速 40 km/h。

其中单列货运列车规划采用 CST,每节车厢尺寸为 15 m×2 m×3 m,可运输 3 个标准化托盘(5 m×2 m),托盘限高 3 m,1 个托盘可承运 2 辆 CST(3.4 m×1.8 m×3 m)的货物。

地下物流和地铁协同运输,一是可以利用已有的地铁资源,减少初期投资费用。同时,地下物流为地铁带来货运效益,增加地铁的运营收益,促进地下物流和地铁协同运输系统的发展。二是可以有效减少路面货车数量和货运电瓶车数量。道路拥堵系数降低,路面通行车辆的平均速度得到提高。三是可以进一步通过减少货车数量,减少柴油燃烧产生的 CO_2 等有害气体的排放量,并且在一定程度上节省土地资源。

2.3.2 地下集装箱系统案例：上海港

1. 项目背景

上海港（Shanghai Port）是中国上海市港口，位于中国海岸线中心、长江入海口处，前通中国南北沿海和世界大洋，后贯长江流域和江浙皖内河、太湖流域。《上海市城市总体规划（2017—2035 年）》中提出"上海港形成以洋山深水港区、外高桥港区为核心，杭州湾、崇明三岛等港区为补充的总体格局。至 2035 年，上海港年集装箱吞吐量保持在 4 000 万～4 500 万标准集装箱"。而在《2020 年上海市综合交通运行年报》统计中显示，2020 年上海港集装箱吞吐量就已经达到 4 350 万标准集装箱，同比增加 20 万标准集装箱，连续 11 年领跑全球。目前，上海外环隧道已面临着严重的集装箱集疏运压力，上海的两个主要集装箱港区——外高桥港区和洋山港区分布在上海市的东部，其腹地上海市、浙江省、江苏省都在上海市西部，由此造成货物东西向的大流动，增加了城市道路的负荷。

2. 总体方案

构建连接外高桥港到嘉定物流园区的地下集装箱货运系统。通道线路布设方案采用地下深层方案，即线路总长 30 km，平均深度 50 m；始于外高桥二期，经张华浜码头，沿长江西路，穿过上海大学、南翔等，进入西北物流园；在张华浜码头处设出入口，可将张华浜码头的集装箱直接运到嘉定。张华浜—嘉定路径穿过市区，不设吊装口。设计对象为 40 英尺集装箱（国际标准尺寸），当局部路段为地下浅层时，主要沿城市主干道路规划红线范围内布置，埋深根据市政管线覆土及盾构隧道最小埋深要求。当采用地下深层方案时，平均深度位于 50 m 以下，如图 2-24 所示。

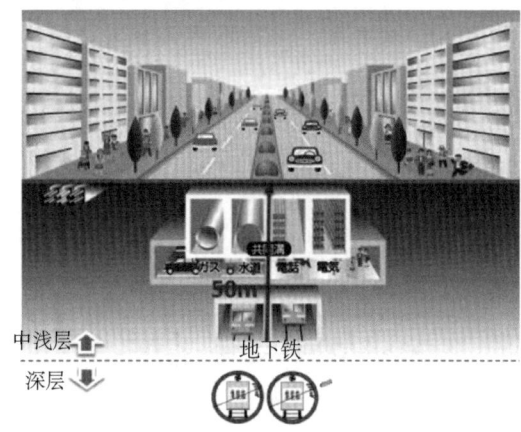

图 2-24　深层地下集装箱物流通道示意

3. 效益分析

（1）交通效益：中心城北部地区、外高桥周边交通拥堵缓解；货运集装箱运输的可靠性得到提高，平均行程时间缩短；外高桥港区集疏运模式的优化使可靠性提高；交通事故率降低。通过上述外高桥港集疏运道路货运交通量的预测结果，在地下物流系统建成后可将其分为分别承担 20%、35%、50% 货运交通量的三种场景,地下物流系统释放集疏运道路车道数如表 2-4 所示。

表 2-4　　　　　　　　　地下物流系统释放集疏运道路车道数

年份	释放集疏运道路车道数		
	低方案(20%)	中方案(35%)	高方案(50%)
2020	1.9	3.5	5.3
2030	3.0	6.3	9.1
2040	4.1	9.6	14.6

(2) 环境效益:以上海港集装箱吞吐量 4 000 万标准箱为计算标准,根据估算,江苏方向 1 233 万标准箱,公路集散按 60% 计,通道的运输量将达到 740 万标准箱。按公路集装箱卡车平均每车次集装箱装载量约 1.56 标准箱,车辆的行驶百千米油耗为 38.8 L 柴油,综合用能效率为 0.41 吨标准煤/万吨千米,车次平均运距 30 km 计算:地下集装箱物流系统实施后,能源消费量节约 5.496×10^7 L 柴油,折合标准煤约 6.9×10^4 t,二氧化碳排放量约 15×10^4 t,直接环境效益——每年可节约燃油费用达 4 亿元。

(3) 经济效益:直接经济效益表现为运输成本的降低。地下物流系统的运输成本包括能源成本、人工成本、维护费、折旧费和其他费用。通过初步测算,按照运输距离 30 km、货物质量 40 t 计算,公路运输成本为 400 元,而地下物流成本为 290 元。间接经济效益表现在土地利用价值提升方面,释放上海北部地区(主要在宝山和杨浦地区)集装箱堆场用地共计约 1.28 km^2。另外,改善港口溢出的集装箱堆场及堆场影响道路所覆盖的港区外区域共计 150 km^2(含水域)。

2.3.3　城际地下物流干线系统案例:长三角城市群

1. 项目背景

长三角城市群是"一带一路"与长江经济带的重要交汇地带,作为国家发展战略,"G42 高端智能制造业走廊",串联上海、苏州、无锡、常州、镇江、南京 6 个城市,以科技创新为驱动力,重点打造集高端制造业和智能制造业为主的产业集群,促进长三角从快速发展向高质量发展的重要转变,成为长江中下游城市群一体化发展的契机和纽带。

江苏省作为重要的货运周转枢纽,据统计,到 2018 年年底,省内公路面积密度达 153.7 km/($\times 10^2$ km^2),高速公路里程达 4 711 km,居全国前列。苏南地区连接上海、苏北、安徽、浙江四大方向的交通运输,其高速公路总里程为 1 893 km,占全省的 40%,公路货运量占全省的 47.9%。其中,沪宁高速里程占苏南地区高速公路里程的 13%,其 2019 年日平均交通流量已达到 10.39 万辆,货车占比 15%,尽管数量占比较低,但沪宁线承担了苏南地区 23.2% 的城际货运量,远超道路设计通行能力 6 万辆/d,拥堵状况严重。

货运车辆造成的交通事故较其他车辆更多,所有高速事故中有 52.71% 的侧翻事故及 76.79% 的着火事故均有货车参与,货车事故造成的受伤人数占比为 42.63%,死亡人数占比达 75.86%。此外,货运车辆会对空气造成很大的污染,其排放了空气中 5% 的 CO_2、30% 的颗粒物和 60% 的有毒气体,且这一比例正在逐年上升。为了有效实现优势资源优化配置,促进经济进一步流动,地下物流网络是促进苏南地区物流集疏运能力大幅提高、突破区域交通运输瓶颈的有效手段。

2. 网络规划

通过图 2-25 可以发现,南京、镇江、常州、无锡、苏州和上海 6 个城市的内部公路货运量占整体货运量的 50% 左右,镇江和常州向这 6 个城市的公路货运量占比分别达到 55% 和 58%,可见,以上 6 个城市的公路货运需求相当可观。为了改善当前的货运交通状况,苏南地区构建了沿沪宁高速的树状三级地下物流系统网络,贯穿南京、镇江、常州、无锡、苏州 5 个城市。隧道总长 365.44 km,其中一级隧道长 128.7 km,二级隧道长 236.74 km,足以承载苏南地区 31.75% 的公路货运量。

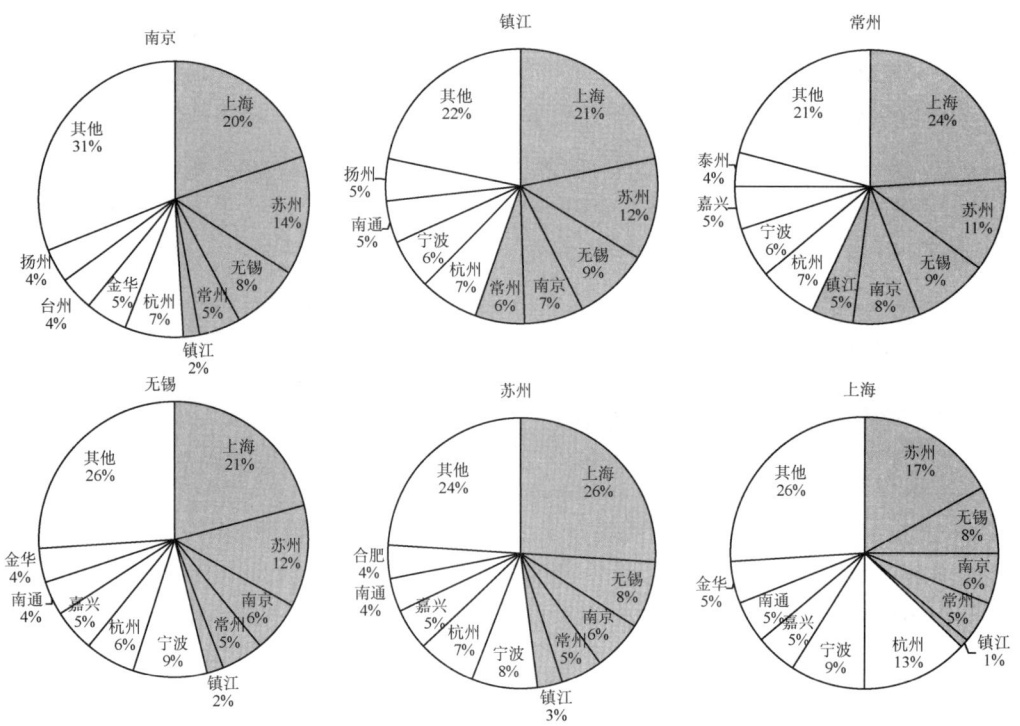

图 2-25 南京、镇江、常州、无锡、苏州、上海货运目的地城市及货运量占比(2018 年)

城际地下物流网络由门户枢纽(苏南地区地下物流系统与外部地区货运的衔接)、中转枢纽(连接苏南城际地下物流与城市内部地下物流系统)及城际地下隧道构成。它建立起苏南与浙江省、安徽省、苏北等地区的沟通骨架,有利于减少过境货运给城市带来的负面效益。

城市地下物流网络主要服务于城市内部的地下物流系统网络,用于配送来自中转枢纽的货物及城市内的货物运输。根据不同城市的交通条件及货运需求分布情况可以选择不同的地下物流运作形式。

(1) 门户枢纽。

根据苏南地区与外部各市公路货运联系度,选择苏南地区地下物流的门户枢纽,并以隧道连接用以运输集装箱货物。

苏南—浙江省:苏南地区在南京、常州和苏州分别设置门户枢纽向浙江省进行公路货物运输。南京至杭州沿宁宣高速接长深高速,将禄口机场附近的空港物流园区作为面向浙江省的门户枢纽。常州至杭州沿沪宜高速接长深高速设置武进综合保税物流园区作为面向浙江省的门户枢纽。苏州至杭州和宁波沿常台高速经嘉兴后分别转向沪昆高速和沈海高速,将苏州以南角的常台高速附近的中鲈国际物流园区作为面向浙江省的门户枢纽。

苏南—安徽省:安徽省各市在长三角的货运中心度[①]较低,合肥作为安徽省最主要的货流集散城市,可与南京作为门户枢纽的苏宁雨花物流中心直接相连,经由宁芜高速辐射安徽省各市乃至中部省市地区。苏州的中鲈国际物流中心连接沪渝高速,同时对接来自合肥和上海的公路货运。

苏南—苏北:苏北地区主要以沈海高速串联的盐城、连云港,以及京沪高速途径的淮安市为主要货流集散城市。苏北诸市由于与苏州城市货运联系度较小,可以南京六合区普洛斯长芦物流园区作为面向苏北方向的门户枢纽。

(2) 中转枢纽。

中转枢纽选建于城市大型的物流园区,集仓储、分拣、转运等功能于一体,向城市内部网络运输的货物在中转枢纽进行集装箱拆箱,二次打包运输。一个城市可存在多个中转枢纽,包含空运物流枢纽及铁路物流枢纽,服务于城市不同流向的货物运输,实现城市多式联运的物流体系。城市内部的中转枢纽分摊来自城际管道的货物,如空港物流园区及城市铁路货运站的中转枢纽可由城市地下物流网络连接。

苏州:选择望亭国际物流园、苏州西站、苏州工业园区海关保税物流中心、深国际昆山综合物流园区作为中转枢纽。

无锡:选择无锡深国际综合物流港、南方物流园(城中)、高新空港物流园区(机场)作为中转枢纽。

常州:选择奔牛港物流中心(靠近奔牛机场)、正广通物流基地、凌家塘物流中心作为中转枢纽。

镇江:选择市区的金山物流园(港口物流群)、镇江铁路南站、丹凤物流园作为中转枢纽。

---

① 货运中心度,表示城市的货运总联系度,包括城市总外向联系(总出货量,即出度)和总内向联系(总到货量,即入度)。其中,总外向联系代表了城市在其他城市网络中向外配送货物,总内向联系代表城市吸收外来货物的能力。中心度大的城市其货运规模较大,供需能力较强,一定程度上具备作为区域"货运枢纽"的职能。

南京：以龙潭港保税物流中心、紫泉物流园区（靠近南京东站）、众彩物流园、空港物流园区（机场）作为中转枢纽。

表 2-5 汇总了苏南地区设置的两级枢纽布局及枢纽可处理服务片区货运的比例。

表 2-5　　苏南地区枢纽布局及货运处理比例

城市	门户枢纽			中转枢纽		
	园区	方向	衔接道路	园区	服务片区	地下物流可运输片区货物占比
南京	普洛斯长芦物流园区	苏北	长深高速 沪陕高速 宁连公路	龙潭港保税物流中心	港口	49.87%
				紫泉物流园	南京东站	67.32%
	苏宁雨花物流中心	安徽	宁芜高速	众彩物流园	南京城中	61.20%
	空港物流园区	浙江	宁宣高速	禄口机场	机场	100.00%
镇江	—	—	—	金山物流园	城市中部	63.78%
				镇江铁路南站	市区南部	92.77%
				丹凤物流园	丹阳地区	100.00%
常州	武进综合保税区	浙江	沪宜高速	凌家塘物流中心	市区西北	61.56%
				正广通物流基地	市区中部	52.09%
				奔牛港物流中心	奔牛机场	54.17%
无锡	—	—	—	无锡深国际综合物流港	无锡西站	27.94%
				南方物流园	市区中部	22.62%
				高新空港物流园	硕放机场	39.58%
苏州	中鲈国际物流中心	浙江	苏嘉杭高速	望亭国际物流园	城市西部	34.31%
				苏州西站	城市中部	29.63%
		上海 安徽	沪渝高速	苏州工业园区海关保税物流中心	工业园区	24.15%
				深国际昆山综合物流园	昆山	38.35%

（3）城市内部地下物流网络。

城市内部地下物流系统的具体形式需要根据城市的既有交通系统条件以及具体货运需求分布情况进行选择。例如，南京具有较为密集的规模化的地铁系统网络，可以依托现有客运地铁网络的基础设施建设地铁货运系统。苏州尚未形成能与货流方向匹配的网络规模,因此,可以选择新建独立于地铁系统的城市地下物流系统。

3. 效益评估

地下物流建设可带来长久的经济效益,同时在环境效益、交通安全效益方面也可产生巨大影响。随着地下物流的不断建设,苏南地区地下物流与上海、杭州地下物流连通,构建长三角一体化地下物流系统,将产生巨大的经济社会效益。

以 2025 年城际地下物流系统投入运营为前提,计算地下物流系统相应效益。引入城际地下物流系统后,苏南地区的地下物流系统可处理该地区公路货运量的 31.75%,每年的直接经济收益将达 41.90 亿~67.34 亿元。2025 年货车事故减少率为 6.69%,污染物排放减少率为 52.92%。将有效减少社会物流总费用 343.29 亿元,社会物流总费用占区域 GDP 比值将下降 2.65%。

2.3.4 基于既有基础设施改建的地下物流系统案例:山东青岛

1. 项目背景

青岛市东岸城区作为青岛市发展的核心城区,包括李沧区、崂山区(包括部分崂山风景区)、市南区、市北区,占地面积 592.95 km²,区域内有 274.49 万常住人口,占整个青岛市人口的 28.9%,人口密度为 0.46 万人/km²,是整个青岛市人口密度的 5 倍。青岛东岸城区现主要通过位于李沧区的城市整合配送中心与市内其他区域配送中心或城外物流园区进行货流交互,而东岸城区内部需求主要由城市整合配送中心满足,且公路运输依然是货物运输结构的主体。区域的地面资源是有限的,但是人口数量和密度从短期来看是无限增长的,且随着经济的发展,人们出行的交通需求以及人们追求更高生活质量产生的物流需求也在不断增长,这给本就有限的交通基础设施带来了巨大的压力,也对城市生态环境造成了不可持续的负面影响。

2. 利用人防设施构建低容量线网布局方案

根据《青岛市统计年鉴》,青岛 1990 年到 2017 年公路运输的货运量每年都在增加,青岛城郊公路集卡调度频繁,大量外部货流需要进出核心城区,而城内和城郊的货物运输主要依托李沧区道路,通过这种点对点的公路运输,实现核心城区与城阳区配送中心(楼山)之间的货流交互。货运量的增加,给青岛市的交通带来了很大的不便。经调查,在青岛市公路货运的品种构成中,除大型钢材、建材外,50%以上的各类城市及周边供应货物(直接运输、重新包装)都适合采取地下运输的方式。

因此,本方案设计了一种将既有人防与地下物流相结合的运输货物方式。采用该方式运输,可承担部分城市配送需求,服务偏向于快递配送、日用品和快消品供应,整体网络承载包裹约 150 万件/d,约占城区需求总量的 1/3,其中人防廊道辐射区域的需求量约为 60 万件/d。

网络组织可分为两个层级:第一层级是"区域级地下运输轴",主要连接城郊段,用来导入外部货流;第二层级是"核心城区"地下快速配送网,主要连接核心城区段,用来把货物运至客户需求端。工程建设分四期进行：

（1）一期工程，全长34.2 km，其中有21.4 km完全依托既有人防廊道开展试点工程，人防段含11节点，采用"单轨胶囊制式"在临近节点间往复运输，能够100%利用既有人防廊道，使得胶囊小车能够沿着线路依次到达沿途各节点，后期可考虑扩建为双洞。

（2）二期工程，全长21.3 km，共设6节点，在一期线路基础上进行拓展，使之成环。其中楼山至地下物流终端节点这条线保留中大直径轨道机车制式，其余新建线段均可配置双向小型轨道胶囊车。

（3）三期工程，全长34.4 km，共设6节点，与一、二期工程对接，覆盖东部城区，设置横向通道使得两个"咽喉"节点的货流在地下交汇，大幅减少旅行距离。

（4）四期工程，全长41 km，共5节点，串接一、二、三期线路，进一步分摊楼山园区压力，设置沿线节点，进一步扩大网络辐射面积。在该系统网络规划中，共有27个节点，每个节点平均承担1.46 km半径内的末端配送任务，线网总长度为132.4 km，地下空间占用面积约64万 m^2，网络承担包裹需求为156万件/d。

在运输过程中，采用CargoCap胶囊车，每批10辆，最小发车间隔5 min，单辆车有效承载2.184 m^3货物，车队速度35 km/h，CargoCap胶囊车尺寸和运行示意分别如图2-26和图2-27所示。其中，"核心城区"上层轴网部分主要采用中大管径，而"核心城区"下层子网部分采用小管径。

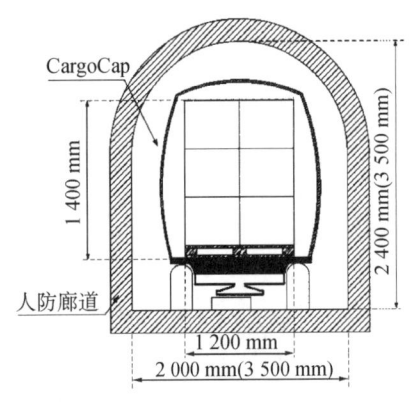

图2-26 CargoCap尺寸示意

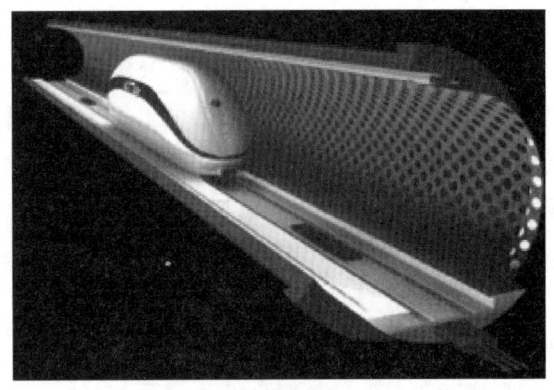

图2-27 CargoCap运行示意

根据《青岛市"十三五"物流业发展规划（2016—2020）》，社会物流总费用占全市GDP的比率为14.8%，公路货运量约占总货运量的75.7%。引入地下物流系统后，预计2030年可减少公路货运量62.9万t，有效减少社会物流费用18.5亿元，中心城区社会物流费用降低5.2%。此外，地下物流系统的应用可极大地拉动货运需求，带动物流业的发展。

2.4 本章小结

本章对地下物流系统的研究现状和国内外实践作了简要的梳理。可以看出，目前世界范围内对地下物流的关注度逐渐提高。在理论研究层面,尽管研究历程已久,但当前研究仍以静态为主,较少以真实世界的数据进行数学建模与仿真研究,研究的方向主要集中于从地下工程实践角度出发的政策类和技术类等定性研究,鲜见面向运营实践的城市地下物流系统的定量研究。在应用层面,可应用于地下运输的技术已日趋成熟,且其巨大效益已得到广泛认可,但许多试点项目和概念设计最终没有落地成为实践案例,表明巨大的投资、网络规划方法和商业模式缺失等问题仍然是 ULS 实施的主要障碍。

在地下工程实践中,地下物流系统的建设是不可逆过程,一旦失败则损失巨大,因此必须回答其最终能否可靠运营并产生社会经济效益这一科学问题。而在实际工程环境中,系统建设运营可利用的资源是有限的,其可靠性分析也要基于一定的运作组织模式才能开展。当前地下物流系统相关研究通常只涉及点,即站点的布局、车辆参数、货运单元选择或运载形式等方面,且考虑的目标属性各不相同。由于特征参数和系统完整性的缺失,针对地下物流系统难以进行定量分析,也无法从整个耦合网络运作的组织模式上来分析优化,从而无法量化网络优劣。

本章参考文献

[1] Roop S S, Roco C E, Olson L E, et al. Year 3 report on the technical and economic feasibility of a freight pipeline system in Texas[R]. Texas Transportation Institute, 2002.

[2] Robinson M, Mortimer P. Rail in urban freight—what future, if any?[J]. Logistics and Transport Focus, 2004, 6(2): 33-39.

[3] Kashima S, Nakamura R, Matano M, et al. Study of an underground physical distribution system in a high-density, built-up area[J]. Tunnelling and Underground Space Technology, 1993, 8(1): 53-59.

[4] 钱七虎,郭东军. 城市 ULS 导论[M]. 北京:人民交通出版社,2007.

[5] 马保松,屈川翔,熊志为,等. 武汉地区城市 ULS 可行性研究中几个问题初探与趋势展望[J]. 隧道建设,2018,38(10):1688-1697.

[6] 俞明健. 城市货运交通问题与城市 ULS[J]. 交通与运输,2017,33(3):1-3.

[7] Montoya-Torres J R, Muñoz-Villamizar A, Vega-Mejía C A. On the impact of collaborative strategies for goods delivery in city logistics[J]. Production Planning & Control, 2016, 27(6): 443-455.

[8] Hu W, Dong J, Hwang B, et al. A scientometrics review on city logistics literature: Research trends, advanced theory and practice[J]. Sustainability, 2019, 11(10): 2724.

[9] Chen Z L, Dong J J, Ren R. Urban underground logistics system in China: Opportunities or challenges?[J]. Underground Space, 2017, 2(3): 195-208.

[10] Howgego T, Roe M. The use of pipelines for the urban distribution of goods[J]. Journal of Transport Policy, 1998, 5: 61-72.

[11] Arends G, de Boer E. Tunnelling of infrastructure: from non-considered to ill considered-lessons

[12] Quak H. Sustainability of urban freight transport: Retail distribution and local regulations in cities[M]. Rotterdam: Erasmus University, 2008.

[13] Qian Q. Present state, problems and development trends of urban underground space in China[J]. Tunnelling and Underground Space Technology, 2016, 55: 280-289.

[14] Binsbergen A, Bovy P. Underground urban goods distribution networks[J]. Innovation: The European Journal of Social Sciences, 2000, 13(1): 111-128.

[15] Tong L I, Tuo W Z. Optimization layout of underground logistics network in big cities with plant growth simulation algorithm[J]. Systems Engineering-Theory & Practice, 2013, 33(4): 971-980.

[16] 颜冰, 王宇, 闫申. 构建ULS网络[J]. 数学的实践与认识, 2018, 48(15): 293-302.

[17] Shahooei S, Farooghi F, Zahedzahedani S E, et al. Application of underground short-haul freight pipelines to large airports[J]. Journal of Air Transport Management, 2018, 71: 64-72.

[18] 黄欧龙, 陈志龙, 郭东军. 城市地下物流系统网络规划初探[J]. 物流技术与应用, 2005, 10(6): 91-93.

[19] 陈一村, 陈志龙, 郭东军, 等. 地下物流系统对城市道路交通的影响分析[J/OL]. 解放军理工大学学报(自然科学版): 2017: 1-6 [2019-04-11]. http://kns.cnki.net/kcms/detail/32.1430.N.20170926.1426.006.html.

[20] O'Kelly M E. The location of interacting hubfacilities[J]. Transportation Science, 1986, 20(2): 92-106.

[21] Campbell J F. Hub location and the p-hub median problem[J]. Operations Research, 1996, 44(6): 923-935.

[22] Ishfaq R, Sox C R. Hub location-allocation in intermodal logistic networks[J]. European Journal of Operational Research, 2011, 210(2): 213-230.

[23] 金凤君. 我国航空客流网络发展及其地域系统研究[J]. 地理研究, 2001, 1: 31-39.

[24] 胡绍荣. 枢纽辐射式物流网络拓展形式分析[J]. 交通建设与管理, 2012, 36308: 120-122.

[25] 李阳. 轴辐式网络理论及应用研究[D]. 上海: 复旦大学, 2006.

[26] 刘四辈. 带时间窗的公路快速货运轴辐式网络设计研究[D]. 西安: 长安大学, 2011.

[27] Saberi M, Mahmassani H S. Modeling the airline hub location and optimal market problems with continuous approximation techniques[J]. Journal of Transport Geography, 2013, 30: 68-76.

[28] Alibeyg A, Contreras I, Fernández Elena. Exact solution of hub network design problems with profits[J]. European Journal of Operational Research, 2018, 266(1): 57-71.

[29] Wang X, Meng Q. Discrete intermodal freight transportation network design with route choice behavior of intermodal operators[J]. Transportation Research Part B: Methodological, 2017, 95: 76-104.

[30] Yang K, Yang L, Gao Z. Hub-and-spoke network design problem under uncertainty considering financial and service issues: A two-phase approach[J]. Information Sciences, 2017, 402: 15-34.

[31] 孙会君, 高自友. 考虑路线安排的物流配送中心选址双层规划模型及求解算法[J]. 中国公路学报, 2003, 4: 116-119.

[32] Merakli M, Yaman H. A capacitated hub location problem under hose demand uncertainty[J]. Computers & Operations Research, 2017, 88(12): 58-70.

[33] 杨斌,邓志慧,胡志华. 考虑 Hub 网络拥堵的轴辐式网络优化[J]. 重庆交通大学学报(自然科学版),2016,35(1):138-144.

[34] 佟士祺,张晋. 基于轴辐理论的群岛海运物流网络构建及节点选择[J]. 水运工程,2014,3:68-73.

[35] He S Y,Kuo Y,Wu D. Incorporating institutional and spatial factors in the selection of the optimal locations of public electric vehicle charging facilities: A case study of beijing, china[J]. Transportation Research Part C: Emerging Technologies,2016,67:131-148.

[36] Ozturk O,Patrick J. An optimization model for freight transport using urban rail transit[J]. European Journal of Operational Research,2018,267(3):1110-1121.

第3章
城市地上地下一体化货运网络

3.1 城市地下物流系统网络及构成

目前,我国城市地下物流系统网络规划设计,主要面向倡导绿色生态宜居和创新驱动引领的新城新区。在新城新区推进的过程中,交通运输系统在建设中起着重要作用,交通与土地一体化、交通引导产业、交通匹配城市发展等理念已逐步成为共识。结合我国新城新区地下物流系统规划设计的实践和探索,地下物流系统网络构成主要有独立运输网络和协同网络两种形式。

(1) 地下物流系统独立运输网络。

地下物流系统独立运输网络在运输技术和组织管理上已发展得较为成熟,其优势在于单独的管理控制系统和最大化的货运能力,而且当地下物流系统独立成网运输,不与其他系统的客流相互影响时,运营风险能得到有效控制,但这种方式的前期投资过大。在进行新城新区建设时,可以将地下物流系统并入地下空间整体规划中,在地铁和综合管廊等基础设施网络建设的同时,通过规划给地下货运预留必要空间,以满足地下物流系统的使用需求。

城市由外而内的货物运输一般分为三级配送结构,首先由城区外物流园区(物流中心)发往城区各个配送中心,再由城区配送中心发往各终端网点。因此,地下物流独立配送网络的节点主要由物流园区、配送中心和终端网点等构成。在规划设计中,由物流园区到配送中心的货物量大于配送中心到终端网点的货运量,其节点货物处理能力以及货运管道形式和尺寸可以按照货运量进行相应的调整,以减少工程建设费用。

(2) 地铁与地下物流系统协同网络。

地铁与地下物流协同网络是指地下物流系统借助地铁轨道、隧道和部分站台,必要时通过改造机车和站台来满足货运需求的一种运输网络形式。在以往的研究中,许多学者就"地铁代替地下物流"提出了多种不同的观点。荷兰通过实践性尝试,采用地铁线路分时段运货,但效果并不理想,反而影响了客运的正常运营。Behiri 等[1]和 Zhao 等[2]认为利用非高峰时期进行货物运输是一种有效方法。从线路网络的整体性而言,地下物流系统与地铁在轨道、机车形式和网络结构形态上均有相似性。

尽管世界上就地铁货运问题的意见仍有分歧,但地铁与地下物流系统协同运输网络形式在我国具有很大的实施可能性。一方面,我国城市地下空间开发利用水平、规模和速度已居世界前列,已能满足必要的技术条件;另一方面,我国大部分城市的地铁系统建设出于"地铁指引城市发展"的政策导向而呈现站点分布密集的特征,这些城际地铁网络不仅能够便利城市周边出行,更能旁通途经的物流供应商或客户,为货运功能的加入提供了可能。

地铁与地下物流系统协同运输网络主要以地铁规划设计的网络为骨干线路,选择部分空间分布合理的地铁站点作为地下物流系统的配送中心或转运点,并增设部分货运路线连接城市物流园区、部分配送中心及末端网点。当货物从城市物流园区到达站点时,采用隧道断截面小、工程造价低的胶囊形式的地下物流系统,连接城市的配送中心或终端。通过地铁与城市地下物流系统协同运输,能有效降低城市地下物流系统的工程造价,增加城市地下物流系统服务区域的面积和人口。

地铁与地下物流系统协同的运输方式可以借鉴现有的铁路客货协同模式,即客货共线运输和客货分线运输,这两种运输模式都有多种组成形式。客货共线运输就是在一条轨道上既走地铁也走货车,有地铁外挂物流车厢或单独物流列车组两种方式,单独物流列车组又分站台并用和站台分离两种形式。客货分线运输则是地铁与物流列车组在同一舱体的不同轨道线上行驶,分开运行。其协同运输方式在货运能力、改造成本和技术安全性等运营方面的比较如表 3-1 所示。

表 3-1　　　　　　　　　　客货共线与客货分线的比较

运输模式	客货共线		客货分线
	地铁外挂物流车厢	单独物流列车组	
站台驻留时间	货物装卸增加列车驻留时间,需最小化物流装卸时间	不影响地铁驻留时间,但自身驻留时间受地铁影响	不影响地铁驻留时间,可独立设置物流站点
客运能力	每趟列车运能小幅度下降	地铁的每日最大运能下降	最大运能有提升空间
货运能力	物流运输量较小	物流运输量较大	物流运输量大
技术安全性	安全可靠性较好	安全可靠性较低	安全可靠性最高
改造成本	列车和站台改造成本较小	列车和站台改造成本较大	需新增线路,成本最高
综合服务能力	较小	较大	最大
适用范围	地铁成熟	地铁成熟	规划中的地铁和 ULS

地铁与地下物流系统协同运输方式的站台布局如图 3-1 所示。图 3-1(a)表示采用地铁外挂物流车厢的协同方式,基本不改变车站内部空间布局,仅需考虑货物装卸与乘客上下车在驻留时间上的一致,以及人流和物流的流向协调和引导。图 3-1(b),(c)表示采用单独的物流列车组来运输货物,其站台在空间改造上有延长式和分离式两种可行模式。

对于延长式，现有车站的站台在满足客运需求后，需要增加内部空间的纵向尺寸以满足货运需求。对于分离式，现有车站需要增加内部空间的横向尺寸。图3-1(d)表示客货分线的运输方式，要额外增加货运站台建设和货运轨道铺设的空间。

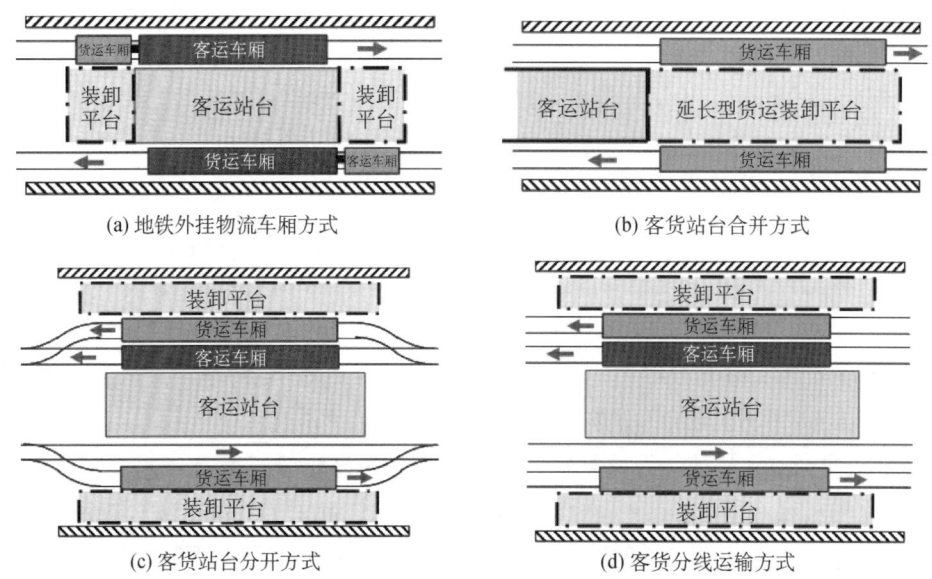

图 3-1　客货共线与客货分线运输方式站台布局示意

3.2　基于地下物流系统的一体化货运网络耦合特征分析

3.2.1　传统城市路网配送体系

当前，随着我国电子商务的繁荣发展，物流服务需求的激增促使交通货运系统逐渐完善，城市形成多阶段的物流配送网络以实现货物的高效分拣和配送。大城市物流配送网络可分为上游——多式联运干线运输网络、中游——城区街道路网运输及末端——"最后一公里"交付运输（图3-2）。

(1) 上游——多式联运干线运输。

干线运输网络由高速公路、铁路、水运及航运构成的多式联运系统承担着城际之间的货流，如图3-2所示。上游网络的运输终端有多种形式，除了机场、港口或码头、汽车总站及货车站外，城市周边的大型物流园区、多式联运的配送中心和仓库都是终端的重要组成部分。这些货运终端又称转运中心，货物经干线网络运输至城市内部的终端后，将在临时仓储经过再次的分拣操作后通过城市内部货运方式向主要网点配送。

(2) 中游——城区街道路网运输。

自城市周边物流园区或城际货运终端运输来的货物，汇集于城市内部的配送网点。配送网点配备有临时仓库和分拣设备，具有固定的服务范围，不同网点负责城市不同片区的货物配送服务。货物由卡车运输到配送中心后,将被二次分拣,再以小型货车送出。

(3)末端——"最后一公里"交付。

城市路网配送系统的最后阶段是"最后一公里"交付。配送网点的货物先根据所要发往的目的地进行二次分拣,再装车运送至配送终端,这一阶段主要由灵活的小货车进行运输。实现交付有多种形式:云柜存放、包裹驿站或直接运至客户完成签收。

城市路网配送系统的设置功能分类见表3-2。

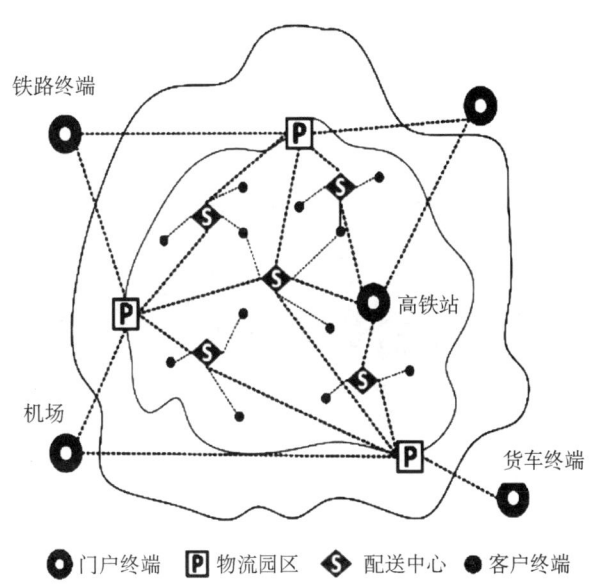

图3-2 三级城市路网配送体系

表3-2 城市路网配送系统设置功能分类

网络	设施	功能	服务范围	运输方式
上游	物流终端(机场、港口、火车站等)	分拣、打包、临时仓储	汇集城际间运输的货物	多式联运
中游	转运中心	分拣、打包、临时仓储、转运	固定城市区域	城内货车
末端	配送中心	包裹配送	固定城市片区	小货车

3.2.2 网络耦合的基本形式和要求

耦合是指两个以上(含两个)的系统、模块或运动方式之间通过相互作用而互相影响的现象。因此,耦合概念常用来描述不同系统之间相互关联的关系,相应的耦合特征分析就是通过数学方法对耦合的相互作用和影响进行定量分析,以有效利用资源。本书将耦合的对象定义为城市地上道路交通运输网络和地下物流系统,以及包含这些基础设施的物理网络和服务网络。其中,地上道路交通运输主要指城市公路运输(目前城市物流的主要方式)。

耦合网络的基本形式如图3-3所示。其中,耦合网络通过节点来实现地上网络和地下网络的连通。城市地上道路运输网络发展成熟且覆盖面积广,但其受城市规划、客运、地理条件和气候等复杂环境影响,而地下运输无人干扰,节点间可以通过隧道近似直线连接,缩短运输距离,甚至突破地面无法送达的限制。因此,通过耦合网络的中心控制系统来实现资源的统一调度,可以实现系统间的优势互补。

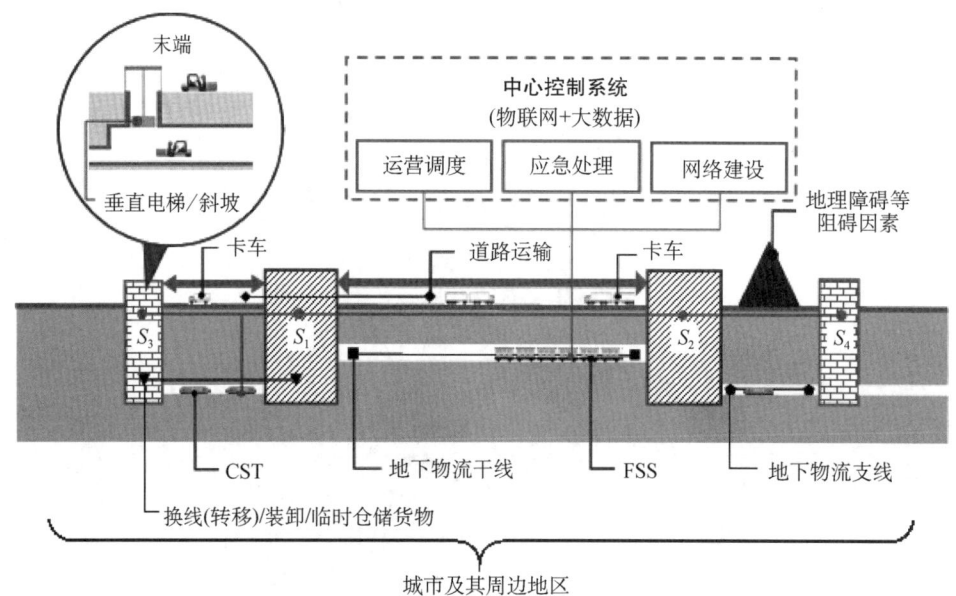

图 3-3 城市地上地下一体化货运网络示意

此外,耦合网络通过不同货物处理能力的终端和物流中心等节点($S_1 \sim S_4$)来服务不同的地区和客户。在耦合网络中,地下物流系统由干线和支线组成,共同承担货物的地下运输。干线地下物流系统采用大直径的隧道截面,可以运输集装箱,具有独立的路权和固定的运营时间。支线地下物流系统采用货运能力较小的小型隧道截面,使用 AGV 等运载小车来实现即到即送服务。应特别指出的是,干支线采用的地下货运技术在满足运输要求的情况下,都具有可选择性。

考虑城市货运功能和网络形态布局,耦合网络的基本特征如下:

(1) 多层特征。耦合网络含多层级的货运网络。对于地下物流系统而言,根据节点(物流园区、一级配送中心和末端网点)的货运量大小和服务区域来选择相应的埋深、运输系统和施工方式,自身就具有多层级特征。因此,无论在整体结构还是各层级结构上,耦合网络都具有多层特征,且各层间物理网络和服务网络均应实现连通。

(2) 多维特征。耦合网络的货运流量具有多维特征,其流量的服务维度(如运输方式、不同方式的服务商)和物理维度(如质量、体积和起讫点等)均不相同,都具有相应的约束条件,应进行综合考量以对各维度的特征进行整合优化。

(3) 多主体特征。耦合网络不仅与货运有关,还与客运相关。虽然地上道路交通网络的货运和客运服务对象不同,但共享交通基础设施。因此,耦合网络涉及多个客货运主体,且各主体的偏好特征有所区别,需要协调各主体对货运成本、时间、能源消耗和安全性能等各方面的诉求。

(4) 动态特征。耦合网络的货运需求是动态变化的。受客运量的动态影响,其地上部分的通道容量和货运时间是动态变化的。而受通道容量和货运时间的动态影响,耦合网络各节点的富余处理能力、实时处理量和货运时效等特征也是动态变化的。

3.2.3 城市地下货运技术原型与网络拓扑结构

传统城市货运模式利用卡车或小型货车进行货物运输,而伴随城镇化的不断推进,城市物流量激增,货运挤占了大量城市道路资源,货运需求暴涨而传统货运模式运能不足,造成了大城市发展的"痛点"。因此,亟待寻求一种新型的可持续的货运方式。ULS 的优势恰能有效弥补当前货运体系的一系列短板,被认为是未来颇具发展前景的货运模式。考虑到城市各自地理、人口、产业结构特征,适用的地下货运系统技术形式以及网络规划需具体分析。城市地下货运网络的典型形式主要分为"门户对接式"地下货运专线、城市 ULS 独立运输网络和末端地下管道配送专线网络三种形式。

1. "门户对接式"地下货运专线

"门户对接式"地下货运专线通常建设于多个城市物流门户(如海港、空、铁路终端大型园区仓库)之间,用于海铁集装箱或空运托盘的中转和集疏运。根据城市用地的性质,门户对接地下货运专线通常位于城市的外围,甚至远离城市。其主要目的是实现区域间大批量货流的转运,而不直接对入城的货物进行处理。门户对接地下货运专线串联主要的城市物流门户,根据城市大型物流终端的分布条件进行网络规划,当前有三种地下集装箱运输专线网络形式,包括走廊形网络、星形网络和环形-星形复合网络。

(1) 走廊形网络主要应用于沿海或沿江的大型港口城市。通过水运而来的集装箱货物在码头卸载后运至前端物流园区进行拆箱,部分货物转运至内陆城市,部分货物运往城市内部。在港口至物流园区的路段上,大量的集装箱运输影响了道路通行能力,在导致局部交通拥堵的同时,不可避免地给环境和交通安全带来负面效益,大大影响了整体货运网络的效率,这就是大型港口城市常面临的"痛点"——"港-城"矛盾。现在港口和城市前端物流园区之间构建地下货运专线,专线一端连接港口的堆场,另一端连接前端物流园区。靠岸的标准化集装箱货物利用轨道机车直接通过 ULS 隧道运输至物流园区。港口和城市周边的物流园区构成沿着城市外围的走廊形网络,如图 3-4(a)所示。

(2) 星形网络以机场地下货运网络为例,如图 3-4(b)所示。机场空港物流园区集货量是城市物流的重要组成部分,部分空运货物具有对即时性要求高的特征,航运货物汇集在空港物流园区后,以航空托盘形式或小型集装箱形式为主。采用多节多车队编组的轻型轨道式机车,可将从飞机上卸下的托盘化货物直接转移至机车,利用连接了空港物流园区和城市内部配送中心的地下运输专线运输至城区,缓解机场周边的交通压力。由于机场同时可连接多个城市内部配送中心,网络呈星形。

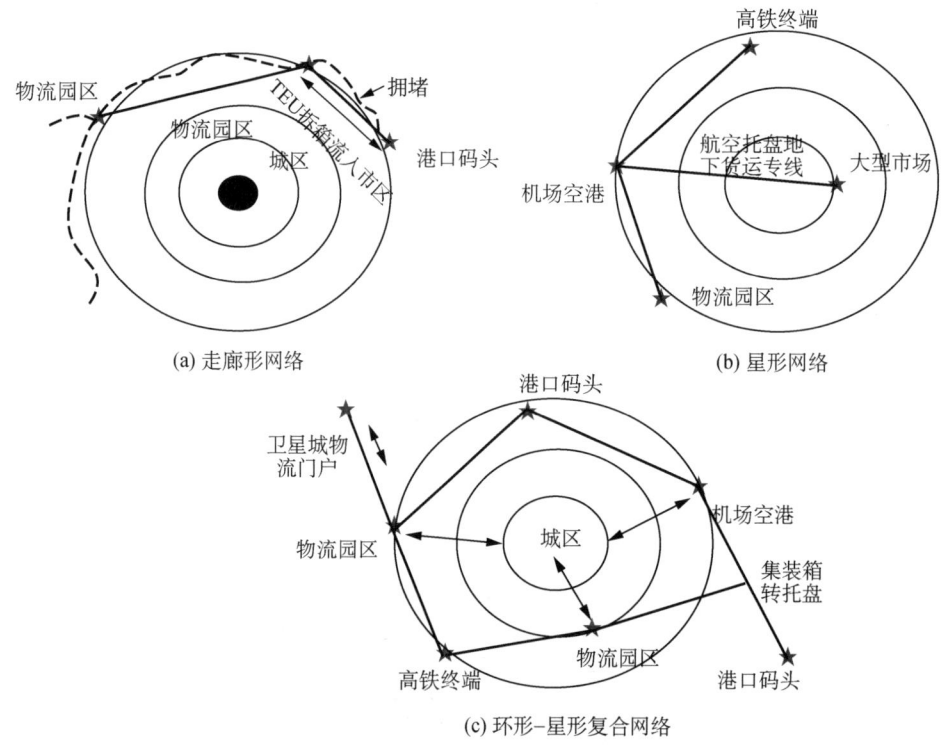

图 3-4 "门户对接式"地下货运专线示意

（3）环形-星形复合网络如图 3-4(c)所示。物流门户汇集的集装箱货物在物流园区根据不同的目的地被转运至卫星城市或城市内部,构建地下货运专线可连接多个物流门户,在串联城市重要门户和物流园区的同时,提供中心城市与卫星城市的地下货物运输服务。这将在城区周边形成环状网络,并从物流门户延伸至卫星城形成城市外部的星形网络。

"门户对接式"地下货运专线有以下几种代表性技术制式：

（1）采用轨道式机车进行地下运输。隧道中的机车运载形式可参考一般铁路货运机车,将标准 TEU 集装箱作为车节,方便场桥吊装和 AGV 跨运。机车沿车身的长度配置单节或多节集装箱,对于仅配备单节集装箱的机车,可考虑采取多车辆编组的发车方式,以车队的形式在隧道中行驶。机车供电方式可参考地铁,采用第三轨供电配合直线电机。

（2）利用地下磁悬浮运输技术,标准 TEU 集装箱置于独立的流线型舱体内部。隧道处于真空状态,以磁悬浮配合舱体推进装置为动力,使集装箱舱体沿隧道高速移动。

（3）遵循传统道路集卡运输方式,即在地下隧道中铺设沥青路面,集卡以编队的形式在隧道中行驶。由于地下运输过程稳定无干扰,集卡可采用无人驾驶技术,编队进行运输。

2. 城市 ULS 独立运输网络

城市内部的 ULS 主要服务于城市不同区域间的货运,在城市周边大型物流园区与城区关键的 ULS 站点间构建独立的城市 ULS 运输干线。集装箱货物在物流园区被拆箱、分拣、组装、编码后形成托盘形式的标准货运单元,通过 ULS 线路利用货运机车运输至城市不同区域的 ULS 站点。ULS 站点具有装卸货、分拣、临时仓储、打包等功能,发挥当前城市配送中心的作用,参考物流公司网点的服务范围,ULS 站点的服务半径可设置为 3～5 km。这些网点通过互联形成连接大型物流园区和配送中心的城市货运骨架网络。

区别于地铁网络的直通式线路构成的"井"字形网络,城市 ULS 独立运输网络可根据城市货运分布情况进行规划,可形成交错连接的网络,也可能因为局部地区的定向货流巨大而构建两点或多点间的直连线路,或者物流站点到小区的"最后一公里"二级直连线路。城市 ULS 独立运输网络结构形式如图 3-5 所示。

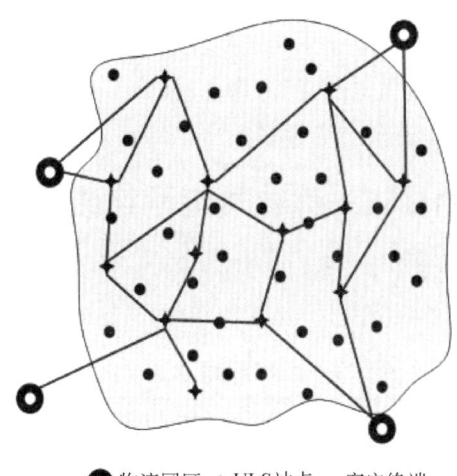

图 3-5　城市 ULS 独立运输网络示意

城市 ULS 独立运输网络根据需求和城市客观条件有两种建设方案:其一,采用大直径的地下隧道配合大尺寸的轨道式货运机车,构建一个低密度的城市 ULS 网络;其二,采用中小直径的地下隧道配合中小直径的轨道式货运机车,构建一个高密度的城市 ULS 网络。

3. 末端地下管道配送专线网络

目前我国城市管廊能够为二级 ULS 运输提供理想的空间。此外,城市路网之下大小管廊十分密集,几乎遍布所有街道社区。因此,可考虑在综合管廊中分离出专门的货运舱廊道进行包裹运输。在管廊中运输的包裹一般处于最终的交付形态,由托盘盛放,托盘通过磁力吸附于传送带上,随之移动。包裹和托盘的体积和质量均在综合管廊的承受范围之内。这种形式可充分利用已有的地下综合管廊的基础设施,大大降低地下运输系统的建设成本。

依赖于城市管廊的 ULS 网络需沿街道布置,并根据城市货运需求分布情况,在能覆盖需求的范围内设置 ULS 站点。末端地下管道配送专线网络结构如图 3-6 所示。

地下综合管廊的货运系统有两种技术方案:

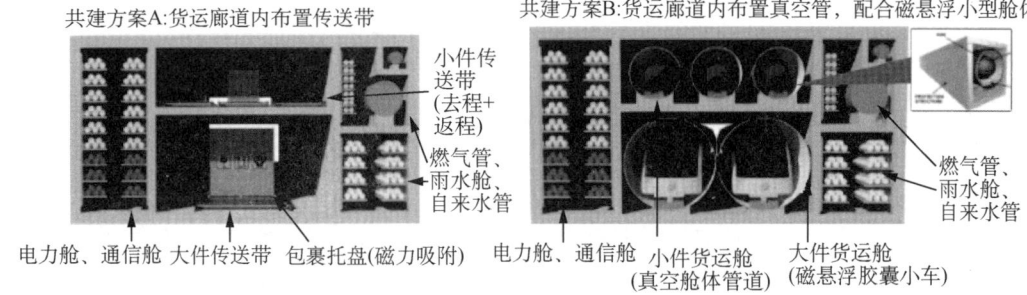

图 3-6　末端地下管道配送专线网络示意

（1）在廊道内设置多条不同规格的传送带，物流节点处理完成的货物沿着去程传送带运向目的地，寄件包裹则可沿着回程传送带运至物流节点进行处理。

（2）在廊道内设置小管径气动胶囊舱（Pneumatic Capsule Pipeline，PCP），包裹以 2~3 个为一组放入胶囊内，胶囊在舱体内部由气压推动，以 6~10 个胶囊为编组发出。

3.2.4　基于 ULS 的城市一体化货运网络绩效评估框架

具体的 ULS 网络规划要针对不同城市的条件，根据 ULS 特征从 12 个角度构建网络的评价指标框架，并对 3 种制式 ULS 网络的绩效给出定性评价，见表 3-3 所列。

表 3-3　　多种 ULS 方式与经典路网体系的协同运作绩效评估量

评价指标	门户对接式地下货运专线			城市 ULS 专线			末端地下管道配送专线		
	优	中	差	优	中	差	优	中	差
建设条件要求					√			√	
货运能力	√				√				√
技术安全性	√				√			√	
服务范围			√		√				√
改造成本			√			√		√	
运营成本	√				√			√	
运营收益	√				√			√	
缓解交通拥堵		√			√				√
货物周转效率	√				√			√	
对客运影响	√				√		√		
减排	√				√		√		
协同联运	√				√			√	

通过打分评估，可以发现不同制式的 ULS 网络各有优势。在不考虑建造成本的情况下，城市 ULS 专线网络的总体优势最大，这是因为 ULS 专线作为独立货运网络可以根据

城市需求和建设条件灵活规划,其网络运营不受城市其他基础设施系统的影响,网络运能及效率将大大提升。结合综合管廊的末端地下管道配送专线的优势在于依托城市沿街布置的综合管廊进行货运可降低建设成本;但其劣势较为明显,仅能利用传送带进行小范围内的货物运输,运能较小。门户对接式地下货运专线主要用于解决城市物流门户和物流园区之间的局部集装箱运输,不受客运影响,可有效解决局部交通拥堵。三种 ULS 制式的选用应当考虑具体城市特征。

3.3 耦合网络的货物特征分析

城市建设过程中的经济发展和居民生活水平提高,都要依靠货物的流通性,以货物为基础来实现。针对不同的产业结构和生活方式,对货物需求的种类和数量也各有不同。而货运量和货物运输种类是货运网络耦合的数据基础,也是决定运输网络形态和运营性能的关键因素。因此,针对耦合网络而言,首先要明确的是可运输的货物类型和需要运输的货物量大小。

3.3.1 货物类型

根据货物的自然属性以及对货物需求用户性质的不同,可以将货物运输种类划分为不同类别并进行编码。例如,世界海关组织(World Customs Organization,WCO)修订的 2017 年版《商品名称及编码协调制度》将贸易商品分为 21 大类;国家铁路局结合铁路运输生产经营的需要,在《铁路货物运输品名分类与代码》(TB/T 2690—1996)中将货物分为 26 大类。耦合网络作为货物运输的重要基础设施,其主要功能定位是缓解城市货运带来的交通拥堵和环境污染等问题,满足未来可持续发展的货物运输需求。因此,在确定耦合网络可运输货物分类时,需要考虑其包含的货运基础设施网络之间的关联特征,并与我国当前商品分类和代码具有一定的衔接和兼容关系。

国家统计局统计信息显示,2020 年中国 72.35% 的货物依赖公路进行运输,这一比例高于欧洲发达国家。而在城市范围内,耦合网络分担货物的主要对象是公路货运量。因此,由于城市货物运输的主要方式和交通拥堵现象的载体均是城市道路(公路),耦合网络可运输货物种类可以参考道路交通运输的可运输货物种类进行分析。而我国《运输货物分类和代码》(JT/T 19—2001)广泛应用于国内公路部门、水路部门和其他相关企业集团,且与国际商品分类和代码有较好的兼容性。因此,耦合网络的可运输货物种类主要以地下物流系统的特征进行区分。

因此,本书结合我国《运输货物分类和代码》(JT/T 19—2001)中给出的 17 大类常见运输货物,通过调研我国顺丰速运有限公司(简称顺丰)、中国邮政速递物流股份有限公司(简称邮政)和德邦物流股份有限公司(简称德邦)等货运服务商,参考其目前支持运输的货物种类,进行可运输货物种类分析。

耦合网络运输货物分类的结果如表 3-4 所示。其中，属性 1 代表货运服务商均支持的可运输货物种类，因此可纳入耦合网络进行运输；属性 5 代表依赖公路运输，不能纳入地下物流系统运输的货物种类；属性 3 代表部分满足运输尺寸要求和特征的货物可纳入地下物流运输的货物种类。从表 3-4 中可以看出，易燃易爆、有毒、放射性及腐蚀性等危险品是不允许放入地下物流运输的，只能通过地上道路运输，而其他大类的货物在满足运输安全性和可靠性的前提条件下，大部分可纳入地下物流系统运输货物的范围。

表 3-4　　　　　　　　　　耦合网络货运种类分类

货物分类	运输货物分类和编码	属性
居民生活类	10 盐	1
	11 粮食	1
	15 轻工、医药产品	1
	16 农、林、牧、渔业产品	1
生产资料类	01 煤炭及制品	5
	02 石油、天然气及制品	5
	12 机械设备、电器	3
	13 化工原料及制品（除危险品外）	1
	04 钢铁	3
	05 矿物性建筑材料	1
	06 水泥	3
	07 木材	1
	03 金属矿石	3
	08 非金属矿石	3
	09 化肥及农药	3
	14 有色金属	3
其他类	17 其他	—

注：该表为北京市规划委员会于 2017 年 11 月份协调各物流商针对地下物流系统讨论的数据结果。

3.3.2　耦合网络的货运需求分析

耦合网络的货运需求量与未来的政策、经济水平、人口规模和产业结构等因素相关，而由于各地区的相关因素随时间呈动态变化，其本质上是一个复杂的动态非线性问题。

为确保耦合网络的货运能力既符合当前和未来一段时间内城市经济发展的货运需要,又不造成资源浪费,应考虑货运需求量进行分析。其中,货运需求量特征包含了货物的件数、体积和质量这3个要素。而在耦合网络中,运载机车的体积和载重是货运的约束条件,且反映在网络节点和通道的货运能力上,本书重点考虑货运需求量在总体积和总质量上的预测分析。

然而,城市货运体积的统计数据一般是缺失的,仅有针对货运总质量的统计数据。因此,有必要在体积 V 和质量 M 间进行可靠的转换,从而计算城市货运需求量在质量和体积上的约束。因此,我们引入物流行业的重泡比进行货物质量和体积的换算,其相当于货物的密度,计算公式为

$$V = \frac{M}{重泡比} \tag{3-1}$$

经过调研,我国顺丰和德邦等大部分物流企业均以重泡比 167 kg/m³ 来区分货物按体积收费还是按质量收费。同时,全球空运的重泡比也采用该值进行换算。此外,根据国际标准集装箱 40 英尺高柜的标准,其配货毛重一般为 22 t,装载货物体积约为 68 m³,此处重泡比约为 323.5 kg/m³,大于 167 kg/m³。因此,对于耦合网络的地上道路运输部分,我们选取重泡比 167 kg/m³ 将质量换算成体积,有利于空间富余。

为了进一步明确耦合网络地下部分货运的决定因素是货运量体积还是质量属性,同时判断重泡比 167 kg/m³ 是否满足地上地下的通用要求,本书选取德国 CargoCap,美国 Container、Crate、Pallet,以及地铁车厢等 5 种运载小车形式的体积和最大载重量进行分析比较,如表 3-5 所示。由表可知,5 种运载工具的重泡比均大于 167 kg/m³,即同等质量下按重泡比 167 kg/m³ 进行换算后的体积更大。因此,耦合网络货运量计算时,将质量以重泡比 167 kg/m³ 进行体积换算,考虑货运需求体积约束,结果更为可靠。

表 3-5　　　　运载小车形式的最大载重与运输体积分析

运载工具	长/m	宽/m	高/m	最大载重量/kg	运输体积/m³	重泡比/(kg·m⁻³)
CargoCap	2.40	0.80	1.05	2 000.00	2.02	990.10
Container	12.20	2.40	2.90	30 844.80	84.91	363.26
Crate	3.20	1.50	1.60	3 175.20	7.68	413.44
Pallet	1.20	1.00	1.00	2 086.60	1.20	1 738.83
地铁车厢	17.00	2.40	2.20	大于 24 000.00	89.76	大于 267.38

耦合网络货运需求量预测问题本质上是复杂的非线性问题,受多影响因素共同作用。而多影响因素对货运需求量的影响程度难以用明确的解析表达式进行准确描述。在数据预测分析方法中,BP 神经网络算法具有良好的性能,其采用梯度下降法,通过反向传播来不断调整网络的权值和阈值,以网络误差平方的最小值为目标函数进行计算,广泛应用于模式识别和智能控制领域[3]。

但是,BP 神经网络算法的网络结构具有不易确定和收敛速度慢等缺点[4]。而遗传算法(Genetic Algorithm,GA)是一种全局优化算法,通过模拟自然进化过程可以搜索近似最优解,因此本书采用遗传算法对 BP 神经网络算法的权值和阈值进行优化,从而得到最佳的网络结构。此外,BP 神经网络算法还需要确定输入层参数的个数和取值,因此首先要在多影响因素中,确定影响耦合网络货运量的关键因素。

在进行影响货运需求量关键因素确定时,本书考虑到耦合网络具有复杂网络系统特征,其货运量变化与城市发展相关的多个因素均有关联,受经济发展、产业布局、人口规模和能耗资源等影响,但各影响因素又具有不确定性。针对多影响因素的不确定性问题,可以通过灰色关联理论(Grey Relation Theory,GRT)来计算各因素的关联度值并排序,从而确定影响货运需求量的关键因素[5]。

基于上述分析,本书构建基于 GRT-GA-BP 算法的耦合网络货运需求量预测方法,如图 3-7 所示。其中,耦合网络货运需求量预测方法主要分为关键影响因素确定和货运量预测两部分。通过选取多个影响城市货运量的因素,基于灰色关联理论来确定影响耦合网络货运的关键因素,并将确定的关键因素作为基于 GRT-GA-BP 算法的输入层,对耦合网络货运需求量进行预测。其具体计算步骤如下。

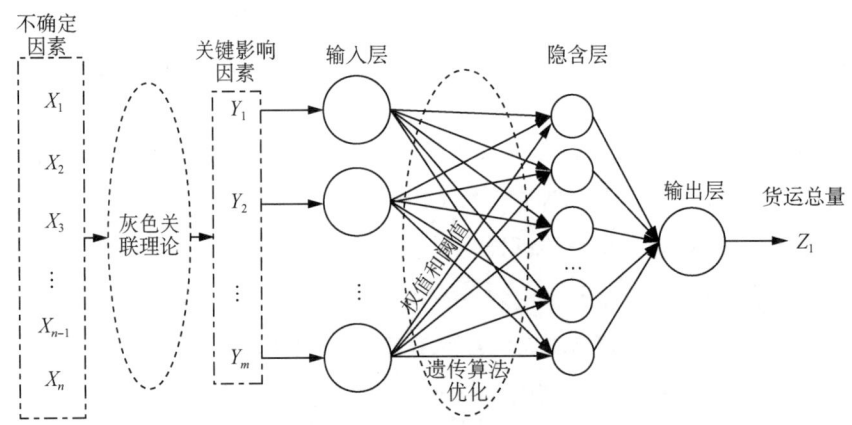

图 3-7 基于 GRT-GA-BP 算法的耦合网络货运需求量预测方法示意

步骤一:标准化数据处理。将货运总量第 i 个输入要素 m 年来的历史数据表示为行向量 $\boldsymbol{X}_i = \{x_{i1}, x_{i2}, \cdots, x_{ik}, \cdots, x_{im}\}$ $(k=1, 2, \cdots, m)$,输出要素公路货运量 m 年来的历史数据表示为行向量 $\boldsymbol{X}_0 = \{x_{01}, x_{02}, \cdots, x_{0k}, \cdots, x_{0m}\}$,由于各货运要素的最值未知,采用归一化方法将输入和输出要素的数据标准化,其计算公式为

$$y_{ik} = x_{ik} / \sum_{k=1}^{m} x_{ik} \quad (i=0, 1, 2, \cdots, n) \tag{3-2}$$

式中,n 表示输入要素的维度。

步骤二:计算关联度并排序。各输入要素对输入要素的关联度计算公式为

$$r_i = \frac{1}{n}\sum_{k=1}^{m} \frac{\min\limits_{j}\min\limits_{k} \mid y_0(k) - y_j(k) \mid + \rho \cdot \max\limits_{j}\max\limits_{k} \mid y_0(k) - y_j(k) \mid}{\mid y_0(k) - y_i(k) \mid + \rho \cdot \max\limits_{j}\max\limits_{k} \mid y_0(k) - y_j(k) \mid} \quad (i,j \in [1,n])$$
(3-3)

式中，ρ 表示分辨系数，其取值通常为 0.5。

步骤三：选择关键影响因素并计算参数。设置关键影响因素的关联度阈值为 r，各输入要素的关联度大于阈值 r 则为货运总量关键影响因素，其个数为 r^*。根据 r^* 的大小，可设置神经网络结构的参数。其中，隐含层阈值 n_1 的计算公式为

$$n_1 = 2r^* + 1 \tag{3-4}$$

其遗传算法的编码长度 n_2 的计算公式为

$$n_2 = r^*(2r^* + 1) + 2r^* + 2 \tag{3-5}$$

神经网络隐含层神经元通常采用非线性函数，最常见的为 S 型正切函数，可表示为

$$R = \text{transig}(W_1 \cdot Y + a) \tag{3-6}$$

输出层神经元的传递函数采用 S 型对数函数，表示为

$$Z = \text{logsig}(W_2 \cdot R + b) \tag{3-7}$$

同时，初始化遗传算法的交叉概率 p_1、变异概率 p_2 和种群大小 N。

步骤四：确定适应度函数，并进行算子的选择、交叉与变异。设置预测的货运值和实际值间误差的范数 E 为目标函数的输出，并由小到大进行排序。随机遍历选择算子，分别以概率 p_1 和概率 p_2 进行交叉和变异操作。

步骤五：终止条件判断。通过设置误差目标进行判断，满足则输出最优适应度个体，进入步骤六；否则，转至步骤四。

步骤六：解码并开始训练和测试。解码得到 R，Z 和 E，对数据进行反复训练，直至 E 满足终止条件。

3.4 耦合网络性能参数分析

由第 1.2.2 节和第 2.2.1 节可知，对于耦合网络中的地上道路交通部分，其网络结构较为成熟和固定，其通道容量一般是固定的。而对于道路的运输时间，一般采用美国公路局提出的 BPR 函数进行计算分析。BPR 函数表示地上公路货物运输时间受路段流量和设计通行时间的影响，其运输时间 t 可表示为

$$t = t_0 \left[1 + a\left(\frac{Q}{Q_0}\right)^b\right] \tag{3-8}$$

式中，t_0 为道路的设计通行时间(自由流时间)；Q 为当前时刻路段的交通量；Q_0 为路段的

实际通行能力;a 和 b 都是待定的校核参数,一般取值为 0.15 和 4。

对于耦合网络中的地下物流系统,其货运参数主要由隧道和机车两部分参数组成。其中,隧道的参数主要包含单位建设费用 $F_t/(元·m^{-1})$、隧道长度 L/m、内径 r_1/m 和外径 r_2/m,机车的运营参数主要包含车辆的长 L_1/m、宽 L_2/m、高 L_3/m、平均速度 $V_1/(m·s^{-1})$、加速度 $a_1/(m·s^{-2})$、负加速度 $a_2/(m·s^{-2})$、运营车头时距 t_1/s、满载率 ζ_3 和运输容量 c_1/m^3 等。

针对隧道的主要参数,Sinfield 等[6]总结不同隧道工程的建设成本,建立回归模型来预测不同外径隧道需要的工程建设费用,其公式表示如下:

$$F_t = 132.672r_2^2 + 6266.5r_2 - 3522.25, \quad 1 \leqslant r_2 \leqslant 10 \tag{3-9}$$

可以看出,随着隧道直径增大,单位长度的工程建设费用增加,且建设费用上升的趋势也逐渐增加。Najafi 等[7]利用 Sinfield 等人建立的回归模型计算地下物流系统隧道造价,考虑到工程建设的随机性,将隧道工程实际造价提高 15% 进行分析。以美国得克萨斯州地下物流系统为例,计算了 3 种不同货运单元对应的工程造价,结果如表 3-6 所示。

表 3-6　　　　　　　不同形式城市地下物流系统单位建造费用

货运单元	r_2	c_t	实际建设费用/(元·m^{-1})
托盘形式(1.2 m×1 m×1 m)	3.96	23 373	26 879
板条箱形式(3.2 m×1.5 m×1.6 m)	5.30	33 417	38 430
集装箱形式(12.2 m×2.4 m×2.9 m)	7.62	51 932	59 722

针对机车的主要参数,机车的运行速度和车头时距决定了节点最大货运能力。Najafi 等[7]认为地下物流系统的设计速度应与卡车的平均速度相当或高于卡车平均速度。而根据美国联邦公路局(Federal Highway Administration,FHWA)的数据,将地下物流系统运行的速度设计为 72 km/h 时,其足以与货运铁路和卡车的平均速度相媲美,且对轨道的磨损较少。而德国的 CargoCap 系统,其设计速度仅为 36 km/h。因此,针对机车运行速度的具体设计存在一定争议,还需要进一步分析和优化。

机车的车头时距代表前、后两辆车的前端通过同一地点的时间差。其中,地下物流系统线路设计的运行车头时距应大于最小车头时距。按照车头时距的定义,最小车头时距的计算公式如下:

$$t_{min} = \frac{L_1}{V_1} + \frac{V_1}{a_1} + \frac{V_1}{a_2} \tag{3-10}$$

以荷兰的 AGV 为例,其最大加速度为 1 m/s^2,负加速度为 2 m/s^2,平均速度为 6 m/s,机车车身长度 0.559 m,其最小车头时距约为 9.1 s。通过最小车头时距可以计算地下物流线路在 T 时间内的理论最大货物运量 C_{max},表示为

$$C_{\max} = \left(\frac{T}{t_{\min}} - \frac{L}{V_1 \cdot t_{\min}}\right) \cdot c_1 \tag{3-11}$$

式中,运输容量 c_1 主要由车辆长 L_1、宽 L_2 和高 L_3 决定,宽 L_2 和高 L_3 又受隧道内径 r_1 影响。因此,运输容量可以近似表示为

$$c_1 = \zeta_2 \cdot L_1 \cdot L_2 \cdot L_3 \approx L_1 \cdot \zeta_1 \cdot \zeta_2 \cdot r_2^2 \tag{3-12}$$

式中,ζ_1 为选取隧道截面利用率;ζ_2 为载货空间占机车总体积的比例。通过运营车头时距可以计算线路在 T 时间内的实际最大货物运量 C_a,表示为

$$C_a = \frac{T}{t_1} \cdot c_1 \tag{3-13}$$

针对地下物流系统节点的运营参数,与地上道路节点类似,其主要包括装卸平台数量 n_1/个,每个平台上的叉车数量 n_2/(台·个$^{-1}$),叉车的作业能力 c_3、富余能力 C_e、机车停靠泊位 n_3/个。节点货物处理富余能力与装卸平台数量、叉车数量和作业能力以及线路货运量有关,其计算参数如下:

$$C_e = (1 - \eta_1) \cdot n_1 \cdot n_2 \cdot c_3 - C_a \tag{3-14}$$

式中,η_1 表示充放电比,根据作业工况不同,取值也不同,一般取值 0.2。此外,当线路检修时,节点所需要的停靠泊位 n_3 须不少于隧道中机车的数量,且有一定的备用比例 η_2,其可近似表示为

$$n_3 = (1 + \eta_2)\frac{L}{V_1 t_1} \tag{3-15}$$

3.5 案例研究:某市某新区 ULS 货运量预测及网络性能参数分析

3.5.1 数据来源

本节以某市某新区为例进行研究,该新区建设用地约为 100 万 km^2,预计常住总人口规模约为 130 万人。该区包含多个重要物流枢纽的建设,货运需求量的流入和流出比例约为 8∶2,预计将 70% 的货物纳入地下物流系统进行运输,且物流中心 H1 和 H2 的到货量比例约为 3∶7。

在该区的耦合网络中,地下物流系统沿地面道路建设,总长约 35 km,其拓扑结构如图 3-8 所示。其中,耦合网络含 2 个物流中心节点和 10 个配送中心节点,网络各节点间路段的距离如表 3-7 所示。

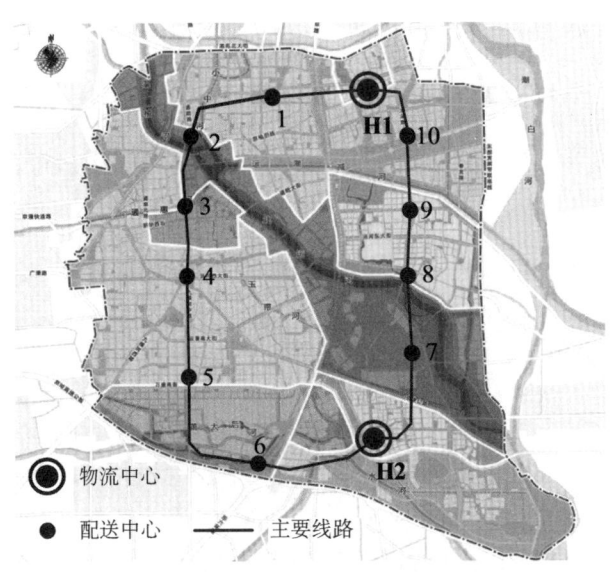

图 3-8　耦合网络形态拓扑结构

表 3-7　城市配送中心路段的距离信息

路段	起始节点	H1	1	2	3	4	5	6	H2	7	8	9	10
	终止节点	1	2	3	4	5	6	H2	7	8	9	10	H1
距离/km		3.5	2.9	2.4	2.5	3.4	4.0	3.6	3.3	2.8	2.2	2.4	2.0

根据该新区配送中心节点的服务范围和城市总体规划的人口规模,可以统计配送中心服务的人口数量。该新区配送中心节点所对应的服务人口如表 3-8 所示。

表 3-8　配送中心节点服务人口规划

节点编号	1	2	3	4	5	6	7	8	9	10
服务人口/万人	14.1	10.0	15.9	11.2	17.0	18.0	5.4	11.4	16.1	10.9

考虑城市货运受经济发展、产业布局、人口规模和能耗资源等影响,选取了 2008 年至 2017 年 10 年间该地区第一产业值、第二产业值、消费品零售额、进出口零售额、交通预算支出、GDP 增长量和居民消费支出等 12 个统计指标进行分析,如表 3-9 所示(数据来源:该市 2018 年统计年鉴)。值得说明的是,以上这些因素的选取可以根据城市的发展有区别地选择并修正,并不影响本书提出的货运需求量预测方法的有效性。

表 3-9　某市历年相关统计指标原始数据

年份	A_1	A_2	A_3	A_4	A_5	A_6	A_7	A_8	A_9	A_{10}	A_{11}	A_{12}	B_1
2008	111	2 642	8 639	4 646	19 113	80	1 320	16 460	24 725	1 771	20 340	5 786	18 689
2009	117	2 857	9 445	5 388	14 648	147	1 027	17 893	26 738	1 860	20 755	6 009	18 753

（续表）

年份	A_1	A_2	A_3	A_4	A_5	A_6	A_7	A_8	A_9	A_{10}	A_{11}	A_{12}	B_1
2010	123	3 388	10 931	6 340	20 478	155	2 023	19 934	29 073	1 962	21 114	6 360	20 184
2011	135	3 753	12 740	7 222	25 303	199	2 186	21 984	32 903	2 019	21 347	6 397	23 276
2012	148	4 060	14 142	8 124	25 765	243	1 722	24 046	36 469	2 069	21 492	6 564	24 925
2013	160	4 393	15 777	8 872	26 991	232	1 980	26 275	40 321	2 115	21 673	6 724	24 651
2014	159	4 663	17 122	9 638	25 517	215	1 614	28 009	43 910	2 152	21 849	6 831	25 416
2015	140	4 661	18 885	10 338	19 828	296	1 741	36 642	52 859	2 171	21 885	6 853	19 044
2016	130	4 944	20 595	11 005	18 652	353	1 984	38 256	57 275	2 173	22 026	6 962	19 972
2017	120	5 327	22 568	11 575	21 924	446	2 346	40 346	62 406	2 171	22 226	7 133	19 374

注：A_1—第一产业值(亿元)；A_2—第二产业值(亿元)；A_3—第三产业值(亿元)；A_4—消费品零售额(亿元)；A_5—进出口零售额(亿元)；A_6—交通预算支出(亿元)；A_7—GDP 增长量(亿元)；A_8—居民消费支出(元)；A_9—可支配收入(元)；A_{10}—人口规模(万人)；A_{11}—公路里程(km)；A_{12}—能源消费总量(万吨标准煤)；B_1—公路货运量(万 t)。

基于 GRT-GA-BP 算法的耦合网络货运量预测方法的仿真参数取值如表 3-10 所示。

表 3-10　　　　　　　　　仿真计算参数取值

参数	r^*	n_1	N	N_1	n_2	p_1	p_2	E
取值	7	15	50	100	1 360	0.80	0.05	0.01

3.5.2　货运量预测结果分析

为了解决耦合网络货运需求量预测中影响因素的不确定性问题并预测货运需求量，我们采用基于 GRT-GA-BP 算法的耦合网络货运量预测方法来进行分析。根据选取的 12 个统计指标的历史数据，依据式(3-2)和式(3-3)将数据归一化后，计算各不确定性因素的关联度数值结果，并由大到小排序，如表 3-11 所示。

在 12 个统计指标中，选取关联度大于 0.7 的指标为耦合网络货运量的关键影响因素。根据案例的仿真计算结果，可以确定该区第一产业值、进出口零售额、人口规模、能源消费总量、公路里程、第二产业值和 GDP 增长量 7 个因素为耦合网络货运需求量的关键影响因素。

表 3-11　　　　　　　　影响因素的关联度计算结果

因素	A_1	A_5	A_{10}	A_{12}	A_{11}	A_2	A_7	A_4	A_3	A_9	A_8	A_6
r_i	0.92	0.90	0.84	0.83	0.82	0.74	0.73	0.69	0.66	0.64	0.63	0.60

将第一产业值、进出口零售额和人口规模等 7 个关键影响因素作为输入变量，将耦合网络货运量作为输出变量，将每一年的输入和输出变量设为一个样本。由于案例选取了 2008 年至 2017 年间的数据，共存在 10 组样本，我们选取其中 9 组样本进行训练，1 组样

本进行验证。

基于 GRT-GA-BP 算法的耦合网络货运量预测方法的迭代误差曲线如图 3-9 所示，在迭代 63 次时，网络测试样本的误差基本保持不变，并接近于 0。此时，隐含的网络层训练完毕。通过将基于 GRT-GA-BP 算法的耦合网络货运量预测方法与仅使用 BP 神经网络算法进行对比，其样本预测结果的仿真误差如表 3-12 所示。其中，基于 GRT-GA-BP 算法的耦合网络货运量预测值为 19 379，与实际值的相对误差仅为 0.026%。因此，相比于 BP 神经网络算法，该方法的性能更好。

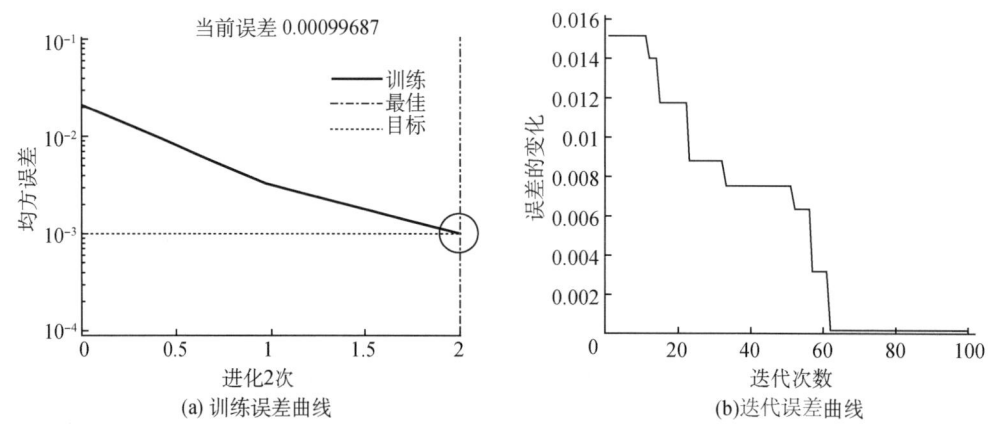

图 3-9 训练误差曲线和迭代误差曲线

表 3-12 算法分析结果对比

算法	预测结果(归一化)	货运量预测	测试样本误差
BP 神经网络(随机的权值和阈值)	0.3574	19 923	2.25×10^{-2}
GRT-GA-BP 算法(优化的权值和阈值)	0.3351	19 379	1.81×10^{-4}

利用基于 GRT-GA-BP 算法的耦合网络货运需求量预测方法进行预测，需要输入影响未来货运量的 7 个关键因素的数据值。因此，首先针对每个关键影响因素进行预测，得到未来一段时间内的预测值，再将未来时间内的预测值作为输入变量，进而预测耦合网络货运需求量，其最终的数据预测结果如图 3-10 所示。在 2018 年至 2035 年间，耦合网络货运需求量在 2027 年达到最大值 23 147.5 万 t，对应的年人均货运量为 10.68 t，人均每天货运量为 29.2 kg。因此，对于耦合网络而言，以人均每天货运量 29.2 kg 进行规划设计，可以满足货运需求。

耦合网络每天货运需求质量、体积以及货物流入流出量计算结果如表 3-13 所示，节点 6 所需货运容量最大，其货运量为 22 031 m^3/d。耦合网络中节点间的货运需求量如表 3-14 所示，其网络中路段所需货运容量如表 3-15 所示。由表 3-15 可知，其单通道的最大货运量为节点 H2 运往节点 6 的通道(H2 到节点 1~6 均通过该通道)，其单向最大

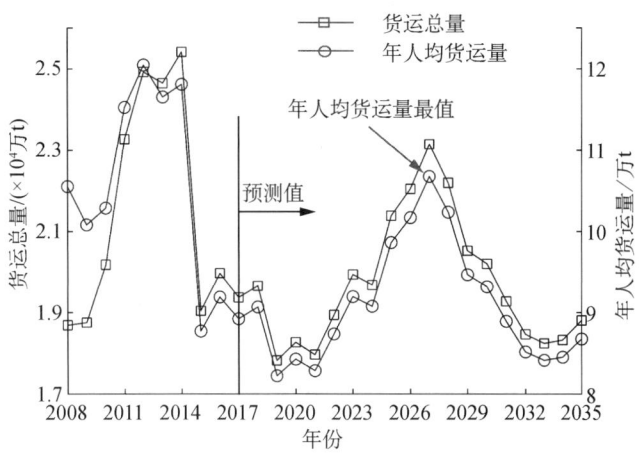

图 3-10 该区货运量预测结果示意

载货运量为 59 084 m³/d。考虑货运量的波动特性(例如节日、电商促销活动、灾害救援),耦合网络可以按货运量的 2 倍进行设计,预留足够的货运容量。因此,该区耦合网络的通道货运容量最大设计为 118 168 m³/d,节点的货运容量最大设计为 44 062 m³/d。

表 3-13　　　　　　　　耦合网络节点货运需求量分析结果

节点编号	1	2	3	4	5	6	7	8	9	10
服务人口/万人	14.1	10.0	15.9	11.2	17.0	18.0	5.4	11.4	16.1	10.9
货运需求质量/(t·d⁻¹)	2 882	2 044	3 250	2 289	3 475	3 679	1 104	2 330	3 291	2 228
货运需求体积/(m³·d⁻¹)	17 258	12 240	19 461	13 708	20 808	22 031	6 609	13 953	19 706	13 341
货物流出体积/(m³·d⁻¹)	3 452	2 448	3 892	2 742	4 162	4 407	1 322	2 791	3 941	2 668
货物流入体积/(m³·d⁻¹)	13 806	9 792	15 569	10 967	16 646	17 625	5 288	11 162	15 765	10 673

表 3-14　　　　　　　耦合网络中节点间的货运需求量　　　　　　　单位:m³/d

流量	物流园区	配送中心									
		1	2	3	4	5	6	7	8	9	10
起点流出量	H1	4 142	2 937	4 670	3 290	4 994	5 288	1 586	3 349	4 729	3 202
	H2	9 664	6 854	10 898	7 677	11 652	12 338	3 701	7 813	11 036	7 471
终点流入量	H1	1 035	734	1 168	823	1 248	1 322	397	837	1 182	801
	H2	2 416	1 714	2 724	1 919	2 913	3 084	925	1 954	2 759	1 868

表 3-15　　耦合网络路段通行的货运容量　　单位：m^3/d

路段	起点	H1	1	2	3	4	5	6	H2	7	8	9	10
	终点	1	2	3	4	5	6	H2	7	8	9	10	H1
正向		25 321	23 596	22 372	20 426	19 055	16 974	14 771	30 021	26 717	19 741	9 888	3 217
反向[a]		6 329	14 958	21 078	30 809	37 664	48 068	59 084	7 505	8 166	9 561	11 532	12 866

注：[a] 反向货运指从终点节点需运往起点节点的货运量。

3.5.3　通道和节点容量分析

1. 最小车头时距 t_{min}

机车的最小车头时距 t_{min} 决定了通道的最大通行容量，其主要与机车长度 L_1、最大加速度 a_1、负加速度 a_2 和设计速度 V_1 有关。为了便于分析，我们假设机车的最大加速度和负加速度大小相等，表示为 a。 在机车长度 L_1 固定时，其最小车头时距取决于加速度 a 和设计速度 V_1，如图 3-11 所示。

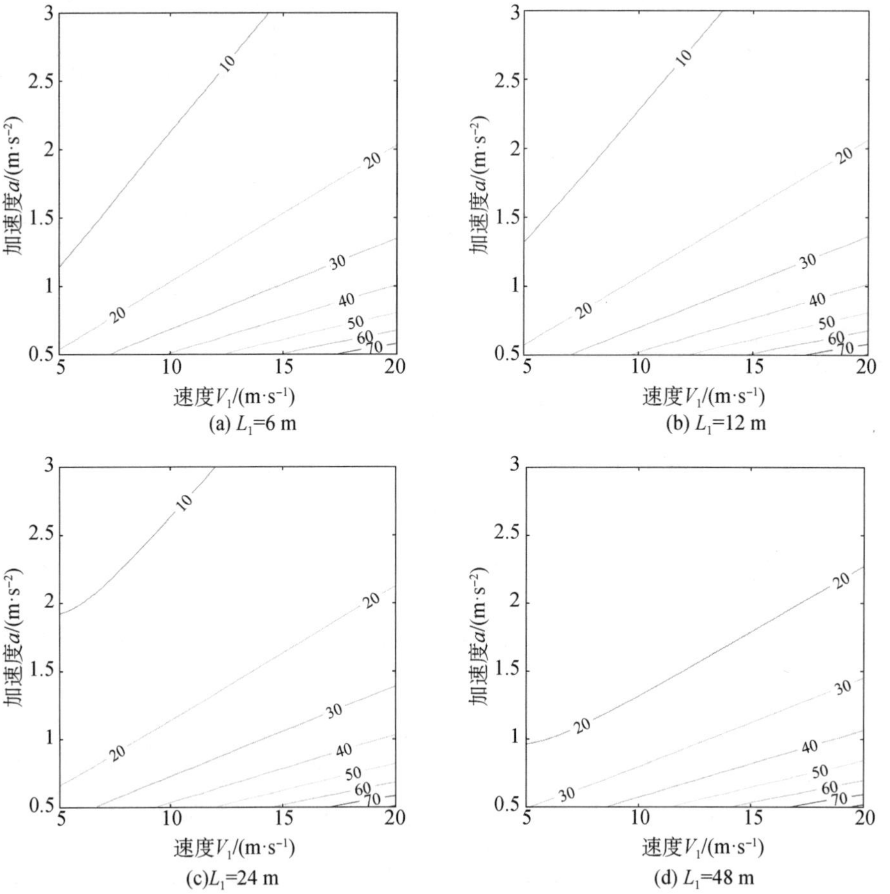
加速度a/(m·s⁻²)
速度V₁/(m·s⁻¹)
(a) L₁=6 m
(b) L₁=12 m
(c)L₁=24 m
(d) L₁=48 m

图 3-11　最小车头时距 t_{min} 随机车速度 V_1 和加速度 a 变化的 2D 等高线

如图 3-11(a)所示,当机车长 $L_1=6$ m 时,最小车头时距 t_{min} 随着加速度 a 的增大而减小,随着速度 V_1 的增大而增大。在低速度时,随着机车长度逐渐成倍增长,其最小车头时距明显增大。例如,当 $a=1$ m/s² 时,图 3-11(b)中,速度在区间[5,10]内,其最小车头时距基本落在区间[10,20]内,而图 3-11(d)中同样的速度区间,其最小车头时距基本落在区间[20,30]内。同时,不同机车长度条件下最小车头时距的最大值变化不明显,如图 3-11(b)、(c)和(d)所示,其最小车头时距显示的最大值均为 70 s。

通道最大通行容量由其最小车头时距决定,而单个机车货运容量又与隧道截面和机车长度有关。因而,隧道截面直径以及机车长度、速度和加速度会共同影响通道货运能力。

2. 给定隧道截面直径 r_2 条件下通道货运能力 C_{max} 变化情况

在给定隧道截面直径 r_2 条件下,通道货运能力 C_{max} 受通道长度以及机车长度、速度和加速度共同影响。根据地铁运营时间和检修时间的分布以及相关部门的建议,我们确定以每天货运工作时间 18 h 进行分析,设定的车头时距为最小车头时距的 2 倍。此外,选取隧道截面利用率 $\zeta_1=0.4$,载货空间占机车外体积的比例 $\zeta_2=0.4$,平均满载率 $\zeta_3=0.6$,以 $L=10$ km 的通道长度为例进行分析。需要指出的是,参数可以调整,但不影响货运容量的定性和定量分析。图 3-12 展示了货运能力在固定机车长度下随机车速度和加速度变化的情况。

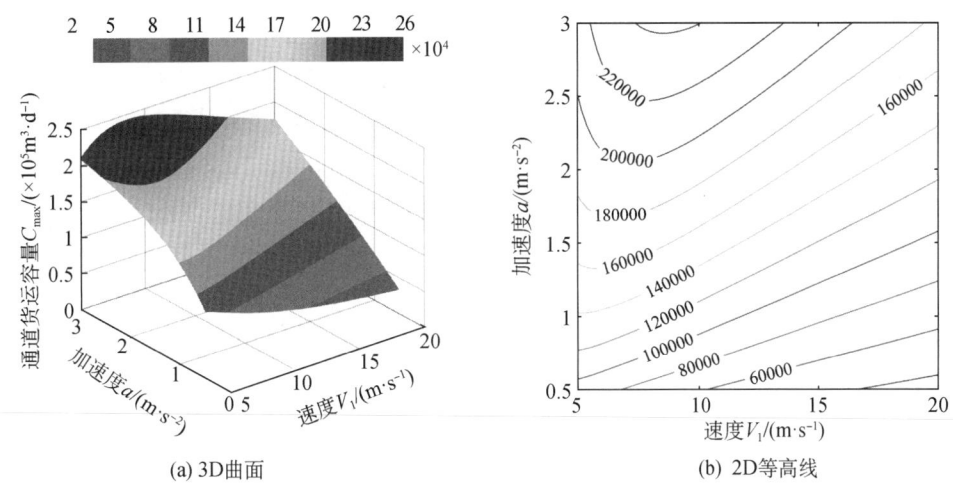

(a) 3D 曲面   (b) 2D 等高线

图 3-12 给定隧道截面直径 $r_2=5$ m 和机车长度 $L_1=48$ m 条件下
通道货运能力 C_{max} 随机车速度 V_1 和加速度 a 的变化情况

由图 3-12(a)可以看出,对于同一速度情况下,通道货运能力随着加速度减小而降低,并总体上随着速度的增大和加速度的减小而不断下降。这主要是因为高速度和低加速度情况下,最小车头时距过大,使货车的车次减少,从而导致货运能力下降。由图 3-12(b)可以看出,加速度值越大,对应的货运能力随着速度的增加呈先上升后下降的趋势。其主要原因是:速度的增加在运营时间内对车次增加的影响幅度大于车头时距增加对车次减少的影响幅度。

图 3-13 分别展示了不同机车长度情况下通道货运能力随加速度和速度增长的变化趋势。从该图中可以看出,不同机车长度情况下,通道货运能力的变化曲线形态相似,通道货运能力不仅取决于加速度和速度,也取决于机车长度,且机车长度限制了通道货运能力能够达到的最高值。

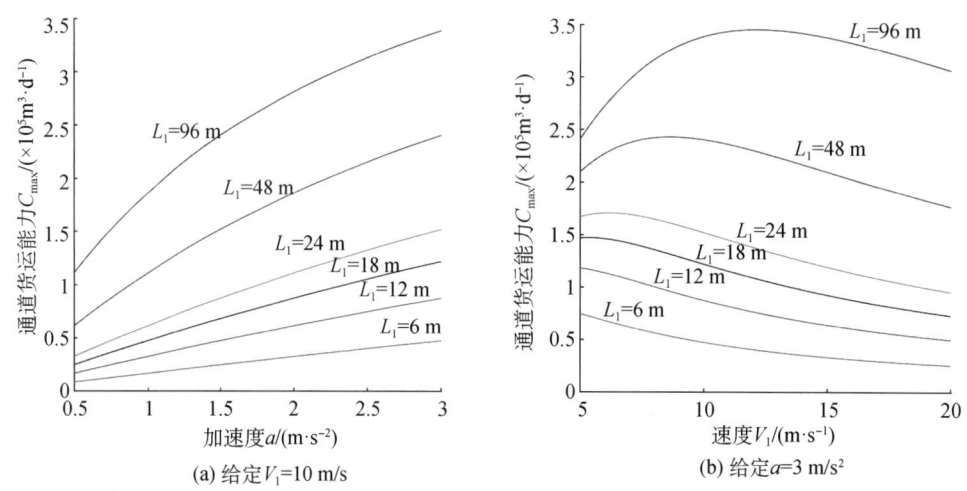

图 3-13　给定隧道截面直径 $r_2=5$ 条件通道货运能力 C_{max}

同时,加速度和速度对通道货运能力影响的变化规律显著不同。如图 3-13(a)所示,当 $L_1=6$ m 时,通道货运能力随加速度的增长呈近似线性增长;而当 $L_1=96$ m 时,通道货运能力随加速度增长的增长速率逐渐减少。如图 3-13(b)所示,当 $L_1=6$ m 时,通道货运能力随速度的增长反而呈下降趋势;而当 $L_1=96$ m 时,通道货运能力随速度的增长先增加至最高值后缓慢下降。这意味着对地下物流系统而言,速度并不是越快越好,而最大加速度越大则货运能力越高。

3. 不同隧道截面直径 r_2 和不同机车长度 L_1 条件下通道货运能力 C_{max} 变化情况

在给定不同的机车速度和加速度条件下,通道货运能力 C_{max} 随隧道截面直径 r_2 和机车长度 L_1 变化的情况大体类似。为了简明,我们以机车速度 $V_1=10$ m/s 和加速度 $a=2$ m/s² 为例来定量分析通道的货运能力。

如图 3-14(a)所示,通道货运能力随着隧道直径和机车长度的增加而上升,当货运量上升到最大值时,机车长度和隧道直径同时取最大值。同时,不同货运量等值线的竖向间隔随着货运量增加而减小[图 3-14(b)中虚线 a],而横向间隔则正好相反[图 3-14(b)中虚线 b]。一方面,对于某一个固定的机车长度,通道货运量增量随隧道直径的增大也在逐渐增加。另一方面,对于某一个固定的隧道直径,通道货运量增量随机车长度的增大而逐渐减少。因此,相对于机车长度而言,隧道直径对通道货运量的影响程度更大。但是,隧道直径增大,工程建设费用也会增加。当工程投资费用有限时,需要分析建设费用对通道货运能力的影响。

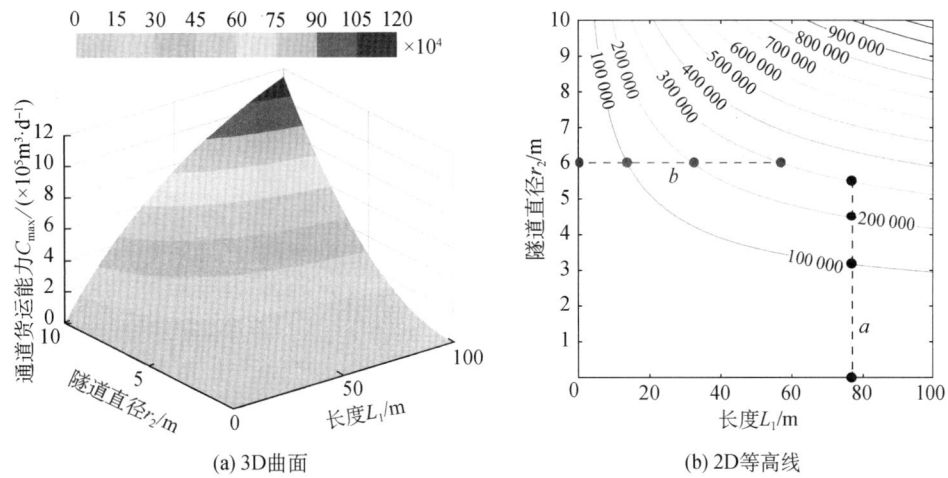

图 3-14 给定机车速度 $V_1=10$ m/s 和加速度 $a=2$ m/s² 条件下通道货运能力 C_{max} 随隧道截面半径 r_2 和机车长度 L_1 的变化情况

4. 不同工程建设费用 F_t 条件下通道货运能力 C_{max} 变化情况

图 3-15(a)、(b)、(c)分别展示了在不同工程建设费用 F_t 条件下通道货运能力 C_{max} 随机车加速度、速度和长度的变化情况。其中,在同等参数前提下,随着工程建设费用的增加,通道货运能力也增长。在同一工程建设费用下,机车最大加速度和长度的增大,均能提高通道货运能力,二者作用效果类似。而对于速度而言,在给定工程建设费用下,通道货运能力随着速度的增长呈先升后降的趋势,与图 3-15(b)中的结果类似。

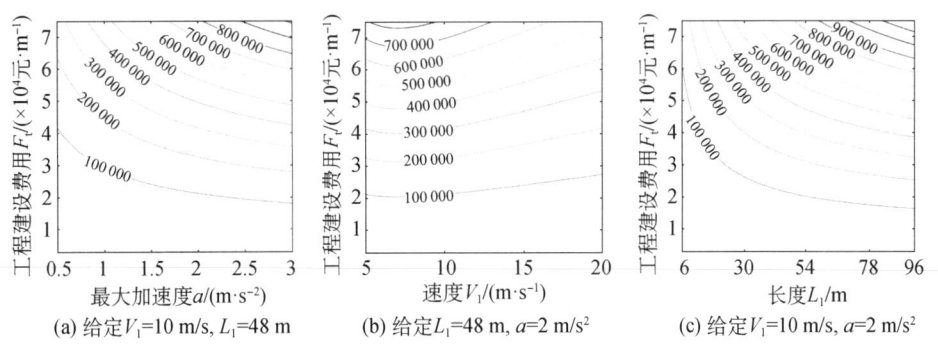

图 3-15 不同工程建设费用 F_t 条件下通道货运能力 C_{max}

本章参考文献

[1] Behiri W, Belmokhtar-Berraf S, Chu C B. Urban freight transport using passenger rail network: Scientific issues and quantitative analysis[J]. Transportation Research Part E: Logistics and Transportation Review, 2018, 115: 227-245.

[2] Zhao L J, Li H Y, Li M C, et al. Location selection of intra-city distribution hubs in the metro-integrated logistics system[J]. Tunnelling and Underground Space Technology,2018,80:246-256.

[3] Yu X, Han J, Shi L, et al. Application of a BP neural network in predicting destroyed floor depth caused by underground pressure[J]. Environmental Earth Sciences,2017,76(15):1-12.

[4] Song R, Zhang X M, Zhou C, et al. Predicting TEC in China based on the neural networks optimized by genetic algorithm[J]. Advances in Space Research,2018,62(4):745-759.

[5] Hsu C C, Liou J J H, Chuang Y C. Integrating DANP and modified grey relation theory for the selection of an outsourcing provider[J]. Expert Systems with Applications,2013,40(6):2297-2304.

[6] Sinfield J V, Einstein H H. Tunnel construction costs for tube transportation systems[J]. Journal of Construction Engineering and Management-Asce,1998,124(1):48-57.

[7] Txdot. Integrating Underground Freight Transportation into Existing Intermodal Systems [EB/OL]. https://library.ctr.utexas.edu/hostedpdfs/uta/0-6870-1.pdf,2018-12-30.

第4章
城市地上地下一体化货运网络运作流程研究

城市交通运输网络一体化可以打破现有交通运输能力的瓶颈，整合城市交通运输网络资源以实现不同运输网络或系统的优劣互补，是当前研究的热点。以客运交通为例，为了缓解城市交通拥堵和减少乘客等待时间，针对城市交通网络的衔接有着许多策略，这些策略主要可以分为两类：动态需求预测控制策略和网络运输模式优化策略。动态需求预测控制策略主要目的在于控制潜在出行乘客的出行方式和时间，包括考虑时间分布的动态需求预测诱导交通出行方式，提供实时的路段信息和出行线路来引导道路交通流向等。网络运输模式优化策略主要目的在于提高网络的运能，包括通过提高发车频率、运营速度和处理能力来间接提高货运网络容量等。

然而，尽管以通勤为主的城市客运交通耦合问题研究开展较多，但针对以货物运输为主的城市货运网络耦合问题的研究鲜见，这导致决策者难以通过协调资源来解决城市货运问题。事实上，大部分网络耦合研究集中在不同地区之间多式联运上，城市范围内货运"最后一公里"问题往往被忽略。因此，基于货运耦合网络来构建合适的运作组织模式，以实现高效和环保的货物运输，是一个全新的研究问题。而对于决策者而言，采取何种运作模式来衔接地上与地下货运网络、发挥不同运输系统的优势、提高城市货运网络服务能力，是有效利用耦合网络的关键，也是解决所面临问题的难点。

考虑不同运输模式间货物的装卸和转运等过程，采用随机效用理论对耦合网络的货运流程进行解析表达，并针对线路的运行速度、节点发车频率和处理能力等因素对网络运作的组织模式影响进行研究，以实现耦合网络中货物运输流程的优化，研究思路如图4-1所示。

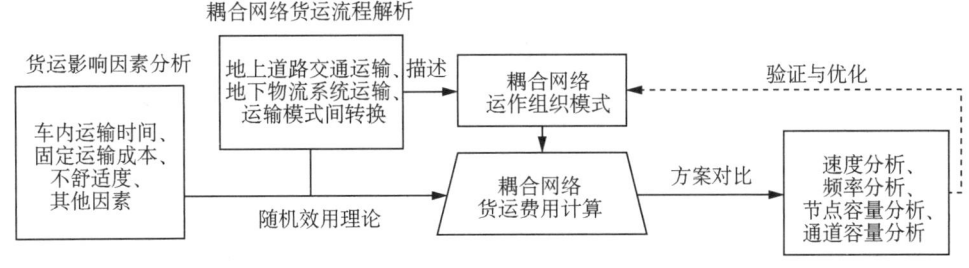

图4-1　本章研究思路示意

4.1 一体化货物运输组织过程分析

地上地下一体化货物运输的地上部分主要依靠集卡($m1$)和厢式货车($m2$)等货运工具在地上交通运输网络和空中进行运输,其主要方式为公路运输;地下部分由支线($m4$)和干线($m5$)共同承担货物的地下化运输。基于此,我们将耦合网络简化为地上货运网、地下物流系统支线网络和干线网络三层货运网络体系,如图4-2所示。

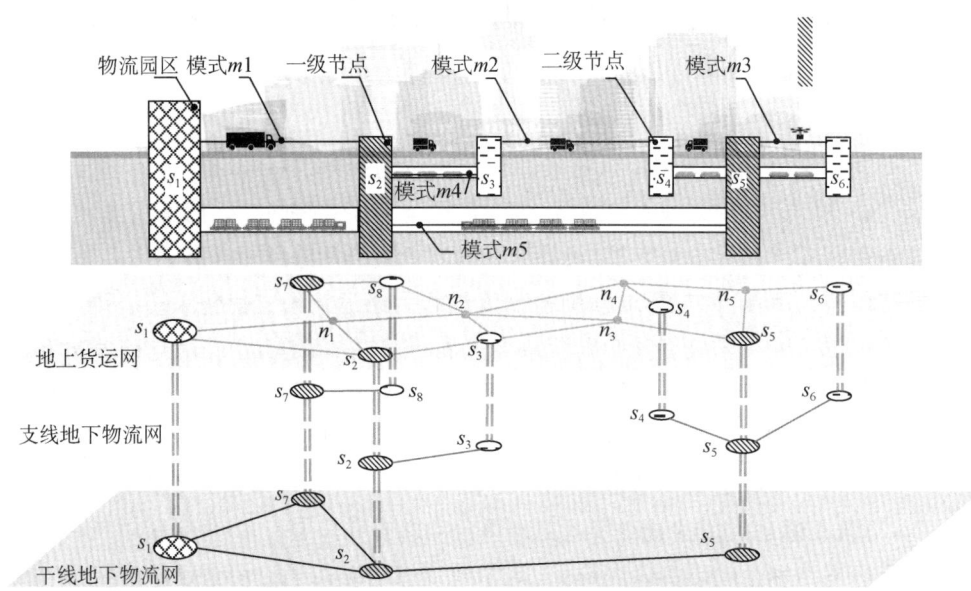

图4-2　城市地上地下一体化货运网络运作组织过程示意

为了阐述耦合网络货运组织过程,我们在地下物流系统干线上采用大直径的CargoCap技术,它是一种具有独立路权和固定运营时间的轨道运输方式,可以运输带托盘的集装箱。而地下物流系统支线采用AGV技术,即具有自动导航装置的小车,可以实现即到即送服务,相比地下物流系统干线,其所使用的隧道直径较小,货物运输能力较低。应该指出的是,其他相关的地下物流系统技术,只要满足一定的参数(运能和时速等)要求,能实现货物在地下的自动运输,均具有可选择性和可替代性,这也不影响对网络耦合机理的分析。同时,物流站点可衔接城市地下和地上空间,具有货物装车、卸载、打包和转移的功能,能够实现货物在运输方式上的转换。此外,与地上道路交通运输受城市部门、客运交通、地形和气候等复杂环境因素控制和影响相比,地下物流系统的货物运输过程无人干扰,可靠性强,且站点间可以通过隧道近似直线连接以缩短运输距离。

在耦合网络中,任意存在的边(弧)可对应一种或多种运输方式,每一种运输方式又对应一个或多个运输服务商。在不同的网络层级中,货物可通过部分中转节点来实现货运网络层的转换。因此,每一个货物运输需求OD对存在多条可行的运输路径,每条运输路径对应多货运线路和多运输方式的一个组合。为了更好地阐述耦合网络的运输过程,我们以物流站点 s_1 到 s_6 的货物运输为例,如图 4-3 所示。其中,图 4-3(a)和(b)分别指货物在耦合网络中的运输线路和路段。物流站点 s_1 到 s_6 中有三个服务商[分别对应图 4-3(a)中粗实线、细实线和虚线三种线型],每个路段包含多种运输方式,且分别属于不同的线路。表 4-1 给出了物流站点 s_1 到 s_6 中 17 条可行的运输路径经过的站点所采用的线路和运输模式。

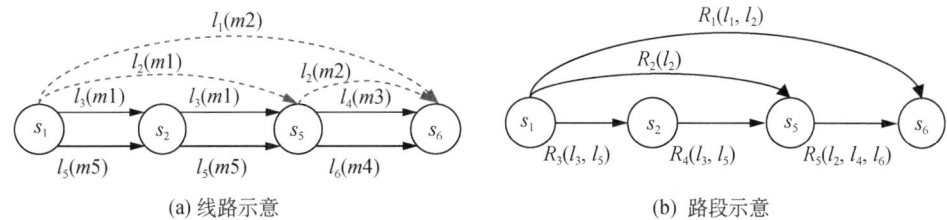

(a) 线路示意　　　　　　　　　　　(b) 路段示意

图 4-3　城市地上地下一体化货运网络中物流站点 s_1 到 s_6 间的运输线路和路段

表 4-1　　　　　　　　　物流站点 s_1 与 s_6 间可行的货运线路

OD 对	路段	物流站点	路径编号	运输线路	运输方式
s_1-s_6	R_1	s_1, s_6	1	l_1	$m2$
			2	l_2	$m1, m2$
	R_2, R_5	s_1, s_5, s_6	3	l_2, l_2	$m2, m2$
			4	l_2, l_4	$m2, m2$
			5	l_2, l_6	$m2, m2$
	R_3, R_4, R_5	s_1, s_2, s_5, s_6	6	l_3, l_3, l_2	$m1, m1, m2$
			7	l_3, l_3, l_4	$m1, m1, m3$
			8	l_3, l_3, l_6	$m1, m1, m4$
			9	l_3, l_5, l_2	$m1, m5, m2$
			10	l_3, l_5, l_4	$m1, m5, m3$
			11	l_3, l_5, l_6	$m1, m5, m4$
			12	l_5, l_3, l_2	$m5, m1, m2$
			13	l_5, l_3, l_4	$m5, m1, m3$
			14	l_5, l_3, l_6	$m5, m1, m4$
			15	l_5, l_5, l_2	$m5, m5, m2$
			16	l_5, l_5, l_4	$m5, m5, m3$
			17	l_5, l_5, l_6	$m5, m5, m4$

对于耦合网络的服务网络而言,每一条运输线路上货车的服务频率、运输速度和货运

能力都是不同的,随货物量变化而变化。此外,由于客户的差异性、信息条件的不完全性和新技术的吸引力,货物运输的线路具有不确定性,每一条运输路径都有可能被选择。对同一 OD 对而言,每一条货运路径的运输费用和时间也是各不相同的,可以通过广义费用进行统筹考虑。我们假定所有客户按照货物运输广义费用的大小来选择相应的出行路径,而不是单方面地考虑运输费用或运输时间。以表 4-1 中的路径 9 为例,货物通过集卡 ($m1$) 从物流站点 s_1 到达 s_2 后,需要耗费时间和成本将货物卸载、转移,并装载到地下物流干线 l_5 上,到达物流站点 s_5,并最终通过厢式货车 ($m2$) 运输到物流站点 s_6,这些运输过程中耗费的时间成本和固定运输成本等因素,本书均转化为经济学上的广义费用进行统筹考虑,以此来定量分析耦合网络运作的组织模式。

4.2　基于随机效用理论的一体化货运网络运输费用研究

本章关于运输网络集合、参数和决策变量的符号表示如表 4-2 所示。

表 4-2　　　　　运输网络集合、参数和决策变量符号表示

符号	符号描述
W	货物的起讫点集合
S	运输网络站点集合
A	运输网络路段集合
L	运输网络运输线路集合
P^w	集合 W 中 w 的运输路径 p 集合
C_p^m	运输模式 m 在路径 p 上运输的广义费用
C^{tf}	货物在线路转换时的广义费用
C_p^w	任意 w 对间的货物在路径 p 上的广义费用
C_a^m	运输模式 m 在路段 a 上运输的广义费用
L_p	路径 p 的距离
V_p^m	运输模式 m 在路径 p 上运输的速度
T_p^m	运输模式 m 在路径 p 上运输的时间
T^{tf}	货物在线路转换时耗费的时间
K_l^m	运输模式 m 在线路 l 上的运能
W_p^m	运输模式 m 在路径 p 上站点的等待时间
a_T^m	运输模式 m 的时间成本
a_W^m	运输模式 m 的等待时间成本
c_p^m	运输模式 m 在路径 p 上的固定费用
c^{tf}	货物在线路转换时的固定费用

(续表)

符号	符号描述
x_p^w	w 间分配在路径 p 上的货物量
q^w	w 间的货物量
v_{sl}	线路 l 上在 s 站点前装车并且在 s 站点后卸载的货物量
v_s^1	站点 s 的货物装车量
v_s^2	站点 s 的货物卸载量
CV	车头时距系数
k	运输路径 p 的数量
m	运输模式, $m1, m2, m3$ 分别指卡车、地下物流系统干线和地下物流系统支线运输
α_f	等待时间与频率的折算系数
α^{m1}	道路运输时间参数
a_T^{tf}	换乘的时间成本
β^{m1}	道路运输时间参数
β_l	线路 l 的额外等待时间参数
f_l^m	运输模式 m 在线路 l 上的计划发车频率
f_l^s	线路 l 站点 s 的有效发车频率
φ_l^s	线路 l 站点 s 的额外等待时间
ε	额外等待时间参数
γ_s	站点 s 装卸机械的数量
u_s	站点 s 每台装卸机械的额定工作能力
λ_s	站点 s 装卸机械的效率
θ	广义费用的敏感系数
θ_1	客户对货物运输线路选择的不确定性
决策变量 $\sigma(p,a)$	当路段 a 在路径 p 上时为 1,否则为 0
$\delta_l^m(p,a)$	当线路 l 包含路段 a 在路径 p 上时为 1,否则为 0

4.2.1 随机效用理论及运输费用构成

随机效用理论建立在概率论基础上,广泛应用于解决交通区域内存在多个独立方案时的选择问题[1]。随机效用理论表明,运输的费用可用车内运输时间、运输成本和不舒适程度三个确定因素以及一个随机干扰因素 ϕ 表示,其计算公式为[2]

$$C = a_1 \times 车内运输时间 + a_2 \times 运输成本 + a_3 \times 不舒适程度 + \phi \quad (4-1)$$

式中,a_1,a_2 和 a_3 分别为三个确定因素的相关系数。对耦合网络而言,货物在车内的运输时间和运输成本受货物运输路径和运输模式选择的影响,而不舒适程度可以用货物在物流站点的等待时间来表示。其中,货物在物流站点的等待时间越长,客户的满意程度越低,其不舒适度越高。

对于确定的耦合网络,通过将所有影响决策的因素转化为费用进行比较,可以实现货物运输模式和路径的选择。因此,本书综合考虑不同运输模式的固有特征和模式间的换线,采用随机效用理论来计算起点到目的地间不同运输路径的费用。以路径 p 为例,其费用的计算公式可表示如下:

$$C_{jp} = a_{jT}T_p + a_{jW}W_p + c_p + \phi_p \tag{4-2}$$

式中,T_p,W_p 分别为路径 p 上货物在车辆内的运输时间和货物在物流站点的等待时间;a_{jT},a_{jW} 为 j 类货物的权重系数,分别表示运输时间和等待时间对效用的影响,每类货物的权重系数取值都不相同,取值越高,货物时间价值越大;c_p 为路径 p 上货物运输的直接成本;ϕ_p 为排除货物运输时间和成本以外的其他特征对效用的影响,本书主要考虑货物运输的人为安全事故风险,其值越高,风险越大。

4.2.2 城市道路运输费用计算

城市道路运输货物的费用计算包括货物在车内运输时间、物流站点等待时间、运输的固定成本和安全事故损失成本等因素,可表示为

$$C_p^{m1} = a_T^{m1}T_p^{m1} + a_W^{m1}W_p^{m1} + c_p^{m1} + \phi_p^{m1} \tag{4-3}$$

式中,$m1$ 表示运输模式为城市道路运输;T_p^{m1} 为车内运输时间,其受货物流量大小的影响,本书采用美国联邦公路局设定的 BPR 函数进行计算,表示为[3]

$$T_p^{m1} = \frac{L_p}{V_p^{m1}} \cdot \left[1 + \alpha^{m1}\left(\frac{v_{sl}^{m1}}{K_{sl}^{m1}}\right)^{\beta^{m1}}\right] \tag{4-4}$$

其中,v_{sl}^{m1},K_{sl}^{m1} 分别为路段的货运量和运输容量,其比值(v_{sl}^{m1}/K_{sl}^{m1})表示对道路拥堵程度的测度;L_p 为路径 p 的距离;V_p^{m1} 为路径 p 上运输的速度;α^{m1},β^{m1} 为道路运输时间参数,取值一般分别为 0.15 和 4。

对于城市货物运输,货运车辆每天的运输时间和频率一般具有周期性。根据 Szeto 等[4]和 Welding[5] 的研究,货物在物流站点的等待时间 W_p^{m1} 可表示为

$$W_p^{m1} = \frac{0.5}{\alpha_f} \cdot \left[\frac{\alpha_f}{f_l^{m1}} + \beta_l^{m1}\left(\frac{v_{sl}^{m1}}{K_l^{m1}}\right)^{\varepsilon_l^{m1}}\right](1 + \theta^2) \tag{4-5}$$

式中,α_f 是一个大于零的参数;f_l^{m1} 为线路 l 货运车辆的计划发车频率;β_l^{m1},ε_l^{m1} 均为正校准参数;θ 为对无规律的测度。

城市道路运输的安全事故损失成本 ϕ^{m1},受道路状况、道路流量大小和天气状况等因素影响。ϕ^{m1} 的取值一般可以根据城市道路运输的历史数据,采用最小二乘法进行估计预测,通过非线性模型表示。但总体上而言,道路流量越大,其事故发生的次数也越多。为

了便于分析,我们对道路流量与安全事故损失成本进行线性化处理,道路流量越大,安全事故损失成本越高,ϕ_p^{m1} 可表示为

$$\phi_p^{m1} = c_p^{m1} \cdot f(v_{sl}^{m1}, \boldsymbol{\gamma}) + \zeta \approx \bar{c} v_{sl}^{m1} \tag{4-6}$$

式中,c_p^{m1} 为发生事故的损失费用;$\boldsymbol{\gamma}$ 为道路状况和道路流量等参数的向量表示;$f(v_{sl}, \boldsymbol{\gamma})$ 为非线性的回顾函数;ζ 为校准参数;$\bar{c}$ 为平均安全事故损失成本。

4.2.3 城市地下物流系统运输费用计算

由于城市地下物流系统的整个运输过程是全自动的,相比于道路运输,其安全事故损失成本较低,在计算时忽略不计。而由于地下物流系统干线和支线上的货物运输采用不同的技术系统和隧道截面,其服务方式和运输能力不同,费用计算方法也有所区别。城市地下物流系统干线运输的广义费用包括货物的车内运输时间、物流站点等待时间和运输的固定成本,可表示为

$$C_p^{m2} = a_T^{m2} T_p^{m2} + a_W^{m2} W_p^{m2} + c_p^{m2} \tag{4-7}$$

式中,$m2$ 表示运输模式为地下物流系统干线运输;地下物流系统干线具有独立的轨道,其车内运输时间 T_p^{m2} 是距离与速度的比值,可表示为

$$T_p^{m2} = \frac{L_p}{V_p^{m2}} \tag{4-8}$$

其中,V_p^{m2} 为路径 p 上运输的速度。

地下物流系统干线采用大直径隧道的 CargoCap 运输,其货物等待时间本质上类似于轨道交通。因此,城市地下物流系统干线上货物在站点的等待时间 W_p^{m2} 可表示为

$$W_p^{m2} = \frac{0.5}{\alpha_f} \cdot \left[\frac{\alpha_f}{f_l^{m2}} + \beta_l^{m2} \left(\frac{v_{sl}^{m2}}{K_l^{m2}} \right)^{\varepsilon_l^{m2}} \right] \tag{4-9}$$

式中,f_l^{m2},K_l^{m2} 分别为线路 l 上 CargoCap 的计划发车频率和货运容量;β_l^{m2},ε_l^{m2} 均为 CargoCap 系统的校准参数;v_{sl}^{m2} 为地下物流系统干线运输线路 l 在 s 站点前装车并且在 s 站点后卸载的货物量。

城市地下物流系统支线运输采用 AGV 小车,其运输容量较小,可以实现货物的即到即送服务。在满足一定的 AGV 小车数量和等待泊位条件下,货物在站点的等待时间为 0。因此,地下物流系统支线运输的费用可表示为

$$C_p^{m3} = a_T^{m3} T_p^{m3} + c_p^{m3} \tag{4-10}$$

式中,$m3$ 表示运输模式为地下物流系统支线运输,其车内运输时间 T_p^{m3} 表示为

$$T_p^{m3} = \frac{L_p}{V_p^{m3}} \tag{4-11}$$

其中，V_p^{m3} 为 AGV 小车运输的平均速度。

4.2.4　货物运输模式转换费用计算

在城市地上地下一体化货运网络中，货物在物流站点改变运输模式时，需要将货物进行卸载、转移并装车，这三个过程的时间价值和固定成本组成了货物在运输模式转换时产生的费用。货物运输模式转换的费用 C^{tf} 表示为

$$C^{tf} = a_T^{tf}\left(T^{tf} + \frac{v_s^1 + v_s^2}{u_s \gamma_s \lambda_s}\right) + c^{tf} \tag{4-12}$$

式中，a_T^{tf} 为换线的时间成本；v_s^1，v_s^2 分别为在物流站点卸载和装车的货物量；u_s 为每台机器的额定容量；γ_s 为装卸机的数量；λ_s 为单位时间内每台机器在物流站点装卸货物的能力；c^{tf} 为货物换线的固定成本。

4.3　一体化网络运作组织模型构建与求解

4.3.1　问题假设与模型构建

将耦合网络中的货运路径选择问题转化为广义费用下的随机用户均衡问题。假定货物运输路线的选择依据是最小广义费用原则，而货物运输分配受广义费用感知误差的影响。因此，货运耦合网络的随机用户均衡模型可以表示为

$$\min Z = \sum_{a \in A} \int_0^{x_a} C_a^m \mathrm{d}x + \frac{1}{\theta_1} \sum_{w \in W} \sum_{p \in P^w} x_p^w \ln x_p^w \tag{4-13}$$

$$x_l = \sum_{w \in W} \delta_l(p, a) x_p^w \leqslant K_l \tag{4-14}$$

$$\left| \sum_{w \in W} \delta_o^{m3}(p, s) x_p^w - \sum_{w \in W} \delta_d^{m3}(p, s) x_p^w \right| \leqslant K_{s1}^{m3} \tag{4-15}$$

$$\left| \sum_{w \in W} \delta_o^{m3}(p, s) x_p^w + \sum_{w \in W} \delta_d^{m3}(p, s) x_p^w \right| \leqslant K_{s2}^{m3} \tag{4-16}$$

$$x_p^w \geqslant 0, \ \forall w \in W, \ p \in P \tag{4-17}$$

式中，θ_1 表示客户对货运路径广义费用理解的不确定性；当线路 l 包含的路段 a 在路径 p 上时，$\delta_l(p, a)$ 为 1，否则为 0；$\delta_o^{m3}(p, s)$，$\delta_d^{m3}(p, s)$ 分别表示当路径 p 以站点 s 作为地下物流系统支线运输的出发点和到达点时，其值为 1，否则为 0；K_l 表示线路 l 货物的运输能力；K_{s1}^{m3}，K_{s2}^{m3} 分别表示支线运输时，站点 s 拥有 AGV 小车的最大泊位限制和 AGV 处理能力。

式(4-13)表示目标函数,描述货物运输费用与路径选择之间的关系;式(4-14)表示地上道路交通运输和地下物流系统运输的路段运能限制;式(4-15)和式(4-16)表示地下物流运输支线站点的能力限制。式(4-17)表示对耦合网络路段流量的约束。

对于耦合网络而言,其运输时间和服务能力受地面客运需求和货运需求的双重动态影响,因此运输服务商对每一条货物运输路径的行驶时间都会存在一定的感知偏差。因此,耦合网络的路径流量增量可表示为

$$\Delta h_p^w = \Delta q^w \cdot \frac{\exp(-\theta_1 C_p^w)}{\sum_{p \in P^w} \exp(-\theta_1 C_p^w)} \quad (4-18)$$

式中,q^w 为 OD 对 w 间货物的加载量;C_p^w 为任意 OD 对 w 间货物在路径 p 上的广义费用,可以通过以下公式计算:

$$C_p^w = \sum_{a \in A} \delta(p,a) C_a^m \quad (4-19)$$

此外,耦合网络中路径 p 上的流量 x_p^w 可以表示为

$$x_p^w = \sum_{i=1}^n \Delta h_{pi}^w \quad (4-20)$$

式中,Δh_{pi}^w 为路径 p 上的流量增量。

为了评价耦合网络的运输效率,本书以总运输成本(Total General Cost,TGC)作为评价标准,其表示在同一货运网络和同等运输需求下,不同路径上货物运输产生的费用与货运量的乘积和,计算公式为

$$TGC = \sum_{i=1}^n \sum_{w \in W} \sum_{p \in P_k^w} C_p^w \Delta h_{pi}^w \quad (4-21)$$

4.3.2 仿真计算流程

在耦合网络中,由于同一路段可能存在多种运输方式,因此同一路段也可能对应不同的运输费用。为了分析耦合网络运作的组织模式和影响因素,将当前货物运输过程中包含的货物运输时间、成本和线路间换乘次数等因素综合考虑为广义费用。为了便于计算,我们在运输网络 $G=(S,L,M)$ 中增设虚拟的节点和路段,将传统的运输网络转化为增广状态(SAM)网络进行分析。其中,SAM 网络可以清楚地阐述货运过程中运输方式的转变[6]。而通过将网络转化为 SAM 网络,可以使耦合网络的每条边、每个节点的运输模式和距离等特征参数具有唯一性。

在以往的研究中,穷举耦合网络中货运需求 OD 对间所有的运输路径,可以计算相应的运输费用并对比分析。但是,随着节点和路段的增多,其计算量是呈指数级增长的,在城市范围内并不可取。此外,考虑到在实际生活中,由于运输效率、货物拆拼和安全等因

素，其换乘转运次数是有限制的，部分路径在实际运输中并不可取。而由于信息的时变性和延迟性，以及货运人员对路线的熟悉程度，一定时间范围内货物运输的路径集合是不会改变的。因此，我们通过设定路径更新阈值 η_1 来控制流量加载时求解路径集合的次数，并假定货物换乘转运的次数不超过两次。通过采用 k 最短路径算法，可以生成货物运输的可行路径集合。k 最短路径算法是对最短路径算法的推广，它可以利用扩展的 Dijkstra 算法或启发式方法，在给定的 SAM 网络中找到从起点到目标点的第 k 条最短路径[7]。其中，路径集合中有效路径数量通过换线次数 η_2 和广义费用接受程度 η_3 来确定。

MATLAB 软件在数学计算和仿真研究中具有高效的数值计算功能，且在工程领域被广泛应用和验证，其对城市地上地下一体化货运网络运作组织模式的定量分析流程如图 4-4 所示，具体算法的步骤如下。

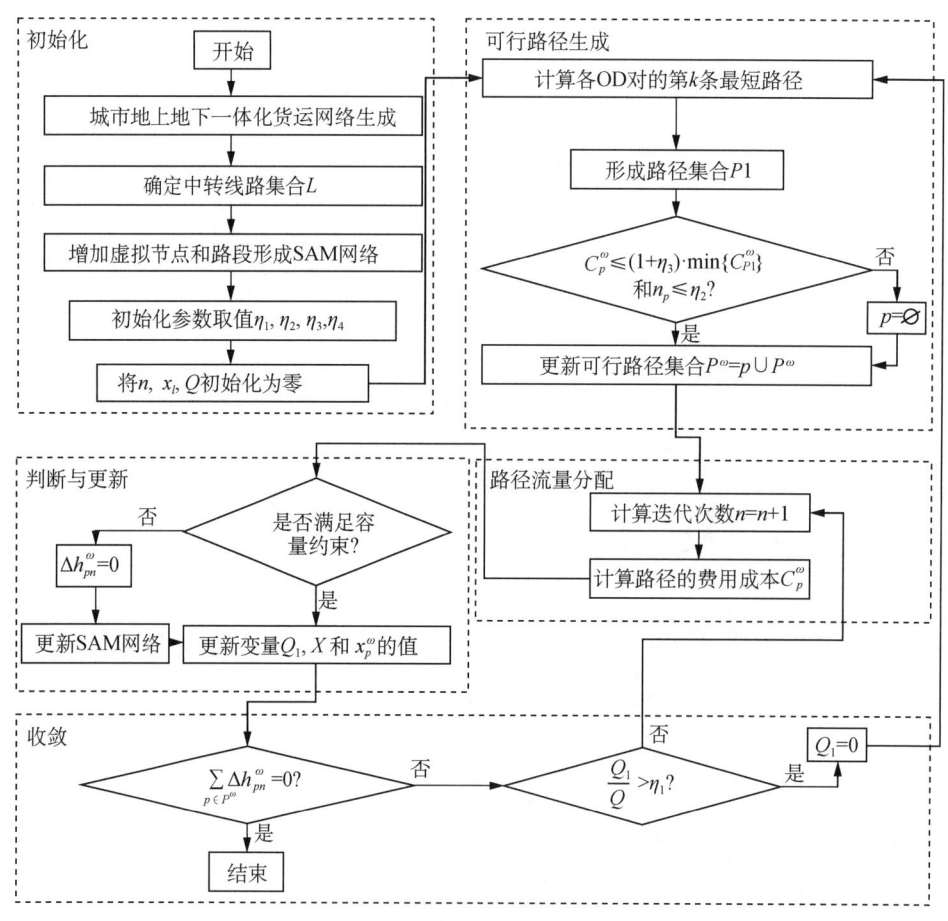

图 4-4　城市地上地下一体化货运网络运作组织模式的定量分析流程

步骤一：初始化耦合网络。首先，确定地面运输和地下物流系统运输的线路集合。其次，根据地上地下共有的网络节点，增加虚拟节点和路段，将运输网络转化为 SAM 网络。设置迭代次数 n、各线路流量 x_l、已加载货物量 Q 和总运能 X 均为 0；初始化网络路径更

新阈值 η_1、换线次数 η_2、广义费用接受程度 η_3 和加载次数 η_4 等参数。在每次迭代中，货物加载量为 $\Delta q^w = Q^w \cdot \eta_4^{-1}$。

步骤二：运输路径选择。通过 k 最短路径算法计算货物运输可行的路径集合 $P1$。其中，若路径 p 满足条件 $C_p^w \leqslant (1+\eta_3) \cdot \min\{C_{P1}^w\}$ 和 $n_p \leqslant \eta_2$，则将路径 p 加入 OD 对 w 的有效路径集合 P^w 中。

步骤三：执行路径流量分配。根据式(4-3)、式(4-7)和式(4-10)计算有效路径集合 P^w 中每条路径的费用成本 C_p^w。根据式(4-15)计算 OD 对中可行路径流量的增量 Δh_{pn}^w，将 Δh_{pn}^w 加载到每条路径上。当任一 OD 对有效路径集合 P^w 中所有的路径都加载完流量 Δh_{pn}^w 后，转向步骤四进行流量更新。

步骤四：路径流量更新与容量判断。首先，根据式(4-17)、式(4-18)和式(4-19)判断路径 p 的流量是否在可行解区域内，若不满足，令 $\Delta h_{pn}^w = 0$ 并将路径 p 从有效路径集合 P^w 中删除，同时删除不满足容量约束的路段。计算已加载货物量 $Q_1 = \Delta q^w + Q_1$、网络总运能 $X = \sum_{p \in P^w} \Delta h_{pn}^w + X$ 和路径 p 的货物流量 $x_p^w = x_p^w + \Delta h_{pn}^w$。

步骤五：收敛判断。对所有 OD 对 $w \in W$，当所有路径流量的增量和 $\sum_{p \in P^w} \Delta h_{pn}^w = 0$ 时，终止计算程序。否则，若 $Q_1/Q > \eta_1$，令 $Q_1 = 0$，转向步骤二；若 $Q_1/Q < \eta_1$，转向步骤三。

4.4 案例研究：多因素影响下的一体化货运网络运行流程分析

4.4.1 案例设置

为了更好地研究地上地下一体化货运网络的有效性和影响因素，本节从耦合网络运作角度出发，分析发车频率、车速、线路和节点的容量限制等关键因素对耦合网络的影响。基于耦合网络中路径选择和运输模式的多样性，建立了如图 4-5 所示的包含 36 个节点的耦合网络。其中，耦合网络共包含物流中心节点 4 个、配送中心节点 32 个、地上道路交通货运路段 46 条和地下物流系统货运路段 36 条。在各个节点中，货物可以在地上与地下之间双向运输。虽然在实际环境中，耦合网络地上与地下连通的节点是有选择性的，并不会出现双层网络完全连接的案例，但它抓住了城市地下物流系统和地上道路交通运输网络的关键特征，包含了耦合网络中多种货运的形式和路径，也不影响对耦合网络运作组织模式的关键影响因素的定量分析。

在上述耦合网络中，各路段上具有多种运输方式，且各运输方式中含多个运输线路，每个线路的频率和容量等特征又有所区别。表 4-3 所示为运输线路 L1~L6 的货运能力和运输频率。在实际环境中，每种运输方式的运载工具具有多种型号。为了便于计算分析，我们将货物的 OD 对和运载工具的容量进行单位化。此外，针对城市地上道路交通运

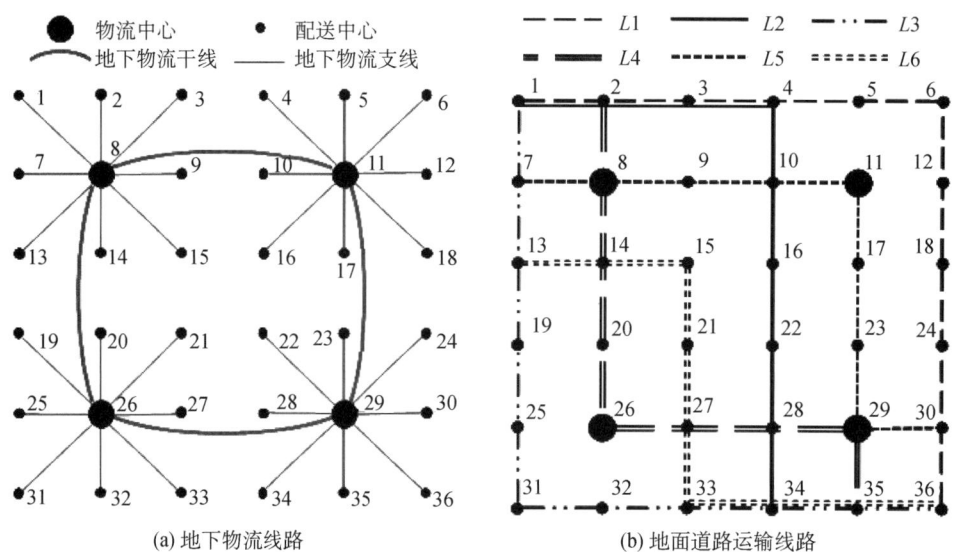

(a) 地下物流线路　　　　　　(b) 地面道路运输线路

图 4-5　城市地上地下一体化货运网络

输网络,其运载工具以卡车为主,每台卡车的容量设置为 0.5 TEU。

表 4-3　　道路运输线路 $L1 \sim L6$ 参数设置

道路运输线路	每次运输的卡车数量/辆	每辆卡车的货运能力/TEU	发车频率 f^{m1}
$L1$	40	20.0	11
$L2$	44	22.0	12
$L3$	43	21.5	14
$L4$	40	20.0	12
$L5$	42	21.0	13
$L6$	39	19.5	12

在本案例中,针对地下物流系统干线,采用 CargoCap 编组运输技术。其中,每一列车组由 34 个大尺寸的 CargoCap 组成,运输容量为 34 TEU,其最高速度可达 80 km/h。对于地下物流系统支线,采用 AGV 运载小车进行运输,可以实现货物运输的即到即送服务。根据 AGV 运载小车的货仓空间,将其运输容量折算为 0.2 TEU。

在耦合网络中,货运 OD 对共 5 组。每个 OD 对间每天的货运量及其两条货运的可行路径举例如表 4-4 所示。以货运 OD 对(1,36)为例,其货运量为 280 TEU/d,其可行的运输路径有多条(考虑实际货物运输,路线中不应包含闭环路)。例如,可通过地面运输路线 $L1$ 直接运输(可行路径 1)、地下物流支线和干线组合运输(可行路径 2)、地面运输路线 $L6$ 和 $L2$ 组合运输(可行路径 3)等其他路段组合。这些路径的运输费用根据货运流量变化呈动态变化,因此都需要进行计算分析。

表 4-4　　　　　　　　　　OD 对的货运量设置和可行路径分析

序号	OD 对	货运量/(TEU·d^{-1})	货运可行路径 1	货运可行路径 2
1	(1, 36)	280	$L1(m1)$	$B-M-B(m3-m2-m3)$
2	(36, 1)	275	$L3(m1)$	$B-L2(m3-m1)$
3	(1, 34)	246	$L2(m1)$	$B-M-B(m3-m2-m3)$
4	(34, 1)	242	$L3(m1)$	$L6-B(m1-m3)$
5	(2, 35)	182	$L4(m1)$	$L4-M1-B(m1-m2-m3)$
6	(35, 2)	176	$L6-L2(m1-m1)$	$B-M-B(m3-m2-m3)$
7	(7, 30)	186	$L5(m1)$	$B-M-B(m3-m2-m3)$
8	(30, 7)	190	$B-L5(m3-m1)$	$B-M-L5(m3-m2-m1)$
9	(13, 36)	185	$L6(m1)$	$L3-B-L6(m1-m3-m1)$
10	(36, 13)	181	$L3(m1)$	$B-M-B(m3-m2-m3)$

为了定量分析耦合网络中货运频率、运输速度和节点容量等特征因素对网络运作组织模式的影响，本研究设置了 12 个案例，并给每个案例设置了不同的特征因素取值，如表 4-5 所示，所有的货物 OD 对是一致的，但地下物流系统的节点处理容量、路段容量和运输速度是不同的。其中，我们设置了 5 个不同的货运频率和 3 个不同的运输速度。

表 4-5　　　　　　　　　　案例 1~12 的参数设置

案例	f^{m2}/(次·d^{-1})	V^{m1}/(km·h^{-1})	V^{m2}/(km·h^{-1})	V^{m3}/(km·h^{-1})	线路 $L1\sim L6$ 的容量增量/%	地下物流系统的容量限制/(TEU·d^{-1}) 支线	物流中心	配送中心
1	16	40	40	40	0	300	1 200	400
2	16	40	40	80	0	300	1 200	400
3	16	40	80	40	0	300	1 200	400
4	16	40	80	80	0	300	1 200	400
5	24	40	80	80	0	300	1 200	400
6	32	40	80	80	0	150	600	200
7	24	40	80	80	0	450	1 800	600
8	32	40	80	80	0	450	1 800	600
9	40	40	80	80	0	600	2 400	800
10	0	40	0	0	100	0	0	0
11	40	0	80	80	0	1 200	4 800	1 600
12	40	40	80	80	100	1 200	4 800	1 600

如表 4-5 所示,案例 1～4 描述了 4 种相同货运频率和容量限制条件下,不同运载车辆运输速度的案例组合。案例 4、案例 5 和案例 7、案例 8 分别代表相同运载车辆速度和容量限制条件下,不同地下物流系统货运频率的案例组合。案例 6 和案例 8 则代表相同货运频率和运载车辆速度条件下,不同地下物流系统的容量限制组合。案例 9 表示验证样本,其货运频率、容量限制和运载车辆速度均不小于案例 1～8 中对应的参数设置,以此可以验证特征因素分析的结果。案例 10 表示不建立耦合网络,依赖地上道路的扩展来实现货物运输,其地上货运路线 $L1～L6$ 的容量限制是案例 1～10 的 2 倍。而案例 11 则表示不采用地上道路运输网络,单独依赖地下物流系统进行货物运输。通过案例 10、案例 11 和案例 1～9 的对照分析,可以判断耦合网络的有效性。在耦合网络形态确定的情况下,考虑城市货运量的动态发展和应急环境下的货物运输,本研究在案例 12 中设置时变的 OD 对,以测试耦合网络中货物运输性能。

案例 1～12 运输总成本计算的基本参数如表 4-6 所示。其中,城市地下物流系统的经济可行性是影响运输费用的主要因素。Zahed 等[8]的研究结果表明,即使考虑到城市地下物流系统的建设成本,其运输价格也比目前城市道路交通运输的价格具有竞争力。此外,美国得克萨斯州地下物流系统研究报告也指出,城市地下物流系统的货运成本是卡车运输成本的 1/10～1/3。因此,在实际环境下,由于货运容量和人工费用的影响,轨道交通每千米运输费用是低于地面道路每千米运输费用的。本研究考虑最不利情况,城市轨道交通的每千米运输固定费用大于公路每千米运输固定费用。此外,为了便于计算,本研究将费用、时间和容量等参数均进行单位化处理,且货物的时间成本是相同的,其运输时间成本和等待时间成本是相等的。

表 4-6　　运输总成本计算的基本参数设置

参数	单位	符号表示	数值
运输时间费用	unit/h	$a_T^{m1}=a_T^{m2}=a_T^{m3}$	60.0
等待时间费用	unit/h	$a_W^{m1}=a_W^{m2}=a_W^{m3}$	120.0
运输固定成本	unit/km	C_p^{m1}	2.0
运输固定成本	unit/km	C_p^{m2}	4.0
运输固定成本	unit/km	C_p^{m3}	2.5
转运固定成本	unit	C^{tf}	3.0
转运时间成本	unit/h	a_T^{tf}	60.0
每台机器额定容量	TEU/h	u_s	45.0
平均安全事故成本	unit	$\bar{c}$	0.1
装卸载机器数量	—	γ_s	20.0
每台装卸载机器效率	—	λ_s	0.8

4.4.2 结果讨论与分析

1. 仿真计算精度试验

由第4.3.2节运作组织模式的定量分析仿真计算流程可知,在货运需求量确定的条件下,每次迭代中货物的加载量 Δq^w 取决于加载次数 η_4。加载次数 η_4 越大,每次迭代计算的结果也更为精确,但相应的计算量也呈倍数增长,导致单次仿真计算时间较长。因此,在进行仿真计算分析时,首先应进行仿真精度试验,以选择合理的加载次数 η_4。

本研究分别令 η_4 取值为50,200和2 000来进行测试,进而计算耦合网络的总运量,其计算结果如图4-6所示。当 $\eta_4=200$ 和 $\eta_4=2\,000$ 时,整个网络的总运能曲线几乎重合。而当 $\eta_4=50$,OD需求总量为4 500时,η_4 的值为50与200所对应的网络总运量的值,分别为3 035.6和3 001.2,相差1.15%,结果接近。因此,对于本节的案例研究,选取 $\eta_4=50$ 可满足精度计算的要求。

从图4-6中可知,当OD需求总量小于2 100时,其加载曲线的斜率为1,意味着货物加载量等于网络的总运量。随后,由于节点处理量和线路容量的约束,其网络总运量的增量不断下降,直至增量率为0后,耦合网络的总运量达到最大值。

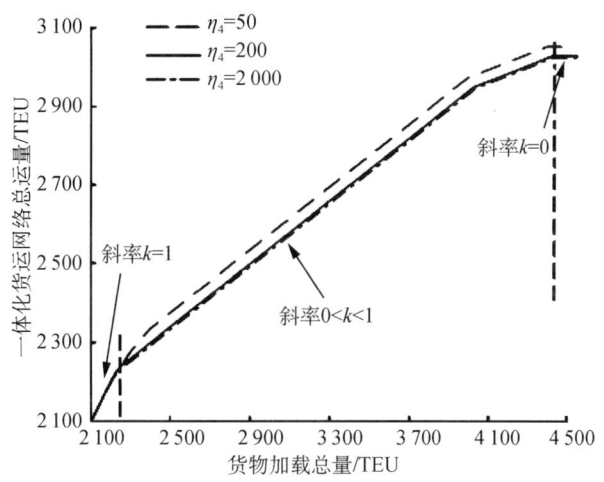

图4-6 耦合网络仿真计算精度测试分析

2. 运输速度的影响分析

根据第4.4.1节所述,案例1~4描述了4种相同货运频率和容量限制下,不同运载车辆运输速度的案例组合。在每个案例中,城市地下物流系统干线和支线的运输速度在40~80 km/h,且各不相同。由此,我们可以对比分析城市地下物流系统的运输速度对耦合网络运作组织模式的影响。案例1~4的仿真计算结果显示,耦合网络在不同车辆运输速度条件下均能实现所有货物的运输,且迭代次数 $\eta=52$ 时算法终止。

在案例1~4中,城市地上道路交通运输和地下物流系统这两种运输方式所承担的货运量均不同。以案例1为例,其仿真计算结果如图4-7所示。耦合网络的流量加载过程可以分为三个阶段。阶段1表示货物加载的前期阶段(图4-7中白色背景区域),随着货物开始运输,大部分货物首先选择城市地下物流系统运输(地下物流运作方式),少部分货物逐渐选择城市地下物流系统和地上道路交通运输相结合的运输方式进行运输(地上地下结合运作方式),没有货物单独依靠城市地上道路交通进行运输(地上道路运作方式),其原因主要是地下物流系统运输量大、运输距离短,因此采用地下物流系统运输的总费用更低。阶段2表示货物加载的中期阶段(图4-7中灰色背景区域),随着城市地下物流系统中货运量的增多,富余的货物运输能力下降,开始出现部分货物单独依靠城市地上道路交通进行运输,但总体上地上道路交通运输的货运量较小,低于地上地下结合的运输方式。阶段3表示货物加载的后期阶段(图4-7中虚点背景区域),城市地上道路的货运量超过了地上地下结合这一运输方式的货运量,但是仍低于地下物流系统的货运量。由此可知,在耦合网络有富足运能的条件下,货物更倾向于采用地下物流系统进行运输,而地上地下结合的运作方式在前期阶段是主要的货运补充方式。

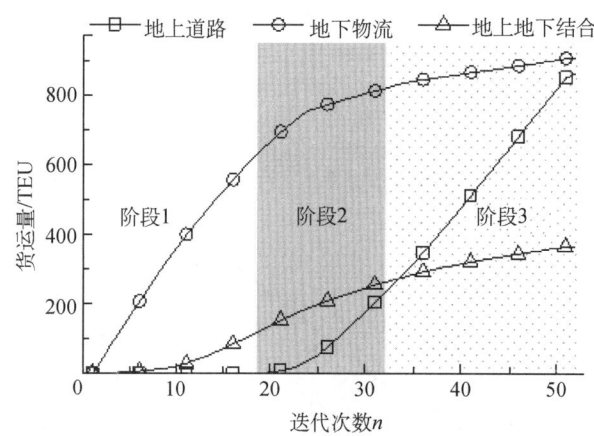

图4-7 案例1中三种运作方式货运量变化示意

不同OD需求对在选择货物运输方式时的偏好也不同。以案例3为例,其地上道路和地下物流系统的货运量仿真计算结果如图4-8所示。图4-8(a)和(b)分别表示在52次迭代过程中,每一个OD需求对中仅以地上道路和仅以地下物流系统作为运输方式的货物量。随着货物迭代次数的增加,各OD需求对从选择地下物流系统运输开始往地上道路运输方式进行转换。其中,OD需求对5,6,7和8更倾向于使用地下物流系统进行运输,单独使用地上运输的情况较少,主要原因是这些OD需求对间的地上道路的可行路径有限。此外,在地下物流系统的运输方式中,由支线地下物流系统转入干线地下物流系统是主要模式,占地下物流系统总运输量的74.27%。同时,在单独地上道路运输方式中,货物发生转运的次数较少,仅占总地上道路运输量的12.73%,其主要原因是转运次数增加,运输费用增长较大。

在耦合网络中,地下物流系统的速度影响其承担的货运量大小,但不是决定性因素。

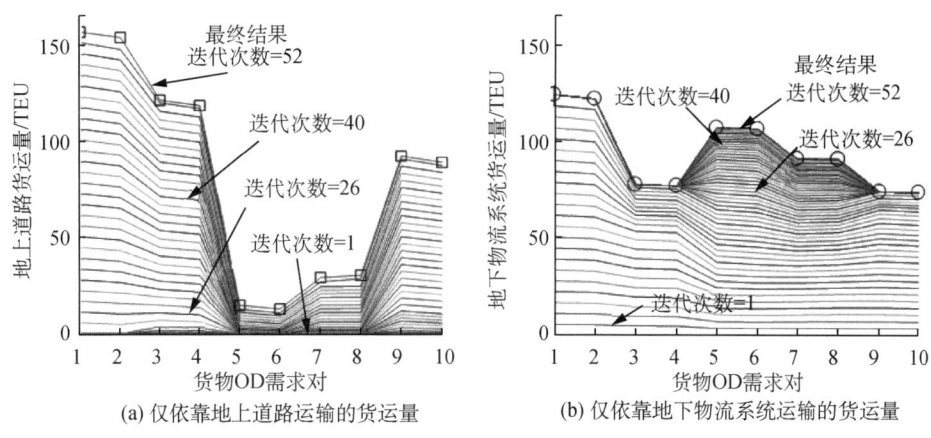

图 4-8 案例 3 中 OD 需求对货运量计算结果

根据案例 1～4 的仿真计算结果，地下物流系统不同的运输速度对地上道路、地下物流系统以及地上与地下结合运输这三种货运方式的货物分配量是有影响的，但变化幅度均不大，如图 4-9 所示。此外，随着地下物流系统运输速度的大幅度提高，单独依赖地下物流系统运输的货物量也相应增加，地面货物运输量相对减少，运输的总成本也会降低。由图 4-9 可知，通过案例 2 和案例 3 对比分析可以得出，在地下物流系统干线上提高运载车辆速度，效果要优于在其支线上提高运载车辆速度，其主要原因是干线运输的货物量远大于支线运输的货物量。

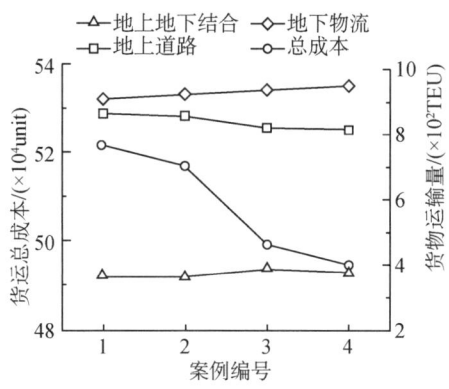

图 4-9 案例 1～4 中各方式的货运量和运输总费用计算结果

3. 线路节点容量和货运频率的影响分析

根据第 4.4.1 节所述，通过案例 4～9，我们可以定量分析城市地下物流系统货运频率和容量限制对耦合网络的影响。其中，案例 4 表示最低的货运频率，即较小的货运能力。案例 6 表示最低的容量，即节点和线路的可处理货物量最小。案例 9 表示最大的货运频率和容量，即最高的线路货运能力和节点处理货物量。对于案例 4～9 中的每个案例，地上道路运输的速度均为 40 km/h，地下物流系统干线和支线中运载车辆的速度均为 80 km/h。案例 4～9 的仿真计算结果显示，在不同货运频率和容量限制条件下，耦合网络均能完成货运需求。其中，耦合网络的总运输成本和各运输方式的货运量如图 4-10 所示。

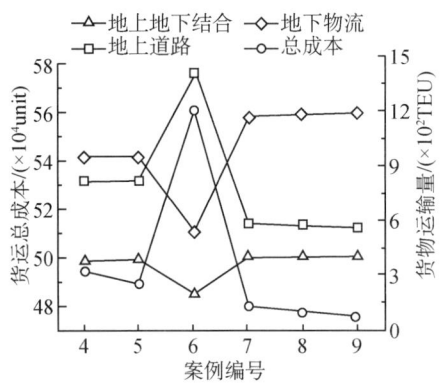

图 4-10　案例 4～9 中各运输方式的货运量和总运输成本计算结果

在耦合网络中，地下物流系统需要具有足够的容量和与容量相适应的货运频率才能有效承担货运需求。此外，足够的节点和线路容量是地下物流系统承担货运量大小的决定性因素。以案例 6 为例，其仿真计算结果如图 4-10 所示，相比于其他案例，尽管案例 6 中地下物流系统的货运频率较高，但其承担的货运量较小。主要原因是其节点容量低，限制了地下物流系统的货运能力，导致货物量加载到一定程度后必须选择地上道路进行运输。因此，节点和线路的容量应与货运频率相协调，否则会造成运输总成本的提高。

在案例研究中，相比于节点和线路容量的提高，地下物流系统的货运频率提高对货物运输总成本的影响较小。将案例 4 和案例 5 进行对比分析，案例 5 中地下物流系统的货运频率相较案例 4 提高了 33.3%，其单独依靠地下物流系统运输的货运量仅增长了 1.18%，运输总成本降低了 0.57%。而案例 6 相比于案例 4，其运输总成本提高了约 13%，这表明城市耦合网络中节点和线路的容量对运输总成本的影响大于地下物流系统货运频率对运输总成本的影响。

当地下物流系统和地上道路交通运输的设计速度相同时，增加耦合网络节点容量和货运频率，可以提高地下物流系统的货运量，降低地上道路的货运量。图 4-11 表示案例 5、案例 7 和案例 9 三种运作方式的货运量大小。在这三个案例中，随着货运频率和节点容量的提高，地上地下结合的货运量增长曲线与地上道路运输的货运量曲线的交点呈往后迁移的趋势（图 4-11 圆圈表示）。因此，地上道路运输量的增长速度随着货运频率和节点容量的提高呈下降趋势。

在耦合网络中，由于地下物流系统减少了地上道路的货运量，其安全事故风险成本也得到降低。以案例 10 作为对照案例，将案例 5、案例 7 和案例 9 进行比较分析，其安全事故风险成本的仿真计算结果如图 4-12 所示。由图可知，依靠耦合网络运输，安全事故风险成本明显降低。以案例 5 为例，相较案例 10，其货运安全事故风险成本下降了近 45%。而随着地下物流系统货运频率的提高、节点和线路容量的扩大，安全事故风险成本也逐渐

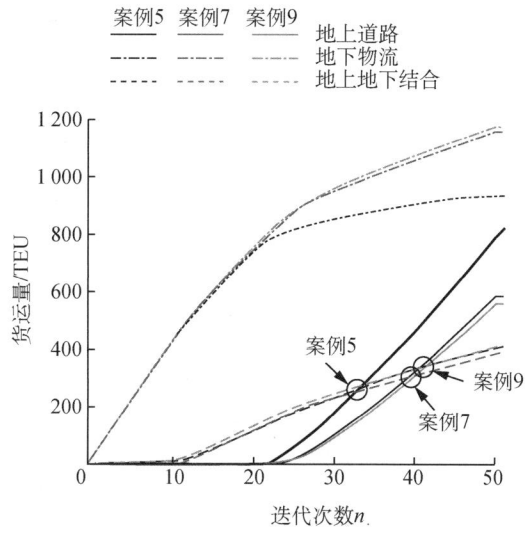

图 4-11 地下物流系统节点处理能力与运输方式选择分析

减少,其原因主要是相比于地上道路运输,地下物流系统对货物运输更具吸引力,拥有更低的运输总成本和更高的网络效率,从而使地上道路的货运量降低,货运时间也相应缩短,使耦合网络整体的货运效率提高。

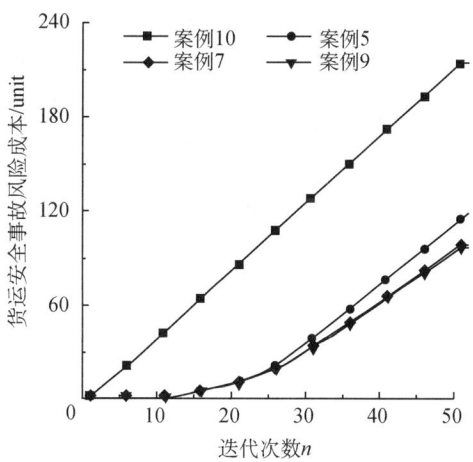

图 4-12 货运安全事故风险成本仿真计算结果

4. 货运量和环境变化的影响分析

根据第 4.4.1 节所述,案例 10 描述单独依赖地上道路网络来进行货物运输,案例 11 描述所有货物依赖地下物流系统来进行货物运输(如恶劣雾雪天气)。由此,我们可以将耦合网络与案例 10 和案例 11 进行比较分析,验证耦合网络货物运作组织模式的有效性。仿真计算结果显示,案例 10 和案例 11 中的所有 OD 需求对的货物都可以完全运输。但案例 10 的货运总成本为 69 903 unit,相较案例 11 的货运总成本 55 841 unit 提高了

25.2%。结合图4-9中案例1～4的仿真计算结果可知,耦合网络的货运总成本均低于案例10和案例11。以案例4为例,其货运总成本分别为案例10和案例11的70.8%和88.7%。因此,相比于单独的地上道路运输或地下物流系统运输,依靠耦合网络运输更为有效。

在耦合网络的网络形态和结构确定条件下,为了验证考虑城市货运量动态变化和应急环境下货物运输的有效性,在案例12中设置了一系列不同的货运量情境,以测试耦合网络的性能,如表4-7所示。案例仿真结果表明,在不同的货运量需求条件下,耦合网络均能实现所有货物的运输。其中,案例12的情境1～11中三种运作方式的货运量百分比如图4-13所示。

表4-7　　　　　案例12中OD需求对情境设置

情境	1	2	3	4	5	6	7	8	9	10	11
OD需求增长率/%	−50	−25	0	25	50	75	100	125	150	175	200
货运增长量/(TEU·d^{-1})	1 072	1 607	2 143	2 679	3 215	3 750	4 286	4 822	5 358	5 893	6 429

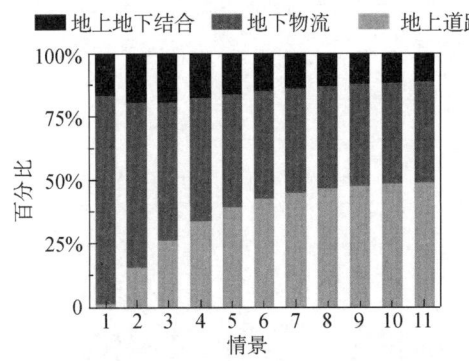

图4-13　情境1～11中三种运作方式的货运量百分比

由图4-13可知,随着货运需求量的增长,地上道路运输的货运量超过了地下物流系统运输的货运量,并且货运量比例最终都相对均衡。导致这一现象的主要原因有两个。第一,地下物流系统可以降低地上道路拥堵和安全事故风险,使货物以低运输成本接近目的地。第二,节点和线路的容量限制要求货物转向地上道路运输。值得指出的是,虽然在案例12的不同情境下,地上道路运输的货运量所占的最终百分比大,但增长率逐渐降低。对于实际环境中货物运输方式的选择,根据耦合网络的基础理论,可针对耦合网络合理规划设计容量,并不一定会出现节点和线路容量受限的情境。

4.5　本章小结

本章以第3章所提出的耦合网络基础理论为依据,对一体化货运网络运作的运作流程进行了研究,结合货物在地上地下不同运输方式之间等待、装卸和转运等过程,对一体化网络的货运流程进行解析表达和分析,为后续耦合网络资源优化配置和多属性效益研究奠定基础。首先,依据耦合网络特征分析一体化货运网络货运组织过程。其次,基于随机效用理论,将运输时间、等待时间和运输费用折算为广义费用,构建了对城市地上道路、地下物流系统干线、地下物流系统支线和货物地上地下间转运等过程中货物运输费用的定量计算方法,进而建立了一体化货运网络运作组织模型,并设计了相应的计算流程。最后,通过案例研究,分析了运载车辆速度、货运频率、节点和线路可处理货物量等因素对耦合网络货运费用、运作方式和运能的影响,以实现货物运输流程的优化并提升网络的服务能力,为后续货运网络的资源配置和扩张研究奠定基础,并指导耦合网络多属性效能优化的决策。

在案例研究中,我们考虑地下物流系统货物运输费用的最不利情况,首先在节点线路容量和货运频率一定的条件下分析了运载车辆速度的影响,继而分析了相同运载车辆速度条件下不同容量和货运频率的影响,最后在单一网络及货运 OD 对的需求量变化环境下对单独依赖地下物流系统、地上道路以及地上地下结合三种运作组织方式进行了分析。案例仿真结果显示:

(1) 在一体化货运网络中,城市地下物流系统是货物运输的首选运输方式。

(2) 城市地下物流系统运载车辆的速度并不是其承担货运量大小的决定因素。此外,地下物流系统干线相比于支线,运行速度的提高对降低运输总成本的效果较为明显。

(3) 在一体化货运网络中,足够的节点和线路容量是地下物流系统承担货运量大小的决定性因素。货运频率需要与节点线路容量相适应。

(4) 相比于单独的地上道路交通运输或地下物流系统运输,利用一体化货运网络进行货物运输,能有效降低货物运输总费用。

同时,案例研究表明,一体化货运网络还可以缓解地上道路的交通拥堵情况并降低安全事故风险。此外,在货运量超过地下物流系统节点和线路的容量条件下,货物首先转向地上地下结合的运作方式,再选择地上运作方式。值得指出的是,随着货运量成倍增长,城市地上道路运输货运量所占的百分比将持续增大,但增长率持续降低。而合理的货运量预测和相应的网络容量设计是避免道路拥堵的关键。

本章参考文献

[1] Uchida K. Estimating the value of travel time and of travel time reliability in road networks[J]. Transportation Research Part B: Methodological, 2014, 66: 129-147.

[2] Kumar C V P, Basu D, Maitra B. Modeling generalized cost of travel for rural bus users: A case study[J]. Journal of Public Transportation, 2004, 7(2): 4.

[3] Yamada T, Febri Z. Freight transport network design using particle swarm optimisation in supply chain-transport supernetwork equilibrium[J]. Transportation Research Part E: Logistics And

Transportation Review, 2015, 75: 164-187.

[4] Szeto W Y, Solayappan M, Jiang Y. Reliability-based transit assignment for congested stochastic transit networks[J]. Computer-Aided Civil and Infrastructure Engineering, 2011, 26(4): 311-326.

[5] Welding P I. The instability of a close-interval service[J]. Journal of the Operational Research Society, 1957, 8(3): 133-142.

[6] Lo H K, Yip C W, Wan Q K. Modeling competitive multi-modal transit services: a nested logit approach[J]. Transportation Research Part C: Emerging Technologies, 2004, 12(3): 251-272.

[7] Aljazzar H, Leue S. K: A heuristic search algorithm for finding the k shortest paths[J]. Artificial Intelligence, 2011, 175(18): 2129-2154.

[8] Zahed S E, Shahandashti S M, Najafi M. Lifecycle benefit-cost analysis of underground freight transportation systems [J]. Journal of Pipeline Systems Engineering and Practice, 2018, 9(2): 04018003.

第5章 随机情境下的轴辐式地下物流网络分层布局优化

5.1 多级轴辐式地下物流系统网络规划分析

5.1.1 复杂网络规划理论

人类社会和自然界中存在着各式各样的复杂系统,大部分可以通过复杂网络的形式来定量刻画。复杂网络的研究始于 20 世纪 60 年代的 Erdos-Renyi 随机图模型,近年来逐渐成为图论、智能规划等领域的研究热点,其研究目的是构建能描述现实系统的演化特征,并揭示其内在的动力学的基本规律,从而更好地控制系统的演化及动力学过程。我国著名科学家钱学森曾将复杂网络定义为:具有自组织、自相似、小世界、无标度性质的网络。它隶属于复杂性科学的范畴。复杂网络分为社会抽象网络与现实物理网络。其中,现实物理网络主要是指具有复杂拓扑结构和动力学行为的大规模网络,由大量节点通过边的连接而构成,典型代表如供应链网络、物流运输网络、道路交通及城市电力管网等,其特征主要表现为网络单元之间的交互性,以及网络各级节点连接的灵活性。节点是复杂网络的基本组成单元,通常用来代表真实系统中不同的个体(如节点在供应链网络中可以表示供应商,在工程项目网络计划图中可以表示某项工作,在 ULS 网络中可以表示某个实际存在的地下节点),而边则表示个体与个体的关系(如运输关系、工作逻辑关系和从属关系等)。根据复杂网络理论,对于真实世界中的大部分物理网络(如城市轨道交通网络)可以按照某种非线性方式进行转化,得到简晰明了的基本拓扑结构。

5.1.2 地下物流系统网络规划中的不确定性

城市 ULS 的相关决策具有长期性、不可逆性、难以预测性、效益导向性和经济导向性等特点。ULS 项目的规划、设计、建设和运营全生命周期中存在大量不确定性因素。尤其是在复杂的社会环境下,随着特大、超大城市物流业的迅猛发展和城市消费结构的升级,不确定决策问题的重要性日益突出。ULS 网络规划应当为城市提供科学的、切实可行的货运解决方案,通过鲁棒设计、网络可靠性优化等方式,尽可能地降低系统在受到不确定因素影响下的潜在风险,而不单独追求经济效益。综合来看,城市 ULS 网络规划的不确定性主要体现在如下几个方面。

(1) 网络结构和系统决策的不确定性。

现实中城市物流关系和货运行为是一个复杂的系统。随着时间的推移,传统物流节点间以及物流服务买方与提供方之间,可能存在暂时的联系,也可能没有任何联系,网络实体之间的联系性与需求关系不是一成不变的,这解释了为什么城市物流运输网络总是在不断变化,并呈周期性扩大(如"双 11"期间需求激增)或缩小。目前城市物流网络中可供选择的节点和链路数目众多,运输链的任何一个环节发生扰动都会对网络的拓扑和运行结果产生影响,有些变化甚至可以在相当短的时间内使得原先的运输网络结构发生根本性的变化。城市 ULS 网络规划是在这样一种错综变化的环境下进行决策的。这些一次性的决策(如地下节点、隧道选址)一旦做出就伴随着一个长期的建设过程,难以改变。网络设施受不确定性因素的影响可能长期处于不能运营或者亏损的状态。此外,ULS 网络的网络开发时序将直接影响项目在前中期的经济性和外部效益。这里提出的"网络开发时序"指代的不仅是地下节点的隧道等网络基础设施随时间的开发方向,也指代网络节点内部物流设备的购置次序、运载制式的购置次序等。换句话说,项目的决策者需要在网络建设期间内的各个阶段决定资金的合理分配,使得网络在动态扩张过程中始终保持高水平绩效,不至于出现服务能力与建设进度"脱节"的现象。然而,网络的动态建设运营过程本身存在巨大的不确定性,如运输工具的选择、运输计划的安排、运输费用的制定等。这些决策在实际运行中都将影响 ULS 的整体效能。

(2) 需求的不确定性。

在激烈的市场竞争中,需求总是在不断变化的。大量事实证明需求的不确定性是造成供应链网络决策风险或失误的根本原因。与传统城市物流规划类似,ULS 的需求不确定性是由供应链运作过程中的信息传递偏差和基础数据预测误差两方面导致的。需求不确定性的直接作用结果体现在需求量的未确知性和货运需求 OD 流向的未确知性两个方面。首先,ULS 规划与设计是建立在现状经济、物流行业及其相关行业的精确了解前提下进行的。然而,在真实世界中,基础数据的调研、统计分析存在不可避免的误差,从而导致相当一部分比例的数据失真。其次,受到宏观环境的变化(如城市新区的发展会带来人口的重新分配,进而导致物流需求 OD 的改变)和不可抗力(如战争、疫情和极端天气)的影响,城市物流需求量和需求分布始终处于一个高度随机的状态。这些不确定因素将导致城市 ULS 网络建设和运营调度决策发生根本性的变化。

(3) 系统参数的不确定性。

模型化后的 ULS 参数本身具有不确定性。一些关键参数的设置与选择是引发规划结果不确定性的重要原因。例如，从运营层面侧重于考虑网络的运输成本、各类设备的运能和效率，以往没有任何项目能够提供确凿的系统参数，对于 ULS 的决策者来说，这些参数的选取只能参考类似工程项目，如地铁、综合管廊等。而从系统建设的角度来说，为了方便计算往往忽略了时值问题（如利率和折现参数）和技术进步带来的影响，因此，长期项目建设中的参数是不确定的，采用固定值进行分析会引发决策风险。

ULS 网络设计是一个在多重不确定条件下的多目标协同优化问题。但在实际中，考虑到很多目标之间存在量级和维度上的差异，因此通常以"钱"为统一指标来进行度量，例如，将效率目标折算成钱，或将 ULS 的外部效益折算为钱。这样的近似替代本身也存在误差，因为费用的计算是建立在费用函数与费率的基础上的，实际中这些指标都会随时间的发展而发生变动，导致对系统参数和成本目标的错误估计。

5.1.3 多级轴辐式地下物流网络特征分析

城市地下物流系统网络属于一类轴辐式多式联运复杂网络，描述如下：给定节点集合 M 表示多式联运网络中的需求节点集合。由于供应链体系的持续运作，节点之间时刻产生不同规格、不同批次的货物运输需求订单，要求在相关节点之间添加设计不同层次的"联弧"以代表不同种运输方式的线路（对于 ULS 则表示不同运输制式的隧道或管道）。多式联运网络设计的宗旨是在考虑各种建设、空间和运输资源约束的情况下，以费用最小化、效率最大化、服务性能最大化、效益最大化等为目标，从节点集合中选择合适的"联弧"构成多级运输路径，直至成网，实现不同制式之间的协调配合。多式联运网络的费用不仅包括网络各类设施的建造费用，还包括运输商品所产生的运输、中转、设备使用费用等，要求寻求最合理的"节点选址、联弧布局和运输路径"组合方案（Location-Layout-Routing）来满足多样化的运输需求，如正向物流运输、逆向物流运输和定制化运输。在物理网络基础上，物流运营商可以借助多式联运网络为客户提供运输时空效益的增值以及相关延伸服务。

复杂网络可以简化为轴辐式（Hub-and-Spoke）结构。特别地，现实世界中的许多复杂交通和物流网络（如航空网络、公-铁联运网络以及传统城市物流网络）均以轴辐式结构为骨架搭建而成。在轴辐式网络的组织运行过程中，货物从起始点（Origin）到达目的地（Destination）必须先汇聚到一个枢纽节点进行转运，通过对网络货源的汇集与再分配，使得枢纽间链路上的运输活动产生规模经济效应，从而显著降低成本，同时利于调控和货流管控。干线运输是轴辐式网络的主体，承担绝大多数货运任务，枢纽具有其附属的支线网络，枢纽节点与非枢纽的支线运输组织频繁，覆盖面广，对枢纽和干线的规模化运输起到支撑作用。轴辐式 ULS 网络如图 5-1 所示。

除了具有其他复杂轴辐式多式联运网络的共性特征，城市 ULS 网络还具有如下特点。

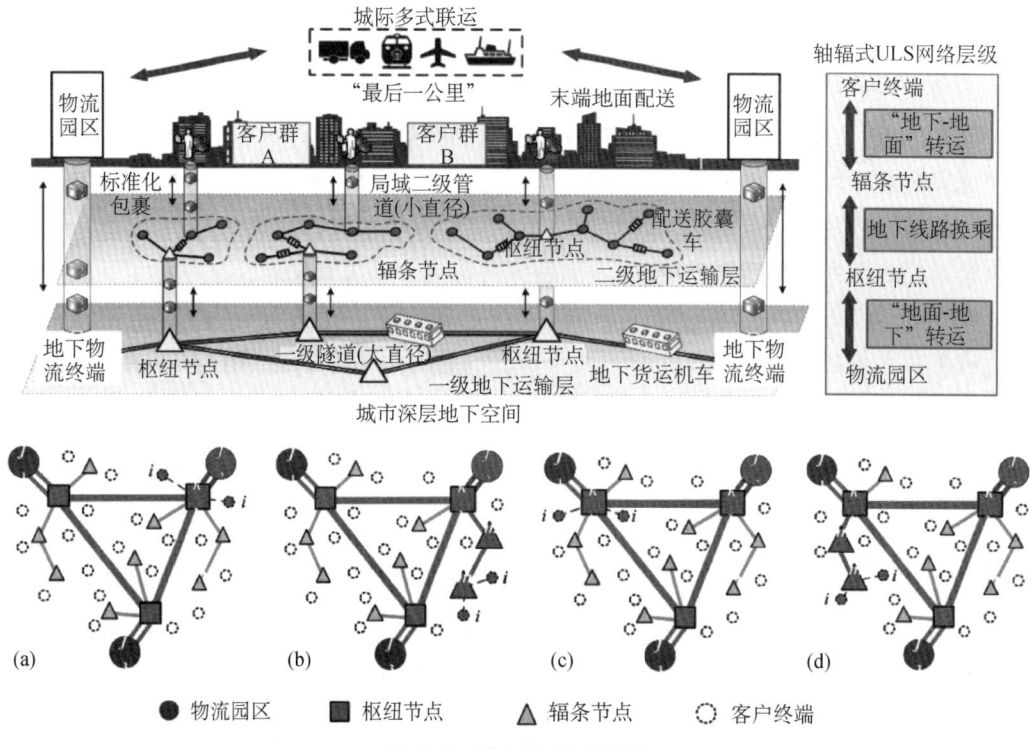

图 5-1　轴辐式 ULS 网络

（1）对于我国大型及以上的城市，枢纽级 ULS 网络（干线）的规模和密度应远低于成熟的轨道交通网络，地下隧道的连接形式涵盖环线、网格式、直通型专线等，较地铁网络的布局更为多样化，地下枢纽货运节点的平均连接边数量比地铁换乘站点的连接边更多。另外，辐条级 ULS 网络（支线）的规模和密度远超轨道交通网络，一个理想的末端 ULS 网络方案将"以街区为单位"对城市地区进行覆盖，从而压缩 ULS 到最终客户的地面交付距离。因此，末端 ULS 节点的数量远多于现有客运地铁站数量。

（2）城市 ULS 网络具有较强的扩展性，随着城市建设和物流业的发展，ULS 可以在局部地区优先快速成网，此后不断投入资金进行若干期工程的扩建，使得覆盖区域不断增大。由于地下工程施工成本高昂，先投入运营的局部地下网络将继续作为扩展后网络的一部分。

（3）城市 ULS 网络具有很强的物流聚集效应，由于城市物流分布的不均匀性，在 ULS 网络中存在个别货运量巨大的节点（如市中心地区），不同于地铁网络中的换乘点具有更高的优先级，所有 ULS 枢纽节点是平级的，当网络规模不断扩大时，新修建的地下货运线路没有必要优先与货运量大的节点相连，为该节点带来更多的物流负担，而应当考虑增设节点以分摊货流。

5.2 地下物流网络拓扑范式及布局决策边界

5.2.1 多级轴辐式地下物流网络的组成

根据城市规模差异，ULS 网络分为不同层级。对于需求量不大且周边仅配有少量物流门户设施的中小型城市，通常认为仅需设置单层的地下货物运输网络[1]。货物自园区通过隧道运往分布于城内的 ULS 节点之后，通过二级地面路网配送至周边的需求点。然而，对于北京、上海这类超大城市，若仅设置单层地下网络，则会显得隧道分布过于密集，不利于地下机车制式操作和自动化运输活动。另外，特大、超大城市的物流需求体量庞大，要求在地下对货物进行二次分拨，从而降低局部节点的运作负荷。出于以上设计理由，本书提出了一类由 4 级节点和 3 层网络组成的轴辐式城市 ULS 网络拓扑形式，能够全面并有效地契合大型城市物流体系的组织运行，将绝大部分城市配送活动从地面转移至地下，实现与地面物流系统之间的联运，彻底缓解城市交通拥堵、货车进城难和环境污染等问题。ULS 网络中的各级节点、通道的定义和运作方式描绘于图 5-2 和图 5-3 中。需要指出的是，该原型为超大城市 ULS 网络建设完成后的最终形式，其余中小型城市的 ULS 网络布局可考虑在此基础上将二级地下网络去除。

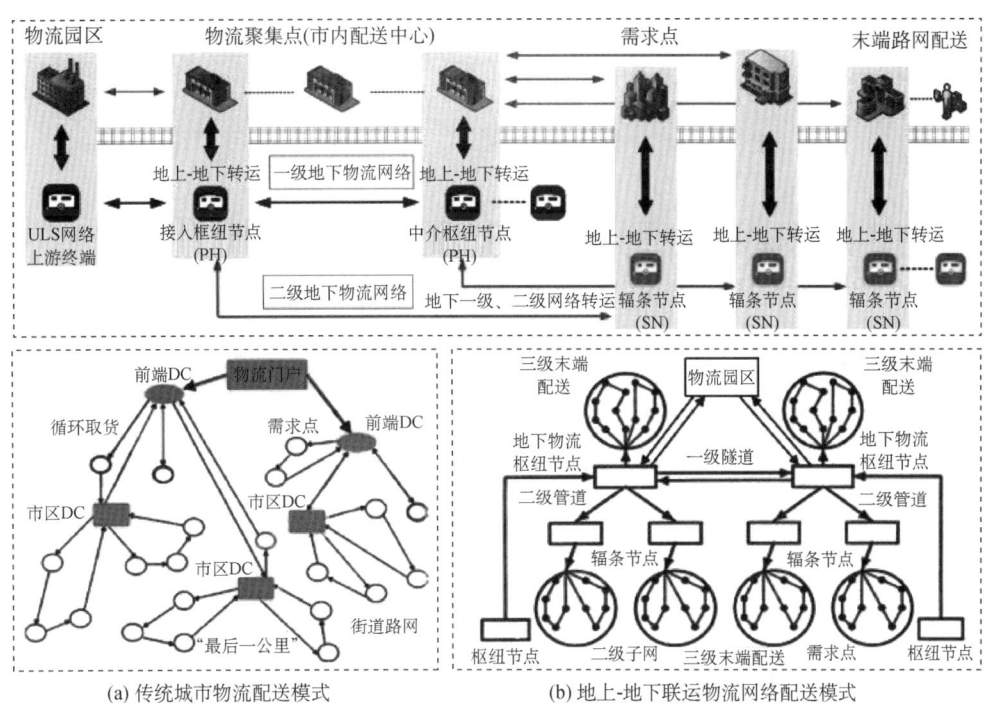

图 5-2 三层轴辐式 ULS 网络运作模式

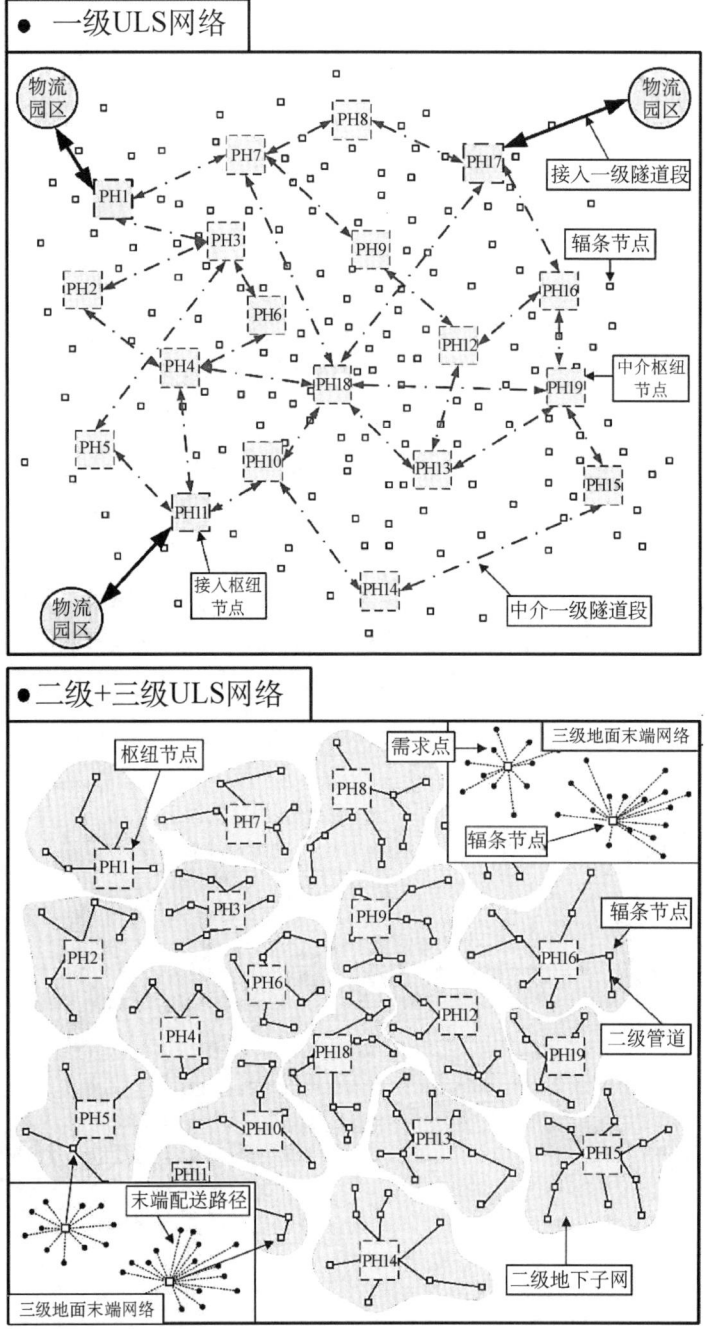

图 5-3 ULS 网络的三层轴辐拓扑结构

（1）物流园区：根据我国城市规划，城市周边通常分布着若干物流园区、大型货运堆场/仓库、铁路/海港/空港集装箱场站、工业园区等主要城市物流集散地，部分枢纽型城市配备不同数量的省/市/国家级物流门户，如青岛"一带一路"物流发展轴、上海港自贸区等。本书将这类设施统称为"物流园区"。这些设施可视为市域物流的上游终端，对接进出城市的快速路与外部干线道路,通常远离城市中心 50~100 km,传统模式下主要依靠集卡、厢式货车等运输制式将干线物流送达的货物运输至前端配送中心(Distribution Center,DC),前端配送中心一般位于市域边界(如本书案例中的北京五环路),接收地面车辆发来的货物后,进一步将其分配至市区配送中心。在 ULS 中,物流园区是网络的最高级节点。受到交通管控的限制,大部分园区货物通常只允许在夜间运输进城。ULS 网络中的园区将新配备地下铁路接口,周边的轨道机车车辆段受到指挥调度,以空车的形式前往园区,装入在园区已完成分拣、编码和标准化包装后的正向 OD 货运单元。随后满载的机车从园区出发,经连接"物流园区"与"接入 ULS 枢纽节点(Primary Hub,PH)"之间的"一级隧道段(Primary Tunnel,PT)",完成从地下进入市域的过程。考虑到应尽量缩短接入一级隧道段的长度,降低成本,接入枢纽节点通常考虑在市域边界的位置选址,如可选择前端配送中心作为 ULS 枢纽节点。

(2) 市区物流聚集点/ULS 枢纽节点:考虑在市域内建设更多的 ULS 枢纽节点,以分摊接入枢纽节点的货流。将不与园区直连的枢纽节点定义为中介枢纽节点(或中介 PH)。各中介枢纽节点、接入 ULS 枢纽节点之间通过与一级隧道段规格完全一致的"中介一级隧道段(称为中介 PT)"进行互连,保证轨道式机车能够连续行驶至各个枢纽节点。考虑到地下货运与传统城市配送的流向一致性,中介一级隧道段的地址一般从如下两种位置中选取:①选择已建成的市区配送中心位置,通过对市区配送中心的地下空间进行改造,使其具备货运站台用以装卸机车中货运单元,同时配备一系列具有自动化水平、能垂直搬运的设施和集成物流处理设备对货物进行站内处理,包括分拣、临时堆存、拆分包和验货等。②考虑到市区配送中心数量有限,对于未设置配送中心的城市区域,可以选择在商圈、中央商务区(CBD)、社区组团、高密度生活区等需求聚集型区域新建 ULS 枢纽节点。如本章第 5.1.2 节所述,市区物流聚集点之间存在同城配送活动,通过设置枢纽节点和一级隧道可实现部分同城 OD 的地下运输。

(3) ULS 辐条节点/需求点:单个枢纽节点所服务的范围定义为一级区域,根据枢纽节点设置数量的不同,每个一级区域内部可能存在数十到数百个客户需求点不等。正向 OD 从枢纽节点至最终客户目的地的配送过程由以下两种方式完成。

方式 1:在枢纽节点处理完毕的货物直接提升至上方配送中心(此过程定义为三级地面转运),采用传统末端地面配送模式,即通过快递小哥驾驶物流车辆将包裹分配至枢纽节点附近的投递点(如社区中心、建筑物、快递柜、快递驿站等)。

方式 2:对于一级区域范围内且距离枢纽节点较远的需求点,考虑将部分需求点建筑物的地下空间进行拓展,建成 ULS 辐条节点(Spoke Node,SN)。通过树状二级管道(Secondary Tunnel,ST)将各个辐条节点与枢纽节点相连。每个辐条节点按照自身容量和覆盖半径服务一定数量的需求点,二级管道内部采用小直径胶囊轨道车制式进行运输。在枢纽节点处理完毕的包裹直接装载至胶囊小车(此过程定义为二级地下转运),通过二级管道网络抵达辐条节点后被提升至地面,经历与方式 1 相同的过程,即末端地面配送或

"最后一公里"地面配送(Last-mile Delivery，LMD)，抵达目的地需求点。

将由物流园区、接入枢纽节点、中介枢纽节点、接入一级隧道段和中介一级隧道段组成的网络定义为"一级地下运输网络"；将由接入枢纽节点、中介枢纽节点、辐条节点和二级管道段组成的网络定义为"二级地下运输网络"；将由接入枢纽节点、中介枢纽节点、辐条节点和"最后一公里"路网组成的网络定义为"三级地面末端网络"。三层拓扑设施共同组成完整的城市 ULS 网络。

5.2.2 多目标容量选址-分配-路径决策

根据以上提出的拓扑结构，城市 ULS 网络布局规划的总体目标可概括为在追求地下网络设施建造成本最小化和三层网络运输成本最小化的前提下，对如下 8 个方面的决策对象进行组合优化。

决策 1：确定接入枢纽节点的选址及其与城市物流园区的对应关系（枢纽 PH 选址）。

决策 2：选择合适数量和位置的物流聚集点建设为中介枢纽节点（中介 PH 选址）。

决策 3：在每个一级区域内，选择合适数量和位置的需求点建设为辐条节点（SN 选址）。

决策 4：确定二级网络中的辐条节点与枢纽节点归属关系（PH—SN 分配）。

决策 5：确定三级网络中的需求点与辐条节点归属关系（SN—需求点分配）。

决策 6：确定三级网络中的需求点与枢纽节点归属关系（PH—需求点分配）。

决策 7：确定一级网络的隧道布局以及正向 OD、同城 OD 在一级网络中的各自运输路线（一级路径规划）。

决策 8：确定二级网络的管道布局以及正向 OD 在二级网络中的运输路线（二级路径规划）。

ULS 网络中的一级隧道建设位于城市深层地下空间，但二级管道由于需要频繁进出地面，更适合采用浅埋的方式建设。由于高密度城市地区的浅层地下空间资源较为稀缺，因此能够分配用于 ULS 节点和通道建设的地下空间规模并不大，这将导致 ULS 节点和通道受到严格的空间约束。例如，地下节点内部不能设置大规模的立体仓储货架，一级网络发来的货物要求尽快处理并离开节点，以免挤压后续到达的货物的处理空间。这一特征与直通型小型配送中心类似。本书考虑 5 种主要的容量约束，分别为枢纽节点的二级、三级转运能力，辐条节点的三级转运能力，一级隧道的运输能力和二级管道的运输能力。除了设施容量约束，本书还规定任意三级网络中的"最后一公里"地面配送距离不超过给定阈值，这有利于减少对快递员的依赖，实现门到门的地下配送。

现有 ULS 网络布局规划研究通常仅将建设成本和运输成本作为建模目标[2]，本书同时考虑了网络成本最小化、运作效率最大化和地下通道负载率最大化，企图构建更为完善的多目标 ULS 网络规划数学模型。

在建模层次方面，现有 ULS 网络研究仅停留在确定性决策优化层面，针对 ULS 需求 OD 和系统成本参数的随机优化理论和鲁棒优化理论尚未建立。本章构建的模型同时考虑了网络布局决策中的多维不确定性。

综上所述,三层轴辐式 ULS 网络布局的建模优化流程属于一类随机鲁棒下的多目标容量设施选址-分配-路径(Capacitated Location-Allocation-Routing,CLAR)问题。本章的整体建模优化思路如图 5-4 所示。

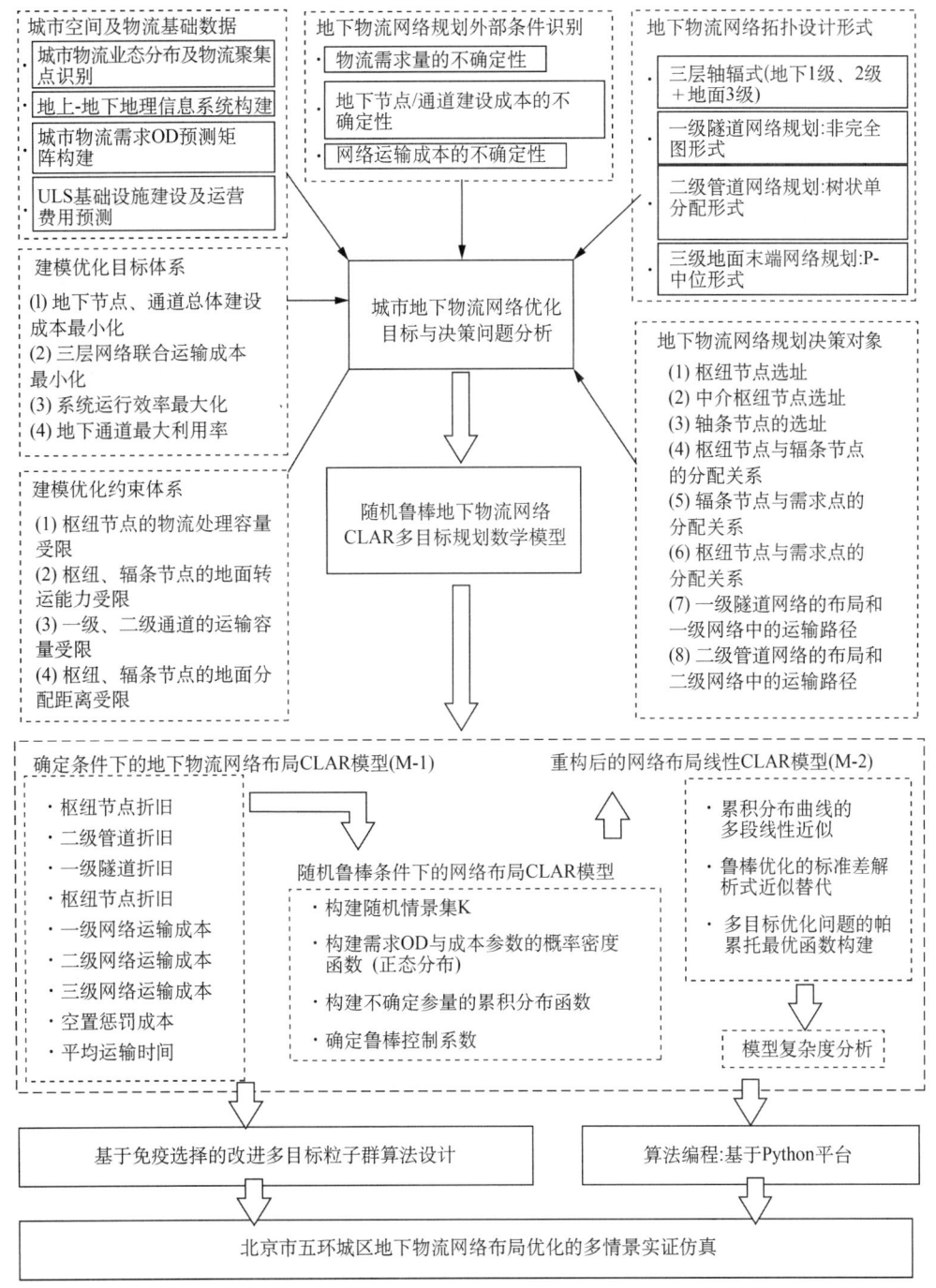

图 5-4　建模优化流程

5.3 基于随机鲁棒理论的多目标地下物流网络布局最优化模型

5.3.1 参数与基本假设

分别定义 $s \in S, j \in J, i \in N$ 为园区、需求点和地面物流聚集点的集合,构成点集 H; $g \in L = \{s\} \bigcup \{i\}$ 为任意园区与物流聚集点之间的点对点链路集合; $h \in H = \{i\} \bigcup \{i-1\}$ 为任意两个不同物流聚集点之间的链路集合; $p \in P = \{i\} \bigcup \{j\}$ 为任意物流聚集点与需求点之间的链路集合; $q \in Q = \{j\} \bigcup \{j-1\}$ 为任意两个不同需求点之间的链路集合。则基础网络可表示为无向图 $G = (H, L, H, P, Q, K)$,其中 $K = \{k_1, k_2, \cdots, k_n\}$ 为随机事件 k 构成的集合。本节建模参数详见表 5-1。

表 5-1　　本节建模参数

符号定义		变量描述
常量及连续变量	d_{sj}	任意园区与需求点之间货运 OD 量预测值
	$\delta_{ii'}$	任意物流聚集点之间货运 OD 量的预测值
	γ_{PH}, γ_{SN}	ULS 枢纽节点(PH)和辐条节点(SN)的固定建设费用预测值
	υ_{PT}	一级隧道段的单位固定建设费用预测值
	υ_{ST}	二级管道段的单位固定建设费用预测值
	α	一级 ULS 网络的单位 OD 运输费用预测值
	β	二级 ULS 网络的单位 OD 运输费用预测值
	c	基于道路的货运 OD 单位运输费用
	$[cap_1], [cap_2]$	枢纽节点的最大二级地下转运容量及三级地面转运容量
	$[cap_3]$	辐条节点的最大三级地面转运容量
	$[cap_4], [cap_5]$	一级隧道和二级管道的最大双向货物运输能力
	$\varepsilon_{PT}, \varepsilon_{ST}$	一级隧道和二级管道的最大允许未饱和率
	η_{PT}, η_{ST}	一级隧道和二级管道因为饱和而产生的惩罚费用
	$EU(\cdot)$	反映链路 g, h, p, q 的欧几里得距离的函数
	ro	三级网络的最大地面运输距离
	$\tau_{PT}, \tau_{ST}, \tau_{LMD}$	地下和地面运载制式在一级、二级、三级网络中的旅行速度
	ω_{PH}, ω_{SN}	OD 在枢纽节点和辐条节点的物流处理时间预测值
	θ	ULS 网络基础设施折旧系数
	Ω_k	随机情境 k 发生的概率

（续表）

符号定义		变量描述
0-1决策变量	A_i^k	1,随机情境 k 下,若物流聚集点 i 被建设为 PH; 0,否则
	B_j^k	1,随机情境 k 下,若需求点 j 被建设为 SN; 0,否则
	ξ_g^k	1,随机情境 k 下,若链路 g 被建设为接入 PT; 0,否则
	ζ_h^k	1,随机情境 k 下,若链路 h 被建设为中介 PT; 0,否则
	φ_p^k	1,随机情境 k 下,若链路 p 被建设为 ST; 0,否则
	ρ_q^k	1,随机情境 k 下,若链路 q 被建设为 ST; 0,否则
	X_{sij}^k	1,随机情境 k 下,若 d_{sj} 在枢纽节点 i 处进行二级地下转运; 0,否则
	$Y_{sjj'}^k$	1,随机情境 k 下,若 d_{sj} 在辐条节点 j' 处进行三级地面转运; 0,否则
	Z_{sij}^k	1,随机情境 k 下,若 d_{sj} 在枢纽节点 i 处进行三级地面转运; 0,否则
	U_{sjg}^k	1,随机情境 k 下,若 d_{sj} 经历接入 PT 链路 g; 0,否则
	V_{sjh}^k	1,随机情境 k 下,若 d_{sj} 经历中介 PT 链路 h; 0,否则
	$W_{ii'h}^k$	1,随机情境 k 下,若 $\delta_{ii'}$ 经历中介 PT 链路 h; 0,否则
	R_{sjp}^k	1,随机情境 k 下,若 d_{sj} 经历 ST 链路 p; 0,否则
	T_{sjq}^k	1,随机情境 k 下,若 d_{sj} 经历 ST 链路 q; 0,否则
	M_{sjq}^k	1,随机情境 k 下,若 d_{sj} 经历 LMD 链路 q; 0,否则
	ζ_{sjp}^k	1,随机情境 k 下,若 d_{sj} 经历 LMD 链路 p; 0,否则

表 5-2　　随机参量的表示

变量	正态分布均值和方差	累积分布函数	上界	下界	函数个数
d_{sj}	$\hat{d}_{sj}^k \sim N_{d_{sj}}^k(\mu, \sigma^2)$	$F_{d_{sj}}^k(x)$	$d_{sj}^{k(+)}$	$d_{sj}^{k(-)}$	$3790 \times \|K\|$

(续表)

变量	正态分布均值和方差	累积分布函数	上界	下界	函数个数
$\delta_{ii'}$	$\hat{\delta}_{ii'}^k \sim N_{\delta_{ii'}}^k(\mu, \sigma^2)$	$F_{\delta_{ii'}}^k(x)$	$\delta_{ii'}^{k(+)}$	$\delta_{ii'}^{k(-)}$	$5\,776 \times \|K\|$
γ_{PH}	$\hat{\gamma}_{PH}^k \sim N_{\gamma_{PH}}^k(\mu, \sigma^2)$	$F_{\gamma_{PH}}^k(x)$	$\gamma_{PH}^{k(+)}$	$\gamma_{PH}^{k(-)}$	$\|K\|$
γ_{SN}	$\hat{\gamma}_{SN}^k \sim N_{\gamma_{SN}}^k(\mu, \sigma^2)$	$F_{\gamma_{SN}}^k(x)$	$\gamma_{SN}^{k(+)}$	$\gamma_{SN}^{k(-)}$	$\|K\|$
υ_{PT}	$\hat{\upsilon}_{PT}^k \sim N_{\upsilon_{PT}}^k(\mu, \sigma^2)$	$F_{\upsilon_{PT}}^k(x)$	$\upsilon_{PT}^{k(+)}$	$\upsilon_{PT}^{k(-)}$	$\|K\|$
υ_{ST}	$\hat{\upsilon}_{ST}^k \sim N_{\upsilon_{ST}}^k(\mu, \sigma^2)$	$F_{\upsilon_{ST}}^k(x)$	$\upsilon_{ST}^{k(+)}$	$\upsilon_{ST}^{k(-)}$	$\|K\|$
α	$\hat{\alpha}_k \sim N_{\alpha}^k(\mu, \sigma^2)$	$F_{\alpha}^k(x)$	α_k^+	α_k^-	$\|K\|$
β	$\hat{\beta}_k \sim N_{\beta}^k(\mu, \sigma^2)$	$F_{\beta}^k(x)$	β_k^+	β_k^-	$\|K\|$
ω_{PH}	$\hat{\omega}_{PH}^k \sim N_{\omega_{PH}}^k(\mu, \sigma^2)$	$F_{\omega_{PH}}^k(x)$	$\omega_{PH}^{k(+)}$	$\omega_{PH}^{k(-)}$	$\|K\|$
ω_{SN}	$\hat{\omega}_{SN}^k \sim N_{\omega_{SN}}^k(\mu, \sigma^2)$	$F_{\omega_{SN}}^k(x)$	$\omega_{SN}^{k(+)}$	$\omega_{SN}^{k(-)}$	$\|K\|$

通过如下变换方式对 ULS 网络规划问题中的需求 OD、成本和处理时间等变量的随机特征进行刻画。如表 5-2 所示，首先，设各类 ULS 节点和通道的固定成本的预测值 $\{\gamma_{PH}, \gamma_{SN}, \upsilon_{PT}, \upsilon_{ST}\}$、地下货物运输成本的预测值 $\{\alpha, \beta\}$、ULS 节点处理时间的预测值 $\{\omega_{PH}, \omega_{SN}\}$ 和货运需求 OD 量的预测值 $\{d_{sj}, \delta_{ii'}\}$ 四类数据在各自范围内呈正态分布。我们以 γ_{PH} 为例进行说明，γ_{PH} 在随机情境 k 下的真实值 $\hat{\gamma}_{PH}^k$ 具有概率密度函数 $f_{\gamma_{PH}}^k(x)$，且符合 $\hat{\gamma}_{PH}^k \sim N_{\gamma_{PH}}^k(\mu, \sigma^2)$。概率密度函数 95% 置信区间对应的下边界值为 $\gamma_{PH}^{k(-)}$，表征 ULS 枢纽节点 i 建设成本的最低可能取值；设其分布函数 95% 置信区间对应的上边界值为 $\gamma_{PH}^{k(+)}$，表征建设成本的最高可能取值。其次，对 $f_{\gamma_{PH}}^k(x)$ 进行积分，得到 ULS 枢纽节点建设成本的累积分布函数 $F_{\gamma_{PH}}^k(x)$。根据式(5-1)，累积分布函数值表示离散变量 $\hat{\gamma}_{PH}^k$ 所有小于或等于 x 的值出现概率之和，如 $F_{\gamma_{PH}}^k(\gamma_{PH})$ 等于节点建设成本的真实值小于预测值时的出现概率之和。随机情境 k 由全部 10 种随机变量的不同概率密度函数组合反映。在北京市的案例中，单个随机情境需构造 9 574 个概率密度函数。

$$\begin{cases} F_{\gamma_i}^k(x) = \int_{-\infty}^{x} f_{\gamma_i}^k(t) \, dt \\ F_{\gamma_i}^k(\gamma_i) = P(x \leqslant \gamma_i) \end{cases}, \text{for } \forall x \in [\gamma_{ik}^-, \gamma_{ik}^+], i \in N, k \in K \quad (5-1)$$

关于本章城市 ULS 网络布局优化问题提出如下基本假设。

假设 1：ULS 网络中任意一段的一级隧道段和二级管道段均为点对点直连线段，不考虑地质或施工条件等因素对地下节点和通道的建设影响。

假设 2：一级 ULS 网络采用非完全图地下隧道的形式进行布局，即每个枢纽节点允许连接一个或多个其他枢纽节点；二级 ULS 网络采用单分配树状管道的形式进行布局，即每个局部二级网络中存在唯一的"根部"节点（枢纽）和若干"枝干"节点（辐条）；三级 ULS 网络采用 P-中位单分配地面路径的形式进行布局（即每个需求点仅能归属唯一的枢纽节点或辐条节点，且每个需求点都与上级节点直接相连）。

假设 3：物流聚集点之间的同城配送 OD 运输仅占用一级隧道的通行能力，但不消耗枢纽节点的转运能力。通过一级隧道途经枢纽节点的货运过程不消耗该枢纽节点的任何能力。接入一级隧道段的运输能力不限。

假设 4：网络布局规划忽略系统运行时的动态调度过程对设施选址的影响，包括客货时间窗、进出货和转运规则等。

假设 5：需求点的正向/逆向物流 OD 和同城配送 OD 的需求量预测值已知。

假设 6：若某一需求点被作为 ULS 网络的服务对象，则其相对于各物流园区的货运订单均由 ULS 网络运输。

假设 7：并非所有需求点都要被 ULS 网络服务，但 ULS 应当用尽其最大能力将更多的需求点囊括其中，从而扩大系统的覆盖范围。

5.3.2 建模目标

1. 最小化网络建设成本子目标

ULS 网络的建设成本由枢纽节点建设成本、辐条节点建设成本、一级隧道建设成本和二级管道建设成本四项组成，按照一定的折旧年限将地下设施固定建设费用均摊至每日，首先即得到确定性条件下的最小化子目标函数 $f_{\text{determ}}^{(1)}$，如式（5-2）所示。针对式中涉及的四类不确定参量 $\hat{\gamma}_{\text{PH}}^{k}$、$\hat{\gamma}_{\text{SN}}^{k}$、$\hat{\upsilon}_{\text{ST}}^{k}$ 和 $\hat{\upsilon}_{\text{PT}}^{k}$，根据数理统计原理，其随机情境下的近似取值均采用概率分布函数的下边界值与累积分布函数在置信区间上的积分之和计算得出。另外，根据 Baghalian 等[3]的研究，随机条件下的加权目标函数 $f_{\text{random}}^{(1)*}$ 可写为式（5-3）形式，即每种随机情境发生的概率与当前随机情境下得到的近似目标函数值相乘再累加。当式（5-3）既不对情境集 k 进行求和又不考虑情境发生概率 Ω_k 时，即可得到每种情境下的随机函数目标值，记为 $f_{\text{random}}^{(1)}(k_1)$，$f_{\text{random}}^{(1)}(k_2)$，…，$f_{\text{random}}^{(1)}(k_n)$。最后将各情境下的随机目标函数值与随机条件下的加权目标函数值分别做差再求平方和，并引入鲁棒系数 Γ 反映决策者的偏好，当 Γ 取值较大时，表示决策者对系统的鲁棒性能要求较高，即对当前决策对象所带来的预期风险的接受程度较为保守，属于风险厌恶型；反之同理。最后按照式（5-4）计算得出 ULS 网络建设成本子目标的最小化随机鲁棒值。

$$\min f_{\text{determ}}^{(1)} = \theta^{-1} \cdot \gamma_{\text{PH}} \cdot \sum_{i \in N} A_i + \theta^{-1} \upsilon_{\text{ST}} \cdot \sum_{p \in P} \sum_{q \in Q} (Eu_p \cdot \varphi_p + Eu_q \cdot \rho_q) + \\ \theta^{-1} \cdot \upsilon_{\text{PT}} \cdot \sum_{g \in L} \sum_{h \in H} (Eu_g \cdot \xi_g + Eu_h \cdot \zeta_h) + \theta^{-1} \cdot \gamma_{\text{SN}} \cdot \sum_{j \in J} B_j \quad (5\text{-}2)$$

$$\begin{aligned}
\min f_{\text{random}}^{(1)*} = &\ \theta^{-1} \cdot \sum_{k \in K} \Omega_k \sum_{i \in N} A_i^k \cdot \left[\gamma_{\text{PH}}^{k(-)} + \int_{\gamma_{\text{PH}}^{k(-)}}^{\gamma_{\text{PH}}^{k(+)}} F_{\gamma_i}^k(x) \, dx \right] + \\
& \theta^{-1} \cdot \sum_{k \in K} \Omega_k \sum_{p \in P} \sum_{q \in Q} (\varphi_p^k \cdot Eu_p + \rho_q^k \cdot Eu_p) \cdot \left[v_{\text{ST}}^{k(-)} + \int_{v_{\text{ST}}^{k(-)}}^{v_{\text{ST}}^{k(+)}} F_{v_{\text{ST}}}^k(x) \, dx \right] + \\
& \theta^{-1} \cdot \sum_{k \in K} \Omega_k \sum_{g \in L} \sum_{h \in H} (\xi_g^k \cdot Eu_g + \zeta_h^k \cdot Eu_h) \cdot \left[v_{\text{PT}}^{k(-)} + \int_{v_{\text{PT}}^{k(-)}}^{v_{\text{PT}}^{k(+)}} F_{v_{\text{PT}}}^k(x) \, dx \right] + \\
& \theta^{-1} \cdot \sum_{k \in K} \Omega_k \sum_{j \in J} B_j^k \cdot \left[\gamma_{\text{SN}}^{k(-)} + \int_{\gamma_{\text{SN}}^{k(-)}}^{\gamma_{\text{SN}}^{k(+)}} F_{\gamma_i}^k(x) \, dx \right]
\end{aligned} \tag{5-3}$$

$$\min f_{\text{robust}}^{(1)} = f_{\text{random}}^{(1)*} - \Gamma^{(1)} \cdot \Omega_k \cdot \{ [f_{\text{random}}^{(1)}(k_1) - f_{\text{random}}^{(1)*}]^2 + [f_{\text{random}}^{(1)}(k_2) - f_{\text{random}}^{(1)*}]^2 + \cdots + [f_{\text{random}}^{(1)}(k_n) - f_{\text{random}}^{(1)*}]^2 \} \tag{5-4}$$

2. 最小化网络运营成本子目标

ULS 网络的运营成本由正向 OD 的一级隧道地下运输成本、同城 OD 的一级隧道运输成本、正向 OD 的二级管道运输成本和三级末端路网的地面运输成本四项组成，涉及四类不确定参量 $\hat{d}_{sj}^k$、$\hat{\delta}_{ii'}^k$、$\hat{\alpha}_k$ 和 $\hat{\beta}_k$。按照如上变换方法，得到 ULS 网络在确定性条件、随机条件和随机鲁棒条件下的最小化运营成本子目标函数分别为 $f_{\text{determ}}^{(2)}$、$f_{\text{random}}^{(2)*}$ 和 $f_{\text{robust}}^{(2)}$，如式(5-5)、式(5-6)和式(5-7)所示。

$$\begin{aligned}
\min f_{\text{determ}}^{(2)*} = &\ c \cdot \sum_{s \in S} \sum_{j \in J} d_{sj} \sum_{q \in Q} \sum_{p \in P} (M_{sjq} \cdot EU_q + \zeta_{sjp} \cdot EU_q) + \\
& \alpha \cdot \sum_{i \in N} \sum_{i' \in N} \delta_{ii'} \sum_{h \in H} W_{ii'h} \cdot EU_h + \alpha \cdot \sum_{s \in S} \sum_{j \in J} d_{sj} \sum_{g \in L} \sum_{h \in H} (U_{sjg} \cdot EU_g + \\
& V_{sjh} \cdot EU_h) + \beta \cdot \sum_{s \in S} \sum_{j \in J} d_{sj} \sum_{p \in P} \sum_{q \in Q} (R_{sjp} \cdot EU_p + T_{sjq} \cdot EU_q)
\end{aligned} \tag{5-5}$$

$$\begin{aligned}
\min f_{\text{random}}^{(2)} = &\ c \cdot \sum_{s \in S} \sum_{j \in J} \sum_{k \in K} \Omega_k \left[d_{sj}^{k(-)} + \int_{d_{sj}^{k(-)}}^{d_{sj}^{k(+)}} F_{d_{sj}}^k(x) \, dx \right] \sum_{q \in Q} \sum_{p \in P} (M_{sjq}^k \cdot EU_q + \zeta_{sjp}^k \cdot \\
& EU_q) + \sum_{s \in S} \sum_{j \in J} \sum_{k \in K} \Omega_k \left[\alpha_k^- + \int_{\alpha_k^-}^{\alpha_k^+} F_\alpha^k(x) \, dx \right] \cdot \left[d_{sj}^{k(-)} + \int_{d_{sj}^{k(-)}}^{d_{sj}^{k(+)}} F_{d_{sj}}^k(x) \, dx \right] \cdot \\
& \sum_{g \in L} \sum_{h \in H} (U_{sjg}^k \cdot EU_g + V_{sjh}^k \cdot EU_h) + \sum_{s \in S} \sum_{j \in J} \sum_{k \in K} \Omega_k \left[\beta_k^- + \int_{\beta_k^-}^{\beta_k^+} F_\beta^k(x) \, dx \right] \cdot \\
& \left[d_{sj}^{k(-)} + \int_{d_{sj}^{k(-)}}^{d_{sj}^{k(+)}} F_{d_{sj}}^k(x) \, dx \right] \sum_{p \in P} \sum_{q \in Q} (R_{sjp}^k \cdot EU_p + T_{sjq}^k \cdot EU_q) + \\
& \sum_{i \in N} \sum_{i' \in N} \sum_{k \in K} \Omega_k \left[\alpha_k^- + \int_{\alpha_k^-}^{\alpha_k^+} F_\alpha^k(x) \, dx \right] \cdot \left[\delta_{ii'}^{k(-)} + \int_{\delta_{ii'}^{k(-)}}^{\delta_{ii'}^{k(+)}} F_{\delta_{ii'}}^k(x) \, dx \right] \cdot \\
& \sum_{h \in H} W_{ii'h}^k \cdot EU_h
\end{aligned} \tag{5-6}$$

$$\min f_{\text{robust}}^{(2)} = f_{\text{random}}^{(2)*} - \Gamma^{(2)} \cdot \Omega_k \cdot \{ [f_{\text{random}}^{(2)}(k_1) - f_{\text{random}}^{(2)*}]^2 + [f_{\text{random}}^{(2)}(k_2) - f_{\text{random}}^{(2)*}]^2 + \cdots + [f_{\text{random}}^{(2)}(k_n) - f_{\text{random}}^{(2)*}]^2 \} \tag{5-7}$$

3. 最大化系统运作效率子目标

ULS 的运作效率根据每笔正向货运订单在 ULS 网络中完成运输和物流运作过程的平均时长计算。对于单个正向 OD，其在网络中的总时长至多由 5 个部分构成：一级隧道网络的地下旅行时间（从园区至目的地枢纽节点）、枢纽节点内部的物流处理时间、二级管道网络的地下旅行时间（从枢纽节点至目的地辐条节点）、辐条节点内部的物流处理时间和三级末端路网的地面旅行时间（从辐条节点到客户所在地）。根据货物在网络中流通路径的不同，正向 OD 一定会经历前两个过程，但不一定经历后面全部三个过程，且有可能附加一个旅行过程，即从枢纽节点经由三级末端路网抵达客户所在地。为便于计算效率目标，本书假设所有 OD 订单在任意同类型节点内部的处理时间均相同，货物在运输期间的时间消耗采用旅行距离除以各层网络运载制式速度的方式得出。另外，由于同城货运需求规模较小，假设 OD 在网络中的运输不会对系统效率造成显著影响。按照如上变换方法，得到三层 ULS 网络在确定性条件、随机条件和随机鲁棒条件下的最大化运作效率子目标函数（即最小化订单平均运输时间）分别为 $f_{\text{determ}}^{(3)}$、$f_{\text{random}}^{(3)*}$ 和 $f_{\text{robust}}^{(3)}$，如式(5-8)、式(5-9)和式(5-10)所示。式中，def 为节点处理时间缩放系数，取值为 500。

$$\min f_{\text{determ}}^{(3)} = \frac{\sum_{s \in S}\sum_{j \in J}\sum_{g \in L}\sum_{h \in H}(U_{sjg} \cdot EU_g + V_{sjh} \cdot EU_h)}{\tau_{\text{PT}} \cdot \sum_{s \in S}\sum_{j \in J}\sum_{g \in L} U_{sjg}} + \frac{\omega_{\text{PH}}}{def} + \frac{\omega_{\text{SN}} \cdot \sum_{s \in S}\sum_{i \in N}\sum_{j \in J} X_{sij}}{def \cdot \sum_{s \in S}\sum_{j \in J}\sum_{g \in L} U_{sjg}} +$$

$$\frac{\sum_{s \in S}\sum_{j \in J}\sum_{p \in P}\sum_{q \in Q}(R_{sjp} \cdot EU_p + T_{sjq} \cdot EU_q)}{\tau_{\text{ST}} \cdot \sum_{s \in S}\sum_{j \in J}\sum_{g \in L} U_{sjg}} + \frac{\sum_{s \in S}\sum_{j \in J}\sum_{q \in Q}\sum_{p \in P}(M_{sjq} \cdot EU_q + \zeta_{sjp} \cdot EU_q)}{\tau_{\text{LMD}} \cdot \sum_{s \in S}\sum_{j \in J}\sum_{g \in L} U_{sjg}}$$

(5-8)

$$\min f_{\text{random}}^{(3)*} = \frac{\sum_{k \in K} \Omega_k \sum_{s \in S}\sum_{j \in J}\sum_{g \in L}\sum_{h \in H}(U_{sjg}^k \cdot EU_g + V_{sjh}^k \cdot EU_h)}{\tau_{\text{PT}} \cdot \sum_{k \in K} \Omega_k \sum_{s \in S}\sum_{j \in J}\sum_{g \in L} U_{sjg}^k} +$$

$$\sum_{k \in K} \Omega_k \left[\frac{\omega_{\text{PH}}^{k(-)}}{def} + \int_{\omega_{\text{PH}}^{k(-)}}^{\omega_{\text{PH}}^{k(+)}} F_{\omega_{\text{PH}}}^k(x)\, dx \right] +$$

$$\frac{\sum_{k \in K} \Omega_k \sum_{s \in S}\sum_{j \in J}\sum_{p \in P}\sum_{q \in Q}(R_{sjp}^k \cdot EU_p + T_{sjq}^k \cdot EU_q)}{\tau_{\text{ST}} \cdot \sum_{k \in K} \Omega_k \sum_{s \in S}\sum_{j \in J}\sum_{g \in L} U_{sjg}^k} +$$

$$\frac{\sum_{k \in K} \left[\frac{\omega_{\text{SN}}^{k(-)}}{def} + \int_{\omega_{\text{SN}}^{k(-)}}^{\omega_{\text{SN}}^{k(+)}} F_{\omega_{\text{SN}}}^k(x)\, dx \right] \Omega_k \sum_{s \in S}\sum_{i \in N}\sum_{j \in J} X_{sij}^k}{\sum_{k \in K} \Omega_k \sum_{s \in S}\sum_{j \in J}\sum_{g \in L} U_{sjg}^k} +$$

$$\frac{\sum_{k \in K} \Omega_k \sum_{s \in S}\sum_{j \in J}\sum_{q \in Q}\sum_{p \in P}(M_{sjq}^k \cdot EU_q + \zeta_{sjp}^k \cdot EU_q)}{\tau_{\text{LMD}} \cdot \sum_{k \in K} \Omega_k \sum_{s \in S}\sum_{j \in J}\sum_{g \in L} U_{sjg}^k}$$

(5-9)

$$\min f_{\text{robust}}^{(3)} = f_{\text{random}}^{(3)*} - \Gamma^{(3)} \cdot \Omega_k \cdot \{[f_{\text{random}}^{(3)}(k_1) - f_{\text{random}}^{(3)*}]^2 + [f_{\text{random}}^{(3)}(k_2) - f_{\text{random}}^{(3)*}]^2 + \cdots + [f_{\text{random}}^{(3)}(k_n) - f_{\text{random}}^{(3)*}]^2 \}$$
(5-10)

4. 最大化地下通道运载负荷子目标

ULS 网络中的一级隧道设施和二级管道设施应当追求其运载负荷的最大化,进而缩短地下通道的建设总里程,降低网络建设及运行成本。地下通道的运载负荷由该通道段的每日运输量除以通行能力得出,当运载负荷低于最大允许空载率时,将视未满足的程度产生空置惩罚成本,ULS 网络规划的目标是使得所有拟建设通道的空置惩罚成本最小化。对于 ULS 枢纽节点和辐条节点的运载负荷,模型规定二者均需要按照各自的最大容量尽可能多地服务于需求点,这一前提保证了节点始终处于饱和状态。按照如上变换方法,得到三层 ULS 网络在确定性条件、随机条件和随机鲁棒条件下的最大化通道运载负荷子目标函数分别为 $f_{\text{determ}}^{(4)}$、$f_{\text{random}}^{(4)*}$ 和 $f_{\text{robust}}^{(4)}$,如式(5-11)、式(5-12)和式(5-13)所示。

$$\min f_{\text{determ}}^{(4)} = \sum_{h \in H} \max \{ \sum_{s \in S} \sum_{j \in J} d_{sj} \cdot V_{sjh} + \sum_{i \in N} \sum_{i' \in N} \delta_{ii'} \cdot W_{ii'h} - \varepsilon_{\text{PT}} \cdot [cap_4], 0 \} \cdot \eta_{\text{PT}} +$$
$$\sum_{p \in P} \max \{ \sum_{s \in S} \sum_{j \in J} d_{sj} \cdot R_{sjp} - \varepsilon_{\text{ST}} \cdot [cap_5], 0 \} \cdot \eta_{\text{ST}} +$$
$$\sum_{q \in Q} \max \{ \sum_{s \in S} \sum_{j \in J} d_{sj} \cdot T_{sjq} - \varepsilon_{\text{ST}} \cdot [cap_5], 0 \} \cdot \eta_{\text{ST}}$$
(5-11)

$$\min f_{\text{random}}^{(4)} = \sum_{h \in H} \max \{ \sum_{i \in N} \sum_{i' \in N} \sum_{k \in K} \Omega_k \left[\delta_{ii'}^{k(-)} + \int_{\delta_{ii'}^{k(-)}}^{\delta_{ii'}^{k(+)}} F_{\delta_{ii'}}^k(x) \, dx \right] \cdot W_{ii'h}^k - \varepsilon_{\text{PT}} \cdot [cap_4] +$$
$$\sum_{s \in S} \sum_{j \in J} \sum_{k \in K} \Omega_k \left[d_{sj}^{k(-)} + \int_{d_{sj}^{k(-)}}^{d_{sj}^{k(+)}} F_{d_{sj}}^k(x) \, dx \right] \cdot V_{sjh}^k, 0 \} \cdot \eta_{\text{PT}} +$$
$$\sum_{p \in P} \max \{ \sum_{s \in S} \sum_{j \in J} \sum_{k \in K} \Omega_k \left[d_{sj}^{k(-)} + \int_{d_{sj}^{k(-)}}^{d_{sj}^{k(+)}} F_{d_{sj}}^k(x) \, dx \right] \cdot R_{sjp}^k -$$
$$\varepsilon_{\text{ST}} \cdot [cap_5], 0 \} \cdot \eta_{\text{ST}} + \sum_{q \in Q} \max \{ \sum_{s \in S} \sum_{j \in J} \sum_{k \in K} \Omega_k [d_{sj}^{k(-)} +$$
$$\int_{d_{sj}^{k(-)}}^{d_{sj}^{k(+)}} F_{d_{sj}}^k(x) \, dx] \cdot T_{sjq}^k - \varepsilon_{\text{ST}} \cdot [cap_5], 0 \} \cdot \eta_{\text{ST}}$$
(5-12)

$$\min f_{\text{robust}}^{(4)} = f_{\text{random}}^{(4)*} - \Gamma^{(4)} \cdot \Omega_k \cdot \{ [f_{\text{random}}^{(4)}(k_1) - f_{\text{random}}^{(4)*}]^2 + [f_{\text{random}}^{(4)}(k_2) - f_{\text{random}}^{(4)*}]^2 + \cdots + [f_{\text{random}}^{(4)}(k_n) - f_{\text{random}}^{(4)*}]^2 \}$$
(5-13)

5.3.3 约束条件

随机鲁棒 ULS 网络 CLAR 模型的约束体系构建如下:

约束式(5-14)保证在任意枢纽节点经历二级地下转运的 OD 总和不超过节点的最大二级地下转运容量,该约束在随机鲁棒条件下的数学表达见式(5-15)。

$$\sum_{s \in S} \sum_{j \in J} d_{sj} \cdot X_{sij} \leqslant [cap_1], \text{ for } \forall i \in N$$
(5-14)

$$\sum_{s \in S} \sum_{j \in J} \sum_{k \in K} \Omega_k \left[d_{sj}^{k(-)} + \int_{d_{sj}^{k(-)}}^{d_{sj}^{k(+)}} F_{d_{sj}}^k(x) \, dx \right] X_{sij}^k \leqslant [cap_1], \text{ for } \forall i \in N \quad (5\text{-}15)$$

约束式(5-16)确保在任意辐条节点经历三级地面转运的 OD 总和不超过节点的最大三级地面转运容量,该约束在随机鲁棒条件下的数学表达见式(5-17)。

$$\sum_{s \in S} \sum_{j \in J} d_{sj} \cdot Y_{sjj'} \leqslant [cap_2], \text{ for } \forall j \neq j' \in J \quad (5\text{-}16)$$

$$\sum_{s \in S} \sum_{j \in J} \sum_{k \in K} \Omega_k \left[d_{sj}^{k(-)} + \int_{d_{sj}^{k(-)}}^{d_{sj}^{k(+)}} F_{d_{sj}}^k(x) \, dx \right] Y_{sjj'}^k \leqslant [cap_2], \text{ for } \forall j \neq j' \in J$$
$$(5\text{-}17)$$

约束式(5-18)确保在任意枢纽节点经历三级地面转运的 OD 总和不超过节点的最大三级地面转运容量,该约束在随机鲁棒条件下的数学表达式(5-19)。

$$\sum_{s \in S} \sum_{j \in J} d_{sj} \cdot Z_{sij} \leqslant [cap_3], \text{ for } \forall i \in N \quad (5\text{-}18)$$

$$\sum_{s \in S} \sum_{j \in J} \sum_{k \in K} \Omega_k \left[d_{sj}^{k(-)} + \int_{d_{sj}^{k(-)}}^{d_{sj}^{k(+)}} F_{d_{sj}}^k(x) \, dx \right] Z_{sij}^k \leqslant [cap_3], \text{ for } \forall i \in N \quad (5\text{-}19)$$

约束式(5-20)确保在任意中介一级隧道段中流通的正向 OD 及同城 OD 的总量不超过通道的最大双向运输能力,该约束在随机鲁棒条件下的数学表达见式(5-21)。

$$\sum_{s \in S} \sum_{j \in J} \sum_{i \in N} \sum_{i' \in N} (d_{sj} \cdot V_{sjh} + \delta_{ii'} \cdot W_{ii'h}) \leqslant [cap_4], \text{ for } \forall h \in H, i \neq i' \quad (5\text{-}20)$$

$$\left\{ \sum_{s \in S} \sum_{j \in J} \sum_{k \in K} \Omega_k \left[d_{sj}^{k(-)} + \int_{d_{sj}^{k(-)}}^{d_{sj}^{k(+)}} F_{d_{sj}}^k(x) \, dx \right] \cdot V_{sjh}^k + \sum_{i \in N} \sum_{i' \in N} \sum_{k \in K} \Omega_k \left[\delta_{ii'}^{k(-)} + \int_{\delta_{ii'}^{k(-)}}^{\delta_{ii'}^{k(+)}} F_{\delta_{ii'}}^k(x) \, dx \right] \cdot W_{ii'h}^k \right\} \leqslant [cap_4], \text{ for } \forall h \in H \quad (5\text{-}21)$$

约束式(5-22)确保在任意二级管道段中流通的正向 OD 总量不超过通道的最大双向运输能力,该约束在随机鲁棒条件下的数学表达见式(5-23)。

$$\sum_{s \in S} \sum_{j \in J} d_{sj} \cdot R_{sjp} \leqslant [cap_5], \quad \sum_{s \in S} \sum_{j \in J} d_{sj} \cdot T_{sjq} \leqslant [cap_5], \text{ for } \forall p \in P, q \in Q$$
$$(5\text{-}22)$$

$$\begin{cases} \sum_{s \in S} \sum_{j \in J} \sum_{k \in K} \Omega_k \left[d_{sj}^{k(-)} + \int_{d_{sj}^{k(-)}}^{d_{sj}^{k(+)}} F_{d_{sj}}^k(x) \, dx \right] R_{sjp}^k \leqslant [cap_5] \\ \sum_{s \in S} \sum_{j \in J} \sum_{k \in K} \Omega_k \left[d_{sj}^{k(-)} + \int_{d_{sj}^{k(-)}}^{d_{sj}^{k(+)}} F_{d_{sj}}^k(x) \, dx \right] T_{sjq}^k \leqslant [cap_5] \end{cases}, \text{ for } \forall p, q \quad (5\text{-}23)$$

约束式(5-24)确保经由三级网络归属于 ULS 枢纽节点或辐条节点的需求点与所属

节点之间的距离不超过节点最大覆盖半径。

$$EU_q \cdot M_{sjq}^k \leqslant ro, EU_p \cdot \zeta_{sjp}^k \leqslant ro, \text{for} \forall s,j,p,q,k \tag{5-24}$$

约束式(5-25)保证正向 OD 在 ULS 网络中的旅行路径唯一性;约束式(5-26)规定每个辐条节点仅能归属于唯一的枢纽节点,且每个需求点的三级运输过程仅能由唯一的辐条节点或唯一的枢纽节点发起。

$$\sum_{p\in P} R_{sjp}^k \leqslant \sum_{g\in L} U_{sjg}^k = 1, \sum_{q\in Q} M_{sjq}^k \leqslant \sum_{g\in L} U_{sjg}^k, \sum_{p\in P} \zeta_{sjp}^k \leqslant \sum_{g\in L} U_{sjg}^k, \text{for} \forall s,j,k \tag{5-25}$$

$$\sum_{i\in N} X_{sij}^k + \sum_{i\in N} Z_{sij}^k = 1, \sum_{j'\in J} Y_{sjj'}^k \leqslant 1, \text{for} \forall s, j\neq j', k \tag{5-26}$$

约束式(5-27)表明若节点不建立,则无法进行货流指派工作。约束式(5-28)表明若一级通道、二级通道不建立,则无法进行货流指派工作。

$$X_{sij}^k + Z_{sij}^k < A_i^k, W_{ii'h}^k \leqslant A_i^k, Y_{sjj'}^k < B_{j'}^k, B_j^k + M_{sjq}^k + \zeta_{sjp}^k \leqslant 1 \tag{5-27}$$

$$U_{sjg}^k \leqslant \xi_g^k, V_{sjh}^k \leqslant \zeta_h^k, W_{ii'h}^k \leqslant \zeta_h^k, R_{sjp}^k \leqslant \varphi_p^k, T_{sjq}^k \leqslant \rho_q^k \tag{5-28}$$

约束式(5-29)表明若链路 p 已建立为二级管道,则该链路无法适用于从 ULS 枢纽节点到需求点的三级地面配送路线;同理,若链路 q 已建立为二级管道,则无法适用于从辐条节点到需求点的三级地面配送路线。

$$\varphi_p^k + \zeta_{sjp}^k \leqslant 1, \rho_q^k + M_{sjq}^k \leqslant 1 \tag{5-29}$$

约束式(5-30)规定需求点的正向 OD 来自唯一的 ULS 枢纽节点和唯一的辐条节点;约束式(5-31)规定正向 OD 和同城 OD 在一级 ULS 网络上至少经历一条隧道段。

$$\sum_{s\in S}\sum_{i\in N} X_{sij}^k = 1, \sum_{s\in S}\sum_{j'\in J} Y_{sjj'}^k = 1, \sum_{s\in S}\sum_{j'\in J} Z_{sij}^k = 1, \text{for} \forall j\neq j', k \tag{5-30}$$

$$\sum_{h\in H} V_{sjh}^k \geqslant 1, \sum_{h\in H} W_{ii'h}^k \geqslant 1, \text{for} \forall s, i\neq i', j, k \tag{5-31}$$

约束式(5-32)为各层 ULS 网络设施的流量守恒机制。

$$\sum_{s\in S}\sum_{j\in J}\sum_{g\in L} d_{sj}^k \cdot U_{sjg}^k = \sum_{s\in S}\sum_{j\in J}\sum_{h\in H} d_{sj}^k \cdot V_{sjh}^k = \sum_{s\in S}\sum_{j\in J}\sum_{p\in P} d_{sj}^k \cdot (R_{sjp}^k + \zeta_{sjp}^k) \tag{5-32}$$

5.4 最优化模型重构

5.4.1 随机变量的概率分布近似

随机鲁棒模型的优化过程要求保证优化对象在任意可能发生的随机情境下的"近似

最优性"[4]，即得到模型在任意随机情境下的综合近似最优可行解。除了表 5-1 中介绍的外部常量和二元决策变量之外，另外还存在两类变量：①控制变量 Γ；②表 5-2 中的随机变量。其中，控制变量 Γ 是在随机参数生成之前确定的，在随机参数生成后不能进行调整，Γ 控制着模型的鲁棒程度，并间接地反映决策者对 ULS 网络设计处于保守的态度抑或冒险的态度。一个高鲁棒性的 ULS 网络意味着将采用更多的设施数量来满足可能高于预测值的真实货运需求。相反，低鲁棒性 ULS 网络倾向于采用偏冒险的方案，即假设实际需求量超越预测值的概率较低，在此前提下配备更少的设施，从而达到减少投资的目的。二者的目标是对立的，代表着两种不同的寻优导向，即利润最大化（低鲁棒）和风险最小化（高鲁棒）。决策者可以根据自己的偏好和实际情况，通过改变控制变量 Γ 对"是否愿意为一个鲁棒的规划方案牺牲多少利润"进行抉择。

在以上所构建的鲁棒目标函数中，需要先计算概率加权后的随机目标函数与每一种随机情境下的随机目标函数的平方差。为了消除模型计算的非线性，以"标准差解析式"代替上述的"平方差解析式"。重构后的模型目标体系如式(5-33)所示。尽管后者能够更为精确地描述各种随机情境解与基准预测情境解之间的离散程度，有利于更真实地得到模型在鲁棒条件下的反馈，但考虑到计算的复杂性，显然线性化形式更适用于本书中庞大复杂的数学模型。

$$\begin{cases} \min \widehat{f}_{\text{robust}}^{(1)} = f_{\text{random}}^{(1)*} - \Gamma^{(1)} \cdot \Omega_k \cdot [\,|f_{\text{random}}^{(1)}(k_1) - f_{\text{random}}^{(1)*}| + \cdots + |f_{\text{random}}^{(1)}(k_n) - f_{\text{random}}^{(1)*}|\,] \\ \min \widehat{f}_{\text{robust}}^{(2)} = f_{\text{random}}^{(2)*} - \Gamma^{(2)} \cdot \Omega_k \cdot [\,|f_{\text{random}}^{(2)}(k_1) - f_{\text{random}}^{(2)*}| + \cdots + |f_{\text{random}}^{(2)}(k_n) - f_{\text{random}}^{(2)*}|\,] \\ \min \widehat{f}_{\text{robust}}^{(3)} = f_{\text{random}}^{(3)*} - \Gamma^{(3)} \cdot \Omega_k \cdot [\,|f_{\text{random}}^{(3)}(k_1) - f_{\text{random}}^{(3)*}| + \cdots + |f_{\text{random}}^{(3)}(k_n) - f_{\text{random}}^{(3)*}|\,] \\ \min \widehat{f}_{\text{robust}}^{(4)} = f_{\text{random}}^{(4)*} - \Gamma^{(4)} \cdot \Omega_k \cdot [\,|f_{\text{random}}^{(4)}(k_1) - f_{\text{random}}^{(4)*}| + \cdots + |f_{\text{random}}^{(4)}(k_n) - f_{\text{random}}^{(4)*}|\,] \end{cases}$$

(5-33)

本书假设表 5-2 中的随机变量具有各自的概率密度函数[图 5-5(a)]，需要对正态累积分布函数进行积分，导致模型具有严重的非线性[图 5-5(b)]。因此，本书提出一种数值技术对积分函数进行线性化近似，对于累积分布函数上下界范围内的连续非线性函数，使用多段线性变换将函数定义域分割成一系列离散区间，并在每个区间内用直线（具有唯一斜率）代替凸函数，其原理如图 5-6 所示。以枢纽节点的累积分布曲线 $F_{\gamma_{\text{PH}}}^{k}(x)$ 为例，通过将自变量 x 的取值范围 $[\gamma_{\text{PH}}^{k(-)}, \gamma_{\text{PH}}^{k(+)}]$ 等分为 x' 份，每两个节点的函数关系可以近似用一般直线形式表示。通过对非线性模型的逼近，得到了线性模型的最优解，然而，这种线性化模型与非线性模型并不完全相同。另外，由于非线性模型是凸的，我们得到了一个接近全局最优解的解，但存在误差。通过增加间隔数，使误差减小，当 x' 趋向于极大数时，误差 ΔF 趋向于零。对模型目标函数和约束条件中的所有积分变量均采取类似的近似处理方式，即可得到 ULS 网络布局的多目标混合线性整数规划模型。

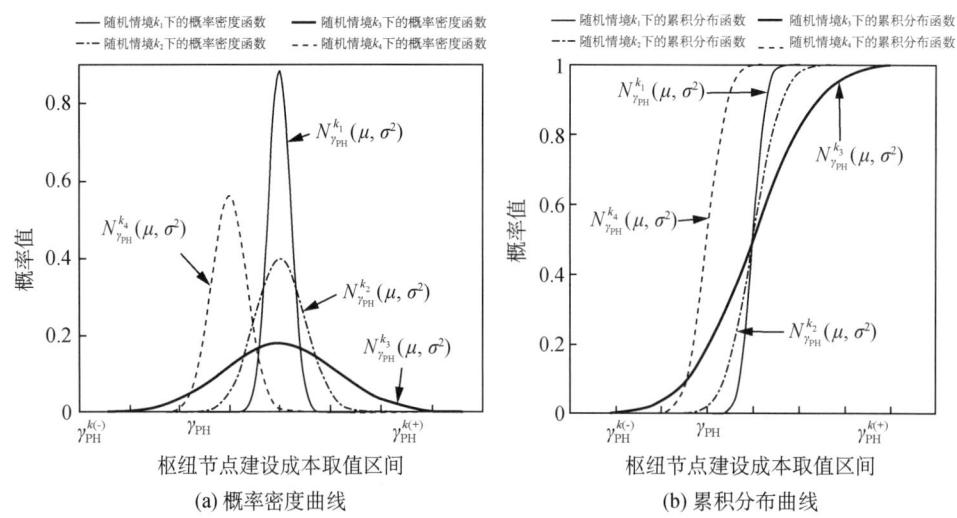

(a) 概率密度曲线　　　　　(b) 累积分布曲线

图 5-5　不确定参量的概率密度曲线和累积分布曲线示意

$$\int_{\gamma_{PH}^{k(-)}}^{\gamma_{PH}^{k(+)}} F_{\gamma_i}^k(x)\mathrm{d}x \rightarrow \begin{cases} [0.5(x-\gamma_{PH}^{k(-)}) \cdot \Delta F_{\gamma_i}^k(\gamma_{PH}^{k(-)})/\Delta x] \cdot x = a_1, \text{for}\forall x \in [\gamma_{PH}^{k(-)}, x_1) \\ a_1 + 0.5(x-x_1) \cdot \{[\Delta F_{\gamma_i}^k(x_1)/\Delta x] \cdot x + 2 \cdot F_{\gamma_i}^k(x_1)\} = a_2, \text{for}\forall x \in [x_1, x_2) \\ a_2 + 0.5(x-x_2) \cdot \{[\Delta F_{\gamma_i}^k(x_2)/\Delta x] \cdot x + 2 \cdot F_{\gamma_i}^k(x_2)\} = a_3, \text{for}\forall x \in [x_2, x_3) \\ \cdots\cdots \\ a_n + 0.5(x-x') \cdot \{[\Delta F_{\gamma_i}^k(x')/\Delta x] \cdot x + 2 \cdot F_{\gamma_i}^k(x')\}, \text{for}\forall x \in [x', \gamma_{PH}^{k(+)}) \end{cases}$$

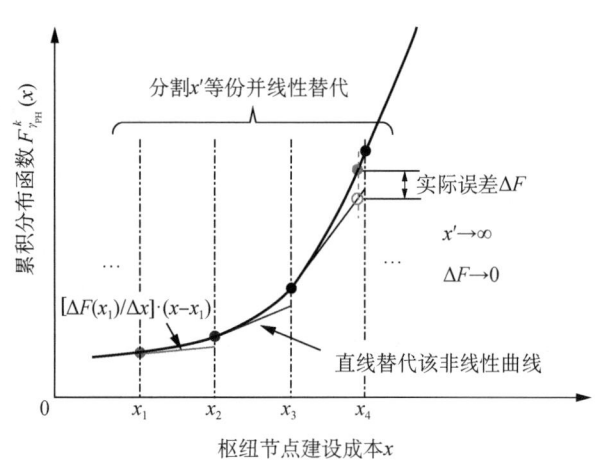

图 5-6　累积标准正态分布函数近似示意

5.4.2　多目标优化问题的帕累托(Pareto)前沿标准化权重方法

不同于单一目标函数的优化问题,复杂环境下的城市 ULS 网络规划至少包含 4 个共同依存(非严格对立)的子目标。因此,模型不具备唯一最优解。针对多目标规划问题,一种公认的有效方法是求解尽可能多的帕累托最优解(Pareto optimality),形成具备良好多向性的 Pareto 最优解集,进而根据决策者对各项目标函数的偏好(如 ULS 规划的目标导向偏重于节约建设成本或提高运作效率等)获得无限逼近 Pareto 前端的组合目标解析式,逻辑如图 5-7 所示。

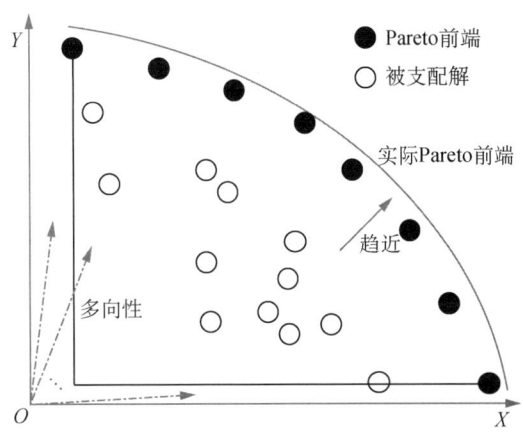

图 5-7　Pareto 前沿和最优解集示意

经典的 Pareto 解析式构造方法包括函数加权法、极小极大值法和 SEMOPS 法等。通过设置相应目标函数的权重,将多目标优化问题转化为单目标极值问题。基于函数加权法,通过一组权重因子 $\{\lambda_1, \lambda_2, \lambda_3, \lambda_4\}$ 对 ULS 网络布局规划的子目标函数进行线性组合,考虑到目标函数中的成本和效率标度的差异性,确定权重因子时需要对不同的子目标值进行不同程度的放大。随机鲁棒条件下和重构后确定条件下的 ULS 网络 CLAR 模型如下所述,分别记为 M-1 和 M-2。

M-1 为考虑随机鲁棒的单目标线性 CLAR 模型,公式如下:

$$\text{minimize } Obj\,[\text{M-1}] = \lambda_1 \cdot \hat{f}_{\text{robust}}^{(1)} + \lambda_2 \cdot \hat{f}_{\text{robust}}^{(2)} + \lambda_3 \cdot \hat{f}_{\text{robust}}^{(3)} + \lambda_4 \cdot \hat{f}_{\text{robust}}^{(4)} \quad (5\text{-}34)$$

s. t.:约束式(5-15)、约束式(5-17)、约束式(5-19)、约束式(5-21)、约束式(5-23)、约束式(5-24)~约束式(5-32)。

M-2 为确定条件下的单目标线性 CLAR 模型,公式如下:

$$\text{minimize } Obj\,[\text{M-2}] = \lambda_1 \cdot f_{\text{determ}}^{(1)} + \lambda_2 \cdot f_{\text{determ}}^{(2)} + \lambda_3 \cdot f_{\text{determ}}^{(3)} + \lambda_4 \cdot f_{\text{determ}}^{(4)} \quad (5\text{-}35)$$

s. t.:约束式(5-14)、约束式(5-16)、约束式(5-18)、约束式(5-20)、约束式(5-22)、约束式(5-24)~约束式(5-32)。

5.4.3　模型复杂度分析

不难看出,重构后的 ULS 网络布局规划问题是一类经典双梯队容量设施选址-分配问题(Two-echelon Capacitated Facility Location-Allocation Problem,2E-CFLAP)和多

节点容量车辆路径问题(Multi-depot Capacitated Vehicle Routing Problem，MCVRP)的组合变体。其中，MCVRP可视为子问题，2E-CFLAP为主问题。大量研究表明，MCVRP和2E-CFLAP均具有NP难的计算复杂度[5]，因此，它们的组合也是一个NP难问题，即便单独求解，也无法在多项式时间内获得全局最优解。重构后的CLAR模型的复杂度受到ULS网络规划案例规模的影响，包括物流园区数量$\|S\|$、物流聚集点数量$\|J\|$、需求点数量$\|N\|$和随机情境数量$\|K\|$。以本书讨论的北京市五环城区案例为参考，可估计出单个随机情境下的模型约束和决策变量总和接近80亿个，如表5-3所示。

表5-3　重构后的CLAR模型决策变量和约束的理论计算量级

变量与约束	最大数量表达	北京案例决策变量数/个
A_i^k, B_j^k, 约束式(5-15)，约束式(5-17)，约束式(5-19)，约束式(5-30)	$3\times\|N\|+5\times\|J\|$	4 018
φ_p^k, ρ_q^k, 约束式(5-23)	$2\times\|N\|\times\|J\|+P_{\|J\|}^2$	689 022
ξ_g^k, ζ_h^k, 约束式(5-21)	$\|S\|\times\|N\|+3\times C_{\|N\|}^2$	8 930
约束式(5-25)，约束式(5-26)，约束式(5-31)	$7\times\|S\|\times\|J\|+\|S\|+\|J\|+P_{\|N\|}^2$	32 993
X_{sij}^k, Z_{sij}^k, 约束式(5-27)	$3\times\|S\|\times\|J\|\times\|N\|$	864 120
R_{sjp}^k, T_{sjq}^k, M_{sjq}^k, ζ_{sj}^k, 约束式(5-24)，约束式(5-27)~约束式(5-29)	$6\times\|S\|\times\|J\|\times(\|N\|\times\|J\|+C_{\|J\|}^2)$	7 833 952 740
U_{sjg}^k, V_{sjh}^k, 约束式(5-28)	$2\times\|S\|\times\|J\|\times(\|S\|\times\|N\|+C_{\|N\|}^2)$	46 086 400
$Y_{sjj'}^k$, $W_{ii'h}^k$, 约束式(5-27)，约束式(5-28)	$3\times P_{\|N\|}^2\times C_{\|N\|}^2+2\times\|S\|\times P_{\|J\|}^2$	54 473 060
累计数量		7 936 111 283

此外，设施数量和两类OD矩阵规模的增加将导致模型计算量呈指数级增加。显然，常规的精确式算法(如分支-定界算法)或线性规划求解器(如CPLEX和LINGO)在可承受的计算时间内很难获得这样一个大规模模型的全局最优解。相比之下，元启发式技术(Meta-heuristics)在提高计算效率和获得高质量近似最优解等方面具有明显优势[6]。启发式优化算法不依靠问题的梯度信息等特征属性，因此不随问题变量、维度和凹凸性等复杂程度提高而出现难以求解的状况。本书为复杂情境下的ULS网络布局优化问题提出了一种基于免疫选择的改进多目标粒子群算法(Improved Multi-objective Particle Swarm Optimization based on Immune Selection，IS-MPSO)。

5.5 求解算法设计

粒子群算法(Particle Swarm Optimization，PSO)是一种模拟鸟群觅食过程中的迁徙和群聚行为，基于群体智能的全局随机搜索算法[7]，最早在1995年由美国社会心理学家James Kennedy和电气工程师Russell Eberhart共同提出。PSO通常将个体视为没有质量或大小的粒子，并使用适应度值来评估粒子是否处于合适的位置。在每一次迭代中，粒子通过跟踪两个极值来更新自己；第一个极值是粒子本身所找到的最优解，称为个体极值；另一个极值是整个种群目前找到的最优解，称为全局极值。为了解决复杂环境下的优化问题，粒子群通常通过粒子间的协作和信息共享来调整每个粒子的运动。得益于强大的全局优化能力，PSO在系统设计、目标优化、生物工程、疾病治疗等领域得到了广泛的应用。

在PSO算法中，第i个粒子可表示为R_i，由N个粒子构成的粒子群集合表示为$R=(R_1,R_2,\cdots,R_i,\cdots,R_N)$。在$t$时刻，粒子$R_i$的位置、速度和适应度值分别表示为$P_i(t)=(x1_i(t),x2_i(t),\cdots,xn_i(t))^{\mathrm{T}}$，$V_i(t)=(v_{ix1}(t),v_{ix2}(t),\cdots,v_{ixn}(t))^{\mathrm{T}}$和$c_i(t)$。粒子的适应度值由粒子所在位置的目标函数值确定。在最优解的搜索过程中，一旦有粒子发现较优解，其他粒子将利用PSO算法趋近该粒子所在的位置。

以求解目标函数的最大值为例，假定0到t时间内，粒子R_i的适应度值在位置$P_{pi}=(x1_{pi},x2_{pi},\cdots,xn_{pi})^{\mathrm{T}}$上取得目标最大值，其表示为个体粒子历史极值。而随着每个粒子的运动，整个粒子群体的适应度值不断更新，在位置$P_{\mathrm{g}}=(x1_{\mathrm{g}},x2_{\mathrm{g}},\cdots,xn_{\mathrm{g}})^{\mathrm{T}}$达到最大值$c_{\max}(t)$，其表示为全局极值。从时间$t-\Delta t$到$t$，由于个体粒子历史极值和全局极值的更新，粒子$R_i$的速度和位置也将更新，分别表示为式(5-36)和式(5-37)。

$$V_i(t)=w\cdot V_i(t-\Delta t)+b_1\cdot r_1\cdot [P_{pi}-P_i(t)]+b_2\cdot r_2\cdot [P_{\mathrm{g}}-P_i(t)]$$
$$\begin{cases}V_i(t)=V_{\max},\text{ for }\forall V_i(t)>V_{\max}\\ V_i(t)=V_{\min},\text{ for }\forall V_i(t)<V_{\min}\end{cases} \quad (5\text{-}36)$$

$$P_i(t)=P_i(t-\Delta t)+V_i(t)\Delta t \quad (5\text{-}37)$$

式中，w表示惯性权重，权衡粒子R_i按照上一时刻速度惯性移动的程度；b_1和b_2分别表示粒子R_i从自身运动和粒子群体运动中吸取教训的学习因素；两个相互独立随机数r_1和r_2表示粒子移动的随机性，其取值范围为0~1，r_1和r_2值可动态更新，以提高粒子R_i探索更多区域的能力；$V_{\max}$和$V_{\min}$分别表示粒子R_i移动的最大速度和最小速度。一般而言，w，b_1和b_2等参数的取值会影响PSO算法收敛和发散的程度。本书设置惯性权重w的取值为1，b_1和b_2的取值为1.2。

尽管PSO算法具有较好的全局极值寻优性能，且收敛速度快，但也容易陷入局部最优，丢失Pareto最优解的多向性。PSO算法需要赋予一定的先验优先权进行选择。因此,在采用 PSO 算法解决多目标优化问题时,需要提高 PSO 算法的局部搜索能力和全局搜索速度,改进 PSO 算法性能,才能实际应用于复杂城市 ULS 网络布局多目标优化模型的求解。本书对传统 PSO 的改进阐述如下。

1. 全局极值和个体历史极值更新方法

在求解单目标优化的粒子群算法中,各个粒子的适应度值是唯一且可以直接比较大小的,而多目标优化模型的 Pareto 解集中的各个最优解之间存在互不占优关系。因此,需要设置新的选择策略,从粒子群体中选择全局极值和个体历史极值。多目标优化模型的 Pareto 最优解集中的各最优解应具备多向性,因此,其全局极值和个体历史极值的更新需要考虑 Pareto 解的多向性,可以根据粒子个体的不同,选择相应的全局极值点和个体历史极值点进行计算。本书假定在 t 时刻 ULS 网络布局多目标优化模型的 Pareto 最优解集(全局最优解集)为 $R1=\{R1_1,R1_2,\cdots,R1_{n_1}\}$,则粒子 R_i 全局极值选择策略表示如下:

$$s_{(R_i,R1_k)}=\min_{j\in\{1,2,\cdots,n_1\}}s(R_i,R1_j)=\min_{j\in\{1,2,\cdots,n_1\}}\arccos\frac{\boldsymbol{c}_i(t)\cdot\boldsymbol{c}_j(t)}{|\boldsymbol{c}_i(t)|\cdot|\boldsymbol{c}_j(t)|} \quad (5\text{-}38)$$

式中,$\boldsymbol{c}_i(t)=(c_i^1(t),c_i^2(t),\cdots,c_i^{n_2}(t))$ 为粒子 R_i 适应度的向量;n_2 为模型中目标函数的个数;$s(R_i,R1_j)$ 为粒子 R_i 与 Pareto 最优解集中粒子 $R1_j$ 适应度向量的角度;Pareto 最优解集中粒子 $R1_k$ 的位置作为粒子 R_i 更新计算的全局极值位置。因此,粒子 R_i 都将 Pareto 最优解集中选择全局极值粒子 $R1_j$,其每个全局极值粒子 R_i 所对应的粒子 R_i 形成的粒子群的粒子个数称为粒子浓度 n_{R1_j},如图 5-8(a)所示。

当在 $t+\Delta t$ 时刻粒子 R_i 的适应度值 $\boldsymbol{c}_i(t+\Delta t)$ 相比个体历史极值 $\boldsymbol{c}_{pi}(t)$ 占优时,则更新个体历史极值为 $\boldsymbol{c}_i(t+\Delta t)$。当 $\boldsymbol{c}_i(t+\Delta t)$ 相比个体历史极值 $\boldsymbol{c}_{pi}(t)$ 不占优时,则不改变个体历史极值。当 $\boldsymbol{c}_i(t+\Delta t)$ 与个体历史极值 $\boldsymbol{c}_{pi}(t)$ 互不占优时,粒子 R_i 个体历史极值的更新方法如下。

步骤一:当迭代时间达到 $t+\Delta t$ 时刻,保存个体历史极值 $\boldsymbol{c}_{pi}(t)$ 到粒子群中,将 $\boldsymbol{c}_{pi}(t)$ 和 $\boldsymbol{c}_i(t+\Delta t)$ 的个体历史极值设置为自身。

步骤二:根据式(5-38),计算每个粒子 R_i 对应的全局极值粒子 R_i,并确定各个粒子群的粒子个数,在粒子个数最大的粒子群中随机选择一个粒子 R_z,将 R_z 的个体历史极值 $\boldsymbol{c}_{pz}(t)$ 与该子粒子群其他粒子的个体历史极值进行比较,若存在占优关系,则删除被占优的粒子和其对应的个体历史极值,否则删除 R_z 和 $\boldsymbol{c}_{pz}(t)$。

当 $\boldsymbol{c}_i(t+\Delta t)$ 与个体历史极值 $\boldsymbol{c}_{pi}(t)$ 互不占优时,个体历史极值的更新选择策略如图 5-8(b)所示。经过粒子个体历史极值更新后,粒子群体数量不变,通过删除目标函数较差的粒子来提高粒子搜寻 Pareto 最优解的效率。

2. 局部搜索和全局搜索优化方法

为了使粒子在一定范围内不重复遍历搜索空间,避免搜索到局部次优解,设计一种多目标粒子群算法局部搜索策略如下。

步骤一：设定迭代次数 n_4，当开始执行局部搜索时，初始迭代次数 $It = It+1$，粒子 R_i 位置 $P_i(It) = (x1_i(It), x2_i(It), \cdots, xk_i(It), \cdots, xn_i(It))^{\mathrm{T}}$ 中 $xk_i(It)$ 的变换公式为

$$xk_i(It+1) = xk_{\min,i} + 4 \cdot \frac{xk_i(It) - xk_{\min,i}}{xk_i(It) - xk_{\max,i}} \left[1 - \frac{xk_i(It) - xk_{\min,i}}{xk_i(It) - xk_{\max,i}}\right](xk_{\max,i} - xk_{\min,i}) \tag{5-39}$$

式中，$xk_{\min,i}$，$xk_{\max,i}$ 分别为 $xk_i(It)$ 搜索区域的下界和上界。通过变换，粒子 R_i 的位置变为 $P_i(It+1)$，若 $P_i(It+1)$ 的适应度值相比于 $P_i(It)$ 的适应度值占优或迭代次数 $It = n_4$，则进行步骤三，否则继续步骤二。

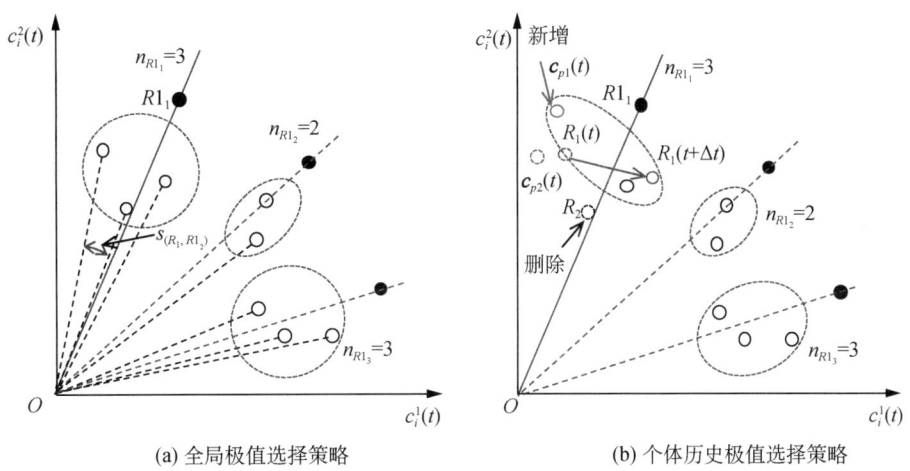

(a) 全局极值选择策略　　　　(b) 个体历史极值选择策略

图 5-8　多目标粒子群算法全局极值和个体历史极值选择策略示意

步骤二：更新 $xk_{\min,i}$ 和 $xk_{\max,i}$ 以动态调整搜索区域范围，保持粒子的多向性和分散性等特征。根据选择相对应的全局极值粒子 $R1_j$，其搜索区域的下界 $xk_{\min,i}$ 和上界 $xk_{\max,i}$ 如式(5-40)和式(5-41)所示。其中，a_2 为[0，1]之间的随机数。

$$xk_{\min,i} = \max\{xk_{\min,i}, xk_{gj,i} - a_2 \cdot (xk_{\max,i} - xk_{\min,i})\} \tag{5-40}$$

$$xk_{\max,i} = \max\{xk_{\max,i}, xk_{gj,i} + a_2 \cdot (xk_{\max,i} - xk_{\min,i})\} \tag{5-41}$$

步骤三：按照全局极值和个体历史极值更新方法更新粒子 R_i 的位置、全局极值和个体历史极值，局部搜索结束后返回 PSO 主程序。

为了改进粒子的多样性，并在前期提高粒子空间搜索能力，后期加快收敛效率，本书引入带免疫选择的粒子交叉操作，避免算法过早收敛[8]。为了保证粒子 R_i 交叉后的子粒子在可行区域解区域内，需要根据货物运输的可行路径集合确定粒子 R_i 的可交叉位置，并在可交叉位置中随机选择。本书采用粒子的抗体浓度作为交叉选择概率。粒子 R_i 被选择进行交叉的概率计算公式为

$$PB(R_i) = \frac{1}{N} \mathrm{e}^{-u \cdot \sum_{k=1}^{N}(|c_i(t)| - |c_k(t)|)^{-1}} \tag{5-42}$$

式中,u 为常数调节因子,取值为 0~1。

同时,为了防止粒子因位置相近进行交叉,降低较优粒子的产生概率,可通过距离判断父代粒子的亲近程度。只有当粒子 R_i 和 R_k 的欧几里得距离大于阈值 D_a 时才能进行交叉,否则删除粒子 R_k,重新随机产生,直至满足要求。该逻辑可表示为

$$D_{ij}(t) = \| P_i(t) - P_j(t) \|_2 = \{(x1_i(t) - x1_j(t))^2 + \cdots + (xn_i(t) - xn_j(t))^2\}^{\frac{1}{2}} \tag{5-43}$$

3. 基于免疫选择的改进多目标 PSO 算法框架

利用 IS-MPSO 算法求解随机鲁棒情境下的 ULS 网络大规模布局优化模型的计算流程如图 5-9 所示,整个求解过程分为如下几个重要步骤。

步骤一:初始化粒子种群。根据城市 ULS 网络中的货运 OD 可行路径数量,确定粒子 R_i 的维数 n 和数量 N,并根据可行域的范围设置粒子 R_i 的初始位置 $P_i(0) = (x1_i(0), x2_i(0), \cdots, xn_i(0))^\mathrm{T}$ 和速度 $V_i(0) = (v_{ix1}(0), v_{ix2}(0), \cdots, v_{ixn}(0))^\mathrm{T}$。其中,$xk_i(t)$ 表示第 k 条路径的流量。

步骤二:初始化粒子群算法参数。设置 PSO 算法中的 w,b_1,b_2,$V_{\max}$,$V_{\min}$ 等参数。此外,还需设置待求 Pareto 最优解集中解个数的阈值 n_1、最大迭代次数 N_1 和迭代精度 n_2。

步骤三:计算适应度值并更新 Pareto 最优解集。根据 PSO 算法参数和粒子群的初始位置计算粒子 R_i 的 4 个子目标,即适应度值 $c_i(t) = (c_i^1(t), c_i^2(t), c_i^3(t))$,比较各粒子的适应度值,选取适应度值占优粒子的位置在 Pareto 最优解集中更新。若 Pareto 最优解集中的最优解数量超过阈值,则随机淘汰一个最优解。

步骤四:更新粒子速度和位置。首先根据式(5-38)更新粒子全局极值,再判断 $c_i(t + \Delta t)$ 与个体历史极值 $c_{pi}(t)$ 是否互不占优,并更新粒子的个体历史极值。当确定粒子个体历史极值和所属的全局极值后,根据式(5-36)和式(5-37)计算粒子的速度 $V_i(t + \Delta t)$ 和位置 $P_i(t + \Delta t)$。迭代次数 $t = t + \Delta t$。

步骤五:粒子适应度值排序并分类。将粒子适应度值较差的 50% 粒子转向步骤六,其余粒子转向步骤七。

步骤六:对于粒子适应度值较差的 50% 粒子,根据式(5-42)和式(5-43)判断粒子是否满足交叉变异条件。若满足,则生成子粒子后转向步骤三;若不满足,则淘汰该粒子并重新生成可行域范围内新粒子后转向步骤三。

步骤七:根据式(5-39)、式(5-40)和式(5-41),将粒子适应度值较优的 50% 粒子利用局部优化算法计算并更新粒子。此时若达到最大迭代次数或者 Pareto 最优解在连续迭代 n_3 次后最优解更新,则输出 Pareto 最优解集,结束迭代。否则,转向步骤三。

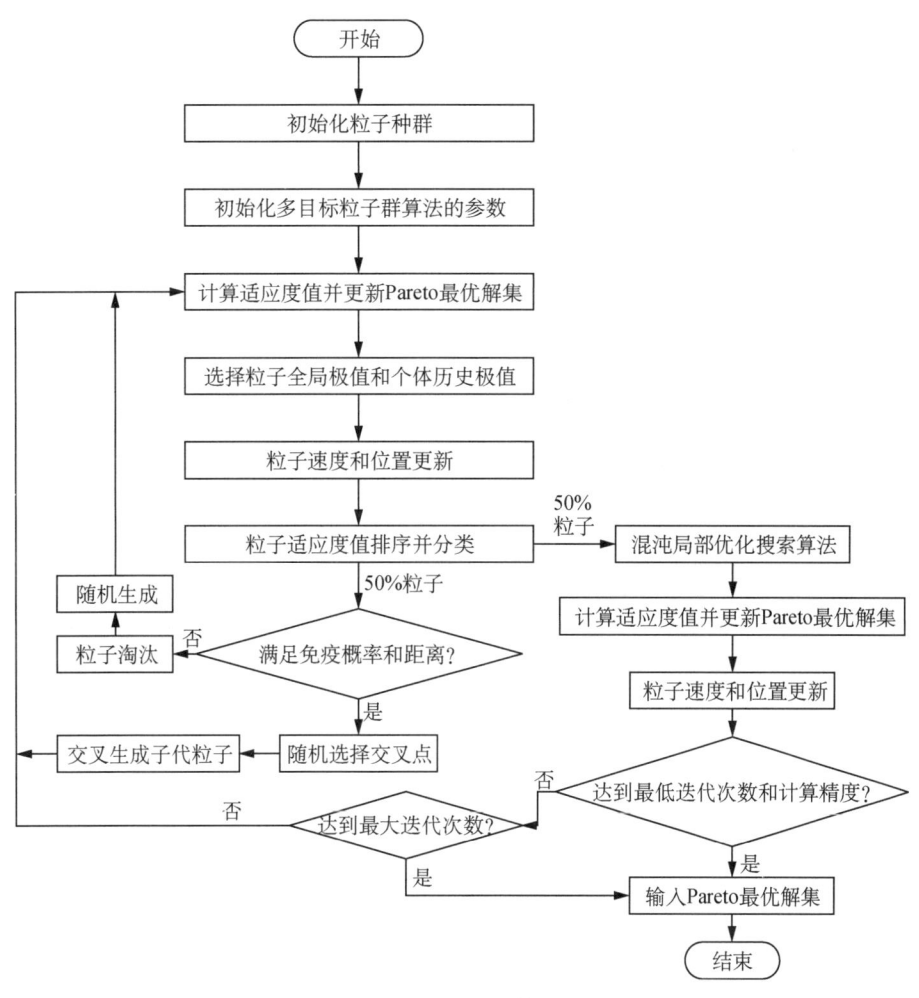

图 5-9 IS-MPSO 算法框架

5.6 案例研究：北京市五环城区地下物流网络布局仿真优化

5.6.1 仿真情境概述

选择峰值年份 2035 年进行 ULS 网络规划，将概念 ULS 需求总量按照地块进行分配，得到"正向货运 OD 矩阵"和"同城配送 OD 矩阵"。结合世界范围 ULS 规划的一手资料[9]，辅以专家问卷的方式，对数学模型中的常量参数取值进行界定，目的在于确保关键参数（如地下隧道的施工成本、通行能力、运载制式参数、与效益相关的影响系数和节点覆盖半径等）的客观性和真实性，增强仿真结果对现实问题的解释力。对于模型在随机条件下的不确定参量，其特征值（包括正态分布的方差、概率密度函数和鲁棒控制系数等）在参量预测值的可变动区间内进行随机界定，既要求确保模型在变量取到预测值上下界时存在可行解,又要求随机变量的特征值能够充分地体现现实世界 ULS 网络规划的不确定水平。表 5-4 展示了北京市五环城区 ULS 网络布局规划的基准常量参数值,随机条件下的变量特征值如表 5-5 所示。为便于结果讨论,将模型 M-2 的仿真环境简称为"基准情境",将模型 M-1 的仿真环境简称为"随机鲁棒情境"。为了分析 ULS 网络布局对于关键参数的敏感性,进一步对模型 M-2 的参数取值赋予多个选项,由此构建"扰动情境"。

表 5-4 北京 ULS 网络布局规划常量参数及变量预测值

参数	取值	参数	取值
v_{PT}	0.5 亿元/km	ε_{PT}	0.7
v_{ST}	0.14 亿元/km	ε_{ST}	0.6
α	2 元/km·千个包裹	η_{PT}	10 元/千个包裹
β	8 元/km·千个包裹	η_{ST}	5 元/千个包裹
c	20 元/km·千个包裹	ro	3 km
γ_{PH}	1 亿元	τ_{PT}	60 km/h
γ_{SN}	0.35 亿元	τ_{ST}	30 km/h
$[cap_1]$	30 万个包裹/d	τ_{LMD}	10 km/h
$[cap_2]$	7 万个包裹/d	ω_{PH}	40 min
$[cap_3]$	7 万个包裹/d	ω_{SN}	20 min
$[cap_4]$	60 万个包裹/d	θ	70×365 d
$[cap_5]$	30 万个包裹/d	目标函数权重	[1, 1.2, 0.03, 10]

表 5-5 随机变量特征值与鲁棒控制参数

变量	环境 1	环境 2	环境 3	环境 4	环境 5	环境 6	环境 7	环境 8
d_{sj} 方差	[0, 0.85]	[0, 1.96]	[0, 1.13]	[0, 2.48]	[0, 1.91]	[0, 2.15]	[0, 1.49]	[0, 1.34]
$\delta_{ii'}$ 方差	[0, 0.14]	[0, 0.16]	[0, 0.2]	[0, 0.03]	[0, 0.23]	[0, 0.38]	[0, 0.12]	[0, 0.09]
γ_{PH} 方差	950	1 199	5 389	65 524	30 999	422	8 391	26 804
γ_{SN} 方差	270	11 919	12 467	42 230	7 926	248	2 748	34 715
v_{PT} 方差	670	31 119	6 638	670	26 988	15 288	9 644	8 602
v_{ST} 方差	8 225	6 578	114	1 288	17 660	103	92	24
α 方差	0.10	0.84	0.67	0.80	1.49	0.98	0.97	0.33
β 方差	11.80	5.25	1.28	0.11	10.32	0.10	3.80	12.80
ω_{PH} 方差	72 253	43 718	51 495	52 706	36 000	17 424	12 617	23 963
ω_{SN} 方差	88 744	2 916	55 319	16 697	4 679	14 175	70 671	20 736
Ω_k	0.247	0.165	0.091	0.113	0.142	0.067	0.084	0.091
$\Gamma^{(1)}$	1.117							
$\Gamma^{(2)}$	1.095							
$\Gamma^{(3)}$	0.898							
$\Gamma^{(4)}$	0.941							

依托 Python 3.8(32-bit)平台进行运算,实验环境为 Intel Core i9-9900K CPU @ 4.50 GHZ 和 64GB RAM。基于免疫选择的改进多目标 PSO 算法参数如下:学习因子 $c_1=c_2=1.5$;$\theta_{max}=0.9$,$\theta_{min}=0.4$;克隆比例 30%;轮盘赌概率 85%;种群规模 $N=200$;算法迭代次数 $MaxGen=500$。

对启发式算法程序执行 20 次运算,得到随机鲁棒情境下的加权平均总目标。IS-MPSO 算法在 500 次迭代区间内使得总目标函数从 9.8×10^6 降低至近似最优值 3.4×10^6,优化性能显著。在 20 次循环计算过程中,算法平均在 280 次迭代后收敛。执行 20 次优化程序所耗的 CPU 时间总计为 19 568 s,在求解同等复杂度问题时的计算效率大幅超越精确式算法。

随机鲁棒情境下的子目标函数值 Pareto 最优前沿分布如图 5-10 所示。可见,IS-MPSO 算法能够很好地使得模型 M-1 中的 4 个子目标得到同步优化。图 5-10 表明种群大小为 200 的粒子群在经历 500 代的速度位置更新后,能够稳定聚集于一块小规模的解空间内,体现出本节算法的稳定性及高质量解的易获得性。

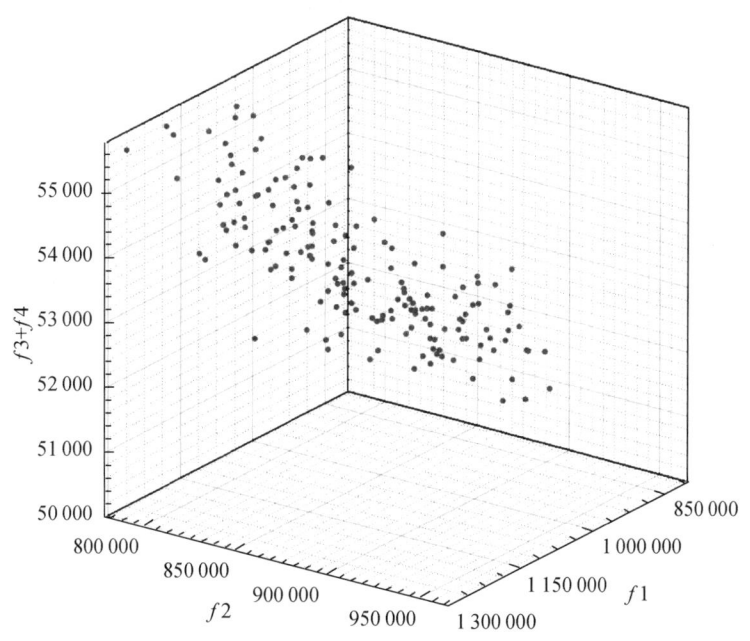

图 5-10 子目标函数值 Pareto 最优前沿分布(随机鲁棒情境)

5.6.2 随机鲁棒情境与基准情境下的地下物流网络最优布局比较

两种情境下的 ULS 网络最优布局分别绘制于图 5-11 和图 5-12 中,网络宏观配置方案列于表 5-6。

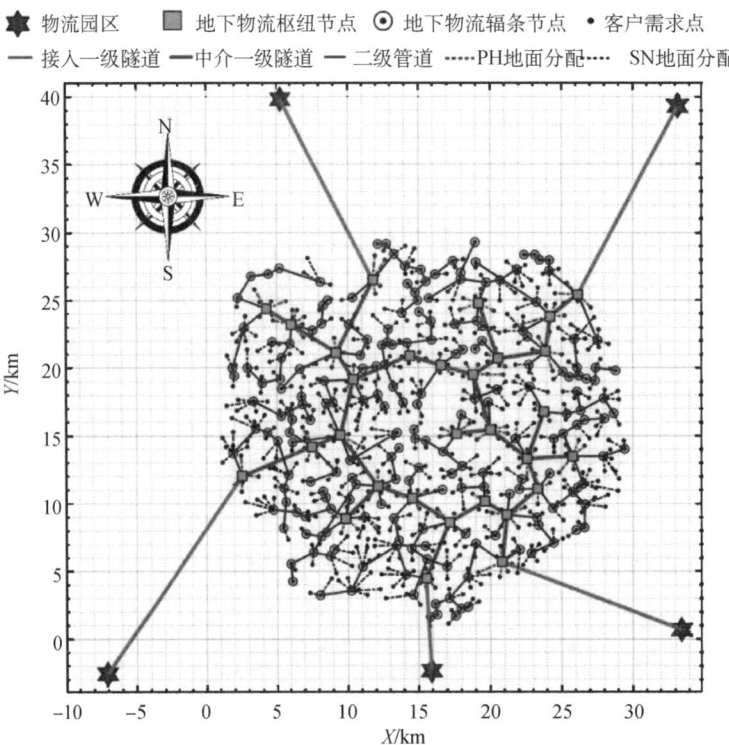

图 5-11 随机鲁棒情境下的北京市 ULS 网络布局鲁棒优化结果

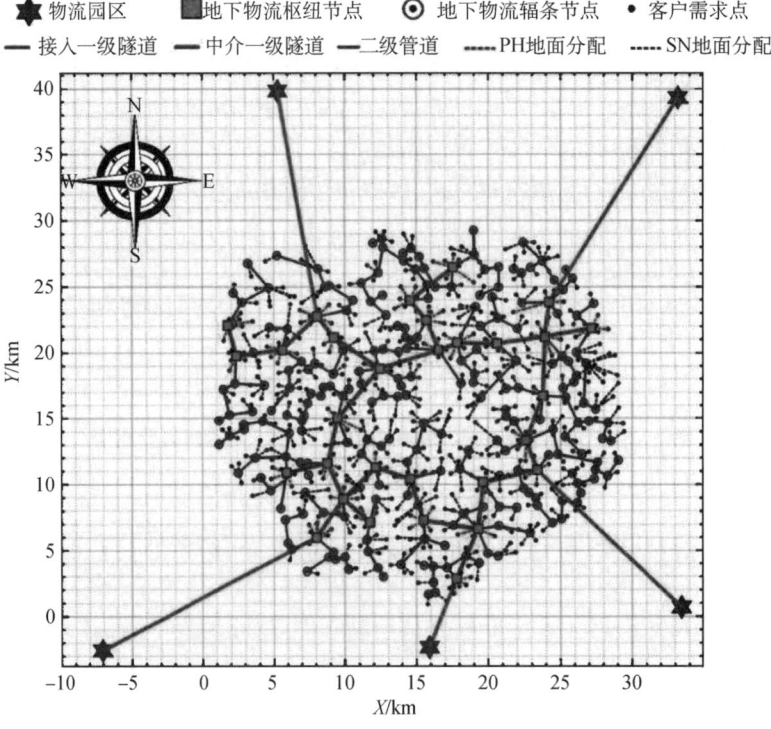

图 5-12 基准情境下的北京市 ULS 网络布局鲁棒优化结果

随机鲁棒模型 M-1 和确定性模型 M-2 的最优目标函数值分别为 3.4×10^6 和 3.6×10^6,其中,M-1 模型的各项子目标,即随机鲁棒情境下的 ULS 网络建设总成本折旧、ULS 网络运输成本、系统运作效率(正向 OD 订单平均运输时间,非真实值)和通道负载水平(未饱和惩罚成本)分别为 119 万元/d、87 万元/d、2 083 s 和 5 万元/d。M-2 模型的各项子目标分别为 117 万元/d、97 万元/d、2 037 s 和 6 万元/d。随机鲁棒情境下的北京市五环城区 ULS 网络共配备 30 个枢纽节点和 204 个辐条节点,一级隧道网络总长度达到 137 km,平均负载率为 59%,二级管道网络长度为 774 km,平均负载率为 40%。在枢纽节点处和辐条节点处进行末端地面配送的平均货量分别为 6.6 万个包裹/d 和 2.9 万个包裹/d,ULS 节点至客户的末端配送路径平均长度为 1.1 km。枢纽节点平均每日处理 19.5 万个包裹用于二级地下运输。平均每个正向 OD 在一级、二级 ULS 网络中运输的里程分别为 28.7 km 和 4 km;同城 OD 在一级网络上的平均运输里程为 15.6 km。

Hu 等[2]的研究指出,ULS 对城市货运交通的缓解率(RFAR)可由传统物流模式下的货运交通量减去 ULS 网络中的地面末端配送交通量,再与前者作商得出其值。在北京市 ULS 规划案例中,两种情境下的 RFAR 指标计算结果分别为 98.1% 和 97.1%,说明城市 ULS 网络能够完全消除中小型物流车辆在市内区域的行驶轨迹,从而极大地缓解拥堵现象并带来正面环境效益。

结果表明,随机鲁棒情境下的城市 ULS 网络布局与基准情境相比配备了相同数量的枢纽节点,但前者的辐条节点数量、一级隧道总长度和二级管道总长度均小于后者。两种网络情境在通道设施负载、对地面交通的货运缓解率和地下运输比率等方面表现相仿,各货运 OD 在随机鲁棒网络中所经历的地下运输里程更短。从线网拓扑的角度来看,两种情境下的一级 ULS 网络最优布局均呈现"环状"结合若干"突触"的形式。首先,在围绕城市中心的各枢纽节点之间形成一级隧道环,便于将由四周接入枢纽节点的货物统一汇至一级隧道环以实现快速周转。两种情境的一级隧道环区别在于:随机鲁棒情境下的一级隧道环周长较短,分布于北京市三环路与四环路之间,而基准情境下的环线范围更大且偏向东南方向,超过一半的隧道段分布于北京市四环路与五环路之间。其次,以隧道环为基础向周边伸出"突触"隧道段,使得一级 ULS 网络能够惠及隧道环以外的城市地区。随机鲁棒情境下的"突触"一级隧道段的数量更多。二级管道网络的拓扑普遍呈现"单条树"或"多分支树"的特征,两种情境下的二级网络最大生成树所连接的辐条节点数分别为 9 个和 11 个,最小生成树的节点个数仅有 1 个,这体现了枢纽节点处沿各个方向的地下分配任务的疏密程度差异性较大,需要在枢纽节点内部合理分配物流设备资源。

表 5-6　　两种情境下的 ULS 网络布局方案汇总

情境	随机鲁棒情境(模型 M-1)	基准情境(模型 M-2)
总目标函数值	$Obj\,[\text{M-1}]=3.4\times10^6$	$Obj\,[\text{M-2}]=3.6\times10^6$
子目标 1(建设成本)	$\hat{f}_{\text{robust}}^{(1)}=118.9$ 万元	$f_{\text{determ}}^{(1)}=116.7$ 万元

(续表)

情境	随机鲁棒情境(模型 M-1)	基准情境(模型 M-2)
子目标 2(运营成本)	$\hat{f}_{\text{robust}}^{(2)} = 86.7$ 万元	$f_{\text{determ}}^{(2)} = 96.9$ 万元
子目标 3(系统效率)	$\hat{f}_{\text{robust}}^{(3)} = 2\,083.2$ s	$f_{\text{determ}}^{(3)} = 2\,037.2$ s
子目标 4(通道负载)	$\hat{f}_{\text{robust}}^{(4)} = 5.1$ 万元	$f_{\text{determ}}^{(4)} = 6.4$ 万元
枢纽节点数量	30	30
辐条节点数量	204	220
一级隧道总长度	137 km	144 km
二级管道总长度	774 km	851 km
节点平均末端地面配送长度	1.13 km	0.94 km
一级隧道平均负载率	58.83%	45.14%
二级管道平均负载率	40.29%	36.88%
枢纽节点平均地面转运量	6.64 万个包裹	6.54 万个包裹
枢纽节点平均地下转运量	19.47 万个包裹	19.58 万个包裹
辐条节点平均地面转运量	2.88 万个包裹	2.7 万个包裹
正向 OD 在一级、二级网络上的平均旅行里程	28.72 km、3.98 km	32.49 km、4.27 km
同城 OD 在一级网络上的平均旅行里程	15.59 km	17.16 km
ULS 对于地面货运缓解率	98.14%	97.14%

进一步以 30 个枢纽节点为对象将最优 ULS 网络进行划分，表 5-7 展示了各个局部网络在随机鲁棒情境下的配置和运行表现差异。在运输成本方面，发往枢纽节点 PH-53 的正向 OD 在一级网络上的旅行成本最高，每日运输成本为 3.03 万元，PH-63 区域内的二级管道网络和末端地面配送网络的运输成本最高，每日运输成本分别达 9 500 元和 9 000 元。PH-59 拥有最多的附属辐条节点(13 个)，PH-22、PH-47、PH-63 这三个枢纽节点覆盖最多的需求点，覆盖数量达到 36 个。最长的二级管道网络长度达到 52.66 km，最短的仅为 3.04 km。辐条节点或枢纽节点与需求点之间的末端地面配送距离在 520～1 270 m。正向 OD 从园区至各个枢纽节点的运输时间为 15～22.3 min；从枢纽节点至辐条节点的运输时间为 7.1～10.5 min，末端地面运输时间为 4.3～6.3 min。

表 5-7　随机鲁棒情境下的 ULS 网络最优配置方案

PH 编号	TC1	TC2	TC3	N_sn	Nc	STL	Avg_r_ph	Avg_r_sn	DT_1	DT_2	DT_3	V_all	V_ST	V_LMD
PH-3	2.62	0.17	0.07	2	18	4.16	0.65	0.73	19.6	9.2	5.6	85.2	21.8	63.4
PH-5	2.24	0.29	0.28	2	16	3.04	1.01	0.83	16.1	7.6	4.6	162.0	93.1	69.0
PH-7	1.76	0.41	0.49	7	22	28.00	0.90	0.76	18.4	8.7	5.2	223.2	161.1	62.1
PH-8	1.66	0.11	0.11	1	12	3.76	1.03	0.85	18.8	8.8	5.3	99.0	35.6	63.4

（续表）

PH 编号	TC1	TC2	TC3	N_sn	Nc	STL	Avg_r_ph	Avg_r_sn	DT_1	DT_2	DT_3	V_all	V_ST	V_LMD
PH-12	2.58	0.83	0.79	11	15	40.14	0.52	0.80	18.0	8.5	5.1	328.9	262.1	66.8
PH-17	2.26	0.31	0.30	3	12	13.40	0.74	0.90	15.3	7.2	4.4	164.1	98.9	65.1
PH-18	2.48	0.88	0.84	13	34	44.71	1.06	0.80	20.6	9.7	5.9	347.3	278.9	68.4
PH-22	2.65	0.87	0.83	10	36	35.59	1.04	0.73	19.8	9.3	5.6	343.7	274.9	68.8
PH-31	0.54	0.67	0.64	6	26	22.14	0.57	0.98	21.3	10.0	6.1	277.9	212.7	65.2
PH-32	0.56	0.90	0.86	9	35	31.31	0.96	1.10	16.0	7.5	4.6	355.3	286.1	69.2
PH-33	2.21	0.67	0.64	8	26	28.79	0.90	0.93	15.3	7.2	4.4	269.1	212.7	56.5
PH-35	1.37	0.64	0.61	6	26	20.64	0.99	0.74	18.5	8.7	5.3	271.8	201.9	69.8
PH-38	1.04	0.90	0.85	10	34	40.29	0.97	0.85	21.2	10.0	6.0	352.8	283.3	69.6
PH-43	2.11	0.39	0.37	5	18	23.00	0.81	0.86	17.8	8.4	5.1	187.4	124.5	62.9
PH-44	1.75	0.35	0.33	3	15	10.68	0.73	0.94	18.6	8.8	5.3	157.0	111.1	45.9
PH-45	1.51	0.56	0.53	6	24	22.74	0.86	0.96	22.3	10.5	6.3	240.7	177.3	63.4
PH-47	1.45	0.94	0.90	6	36	23.52	0.71	1.27	15.0	7.1	4.3	363.1	297.7	65.4
PH-48	2.71	0.84	0.80	10	32	33.89	1.04	0.91	15.0	7.1	4.3	334.9	265.0	69.9
PH-53	3.03	0.34	0.33	3	17	12.03	1.02	1.10	19.9	9.3	5.7	178.3	108.4	69.9
PH-54	2.92	0.88	0.84	11	33	45.64	1.12	0.87	20.8	9.8	5.9	345.3	278.8	66.5
PH-56	0.43	0.16	0.15	1	17	3.41	0.86	1.14	20.9	9.8	6.0	116.6	49.5	67.1
PH-59	1.00	0.91	0.86	13	34	52.66	0.81	0.92	19.0	8.9	5.4	349.3	286.7	62.6
PH-60	2.60	0.92	0.88	9	34	40.40	0.98	0.98	20.9	9.8	5.9	357.4	291.9	65.5
PH-63	0.72	0.95	0.90	8	36	36.15	0.92	1.06	16.6	7.8	4.7	362.5	299.5	63.0
PH-66	1.05	0.42	0.40	4	20	15.76	0.91	1.10	15.1	7.1	4.3	202.1	132.4	69.7
PH-69	1.13	0.44	0.42	5	19	19.30	0.73	0.79	20.1	9.4	5.7	201.5	140.3	61.3
PH-70	1.94	0.77	0.73	7	29	29.05	0.79	0.98	15.8	7.4	4.5	311.4	243.8	67.7
PH-72	2.66	0.92	0.88	10	35	40.35	0.90	1.01	17.3	8.1	4.9	360.2	291.5	68.7
PH-74	2.91	0.68	0.65	9	27	27.19	0.99	0.94	22.2	10.4	6.3	275.4	214.8	60.6
PH-76	1.67	0.46	0.44	6	20	22.26	1.03	0.94	21.7	10.2	6.2	212.8	145.0	67.7

注：TC1 为由 Phi 负责接收的正向 OD 货流在一级 ULS 网络上的旅行成本(万元/d)；TC2 为由 Phi 负责接收的正向 OD 货流在二级网络上的旅行成本(万元/d)；TC3 为由 Phi 负责接收的正向 OD 货流在三级网络上的旅行成本(万元/d)；N_sn 为归属于 Phi 的二级节点个数；Nc 为 Phi 覆盖的需求点数量；STL 为 Phi 与其附属二级节点之间的二级管道网络长度(km)；Avg_r_ph 和 Avg_r_sn 分别为一级、二级节点与其附属需求点之间的平均地面配送距离(km)；DT_1、DT_2、DT_3 分别为由 Phi 负责接收的正向 OD 货流在一级、二级和三级网络上的平均运输时长(min)；V_all、V_ST、V_LMD 分别为由 Phi 负责接收的全部同城 OD 货物量、由 Phi 分配到二级网络的同城 OD 货物量以及由 Phi 分配到二级网络的同城 OD 货物量(万件包裹/d)；PH 编号下划线斜体表示该 PH 为接入枢纽节点。

5.6.3 地下网络设施参数的敏感性分析

通过改变中介一级隧道的运输能力$[cap_4]$和货物在一级隧道上的运输费率α两类参数的取值,分析关键参数变化对网络最优布局的影响。具体地,将$[cap_4]$的基准值按照40%,60%,85%,100%,120%,150%,200%的比例关系分别进行不同程度的缩放,α同理,由此构成两组"扰动情境"。不同于随机鲁棒情境下的参数小范围概率分布,扰动情境的取值差异程度更大,其目的在于检测模型对于外部参数取值的敏感性,从而为ULS网络规划参数的合理区间选择提供参考。除上述两类参数之外,扰动情境的其余参数取值与基准情境保持一致。

表5-8展示了$[cap_4]$参数变化对ULS网络最优配置的影响。结果表明一级隧道运输能力对ULS网络最优配置的影响主要体现在枢纽节点数量、一级网络长度、建设成本(子目标1)和通道运载负荷(子目标4)等方面。随着$[cap_4]$的取值从基准值的200%降至基准值的40%,M-2模型的子目标1从110万元/d增长至127万元/d,一级隧道段的平均负载率从30%增至86%,一级网络长度从132 km增至173 km,M-2模型的总目标从3.8×10^6降至3.4×10^6。另外,根据表5-9,α参数值的降低会引起一级网络长度增加和枢纽节点个数的增加,同时引起系统运作效率的降低。然而,网络的其他配置(如建设成本、通道负荷、辐条节点数量和二级网络长度等)对于一级网络运输费率的变化并不敏感。

表5-8 一级隧道运输能力对网络最优配置的影响

$[cap_4]$扰动幅度	40%	60%	85%	100%	120%	150%	200%
建设成本/(万元·d^{-1})	127.2	121.6	116.4	116.7	114.5	112.7	110.1
运输成本/(万元·d^{-1})	100.7	99.7	97.2	96.9	95.5	92.1	89.4
系统运作效率/s	2 088	2 040	2 052	2 034	1 992	1 974	1 926
惩罚成本/(万元·d^{-1})	3.9	4.4	5.6	6.4	8.0	8.9	10.1
一级隧道平均负荷	86%	70%	52%	45%	41%	37%	30%
一级网络长度/km	173	160	148	144	140	135	132
二级网络长度/km	863	856	844	851	843	840	832
枢纽节点数量	37	33	30	30	29	28	26
辐条节点数量	230	222	215	220	216	214	208
M-2模型总目标	3.4×10^6	3.4×10^6	3.5×10^6	3.6×10^6	3.7×10^6	3.7×10^6	3.8×10^6

表5-9 地下运输费率对网络最优配置的影响

α扰动幅度	40%	60%	85%	100%	120%	150%	200%
建设成本/(万元·d^{-1})	118.5	118.2	116.5	116.7	117.0	117.3	116.4
运输成本/(万元·d^{-1})	50.7	68.1	86.3	96.9	112.8	139.3	183.6

(续表)

α 扰动幅度	40%	60%	85%	100%	120%	150%	200%
系统运作效率/min	2 070	2 064	2 052	2 034	2 004	1 986	1 968
惩罚成本/(万元·d^{-1})	7.0	6.9	6.7	6.4	6.2	5.9	5.6
一级隧道平均负荷	40%	43%	44%	45%	46%	47%	45%
一级网络长度/km	160	153	147	144	142	140	136
二级网络长度/km	842	850	844	851	856	858	861
枢纽节点数量	33	32	30	30	29	29	27
辐条节点数量	205	213	217	220	226	230	234
M-2 模型总目标	3.1×10^6	3.3×10^6	3.5×10^6	3.6×10^6	3.7×10^6	4×10^6	4.5×10^6

5.7 本章小结

将城市 ULS 网络的配置布局优化由以往文献中的单一目标视角扩展至多目标组合优化视角。首先依据传统城市配送体系和最终形态下的 ULS 的协同运作方式，确定了适用于特大、超大城市的三层轴辐式 ULS 网络拓扑范式，对各级网络的组织运输流程、各级节点和通道的特征进行了明确定义。通过对 ULS 网络布局的 8 种决策对象、4 个主要目标以及容量-空间约束条件的识别，建立了复杂 ULS 网络设施选址—分配—路径优化问题的建模边界，进而提出确定性条件下的 CLAR 多目标优化模型。进一步考虑 OD 矩阵需求量和单位 ULS 建设-运输费用两类数据的不确定性，以地下工程经验成本和货运需求预测值为基准，通过对确定性模型中的不确定参量逐一构建符合正态分布的概率密度函数和累积分布函数来反映真实值偏离预测值的离散程度，形成随机情境集。另外，通过对随机情境集中的目标函数设置鲁棒控制系数，反映决策者对于由参数不确定性带来的风险的接受程度。构建随机鲁棒条件下的 ULS 网络布局优化子目标及约束体系表征公式。在建模的最后部分，通过引入一种基于线段分割思想的概率分布曲线近似方法和多目标 Pareto 前沿近似方法对随机鲁棒模型进行重构，实现线性化变换，降低计算复杂度。

针对优化问题的 NP 难特征，开发了一种基于免疫选择的改进多目标粒子群算法，从全局极值和个体历史极值更新方法、局部搜索和全局搜索优化方法以及基于免疫选择的改进多目标 PSO 算法框架三个方面对算法进行了阐述。对北京市五环城区地下物流网络布局进行了仿真，得到了城市 ULS 网络在随机鲁棒情境、基准情境和扰动情境下的不同布局配置优化结果，从而证明了本章规划方法的有效性。

本章参考文献

[1] Chen Z, Dong J, Ren R. Urban underground logistics system in China: Opportunities or challenges?

[J]. Underground Space, 2017, 2(3): 195-208.

[2] Hu W J, Dong J J, Hwang B-G. Network planning of urban underground logistics system with hub-and-spoke layout: Two phase cluster-based approach[J]. Engineering, Construction and Architectural Management, 2020, 27(8): 2079-2105.

[3] Baghalian A, Rezapour S, Farahani R Z. Robust supply chain network design with service level against disruptions and demand uncertainties: A real-life case[J]. European Journal of Operational Research, 2013, 227(1): 199-215.

[4] Martins de Sá E, Morabito R, de Camargo R S. Benders decomposition applied to a robust multiple allocation incomplete hub location problem[J]. Computers and Operations Research, 2018, 89: 31-50.

[5] Ahmadi-Javid A, Amiri E, Meskar M. A profit-maximization location-routing-pricing problem: A branch-and-price algorithm[J]. European Journal of Operational Research, 2018, 271(3): 866-881.

[6] Cardona-Valdés Y, Álvarez A, Pacheco J. Metaheuristic procedure for a bi-objective supply chain design problem with uncertainty[J]. Transportation Research Part B: Methodological, 2014, 60: 66-84.

[7] Beheshti Z, Shamsuddin S M, Hasan S. Memetic binary particle swarm optimization for discrete optimization problems[J]. Information Sciences, 2015, 299: 58-84.

[8] Lizondo D, Rodriguez S, Will A, et al. An artificial immune network for distributed demand-side management in smart grids[J]. Information Sciences, 2018, 438: 32-45.

[9] Najafi M, Ardekani S, Shahanadashti S M. Intergating underground freight transportation into existing intermodal systems[R]. Texas Department of Transportation, 2014.

第6章
城市地下物流网络开发时序与资源优化配置

城市级别的 ULS 网络规划需要考虑动态的开发时序问题,系统运营也需要在贴近现实的情境下进行仿真模拟。因此,本章在第 5 章最优化网络布局的基础上,分析了 ULS 网络分时段布局优化的决策过程,构建了开发时序模型,求解得到 ULS 网络分时段资源配置和网络开发情况,并基于仿真软件模拟了 ULS 的运营。ULS 网络开发时序研究思路如图 6-1 所示。

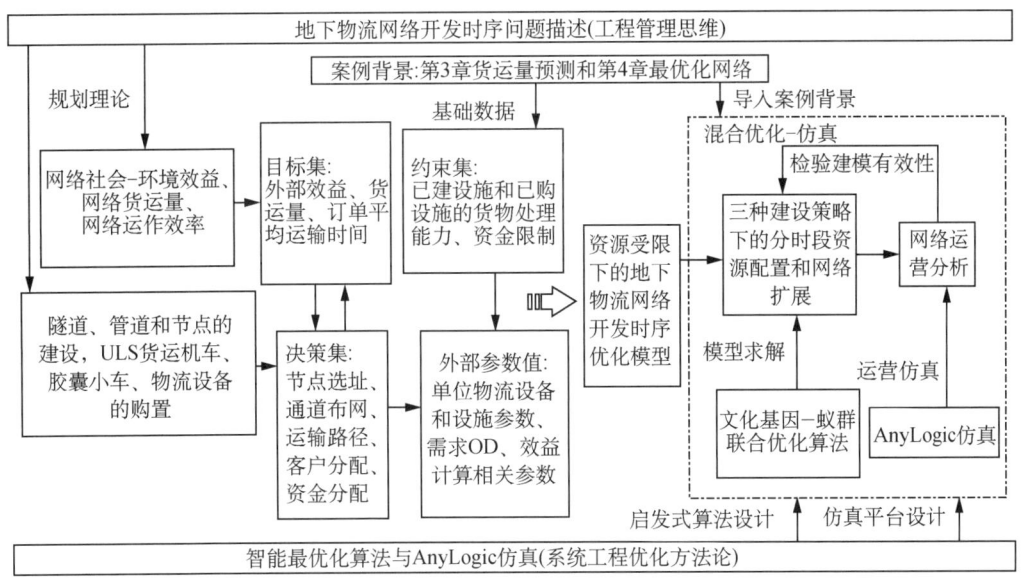

图 6-1　ULS 网络开发时序研究及效益仿真思路

首先,考虑 ULS 网络分时段布局优化时的物流基础设施和相关物流设备的建设和购置决策过程,并设计了基于网络货运量、外部效益和运作效率最大化的三种网络扩展策略,考虑网络容量和分时段资金限制构建约束条件体系,建立了资源受限下的 ULS 网络开发时序优化模型。其次,以 2021—2035 年为总的规划年限,分 5 个时段分阶段规划城市 ULS 网络,设计文化基因-蚁群联合优化算法,优化得到了不同开发策略下分时段的最优资源配置和网络开发结果。根据优化结果,进一步考虑真实情境下动态的城市物流需求和路面交通状况,同时结合 ULS 货物运输全过程,基于 AnyLogic 软件开发集成离散事件仿真和智能体建模的模拟仿真平台,模拟并量化分析城市 ULS 网络动态扩展下的 ULS 运营状况,验证建模优化结果的有效性。

6.1 地下物流网络"资源-时序"优化问题分析

6.1.1 地下物流网络开发策略及其项目时序化描述

ULS 是一类大规模城市基础设施系统。完整的 ULS 网络需要经历多个开发阶段后才能形成。以第 5 章随机鲁棒情境下得到的总长为 911 km 的 ULS 网络最终布局为例,考虑地下工程的建设进度,预计分 5 个阶段全部完成,每阶段或将持续 3 年。城市地铁网络大多采用"逐线建设"的模式进行扩展,即以"单条线开工"或"两条线同时开工"作为一个网络开发阶段的起点,相应线路建成交付作为该网络开发的结点,新建完成的线路立即并入原先的地铁网络实现运营,再考虑下一阶段的线路扩展。与此类似,每个阶段建成后的 ULS 网络要求能够在下一阶段设施建成之前投入使用。然而,由于地下网络层次的存在,轴辐式 ULS 网络开发轨迹的选择更加多样化(如先建一级网络或二级网络、优先在某些城市地区建立 ULS 设施等),并不像地铁有明确的线路。不同开发策略将影响系统的中长期运行绩效。另外,ULS 网络的网络开发时序需要权衡地下与地面的货运状况,做到地上与地下的协同发展[1]。综合所述,本节提出如下三种 ULS 网络的分时段实施策略。

策略 1:ULS 项目前期和中期以提升网络货运量为主,将更多的资源(即投资预算)用于地下节点、通道等网络基础设施的新建,并通过在节点内部增购物流处理设备的方式,增加地下枢纽节点和辐条节点的货运能力,保证每阶段建成后的 ULS 网络能够将最多的货运需求 OD 从地面转移至地下,自项目起始就能够获得更高的规模经济效应和运营收益,在项目前、中期以"实现快速成网和高覆盖率"为网络开发目标,而暂时忽略其他因素(如优先在最拥堵的城市地区设立地下节点和通道)对开发次序的影响。在项目的后期,可以适当兼顾 ULS 网络的其他网络开发目标,如最大化外部效益、提升服务质量等。

策略 2:ULS 项目前期和中期不考虑容量增长和服务质量等因素,以解决货运负面外部性最大地区的 ULS 需求为目标,按照 ULS 的社会环境效益对城市各区域节点的扩展紧迫性进行评价,资源优先用于在紧迫性高的区域(如高拥堵、高环境污染、高能耗)建立 ULS 节点以保证隧道(管道)正常运行。网络中的节点物流设备和运载车辆的采购量则根据这些紧迫性区域的需求量来确定,该策略保证网络在前、中期阶段能够获得更高的外部效益,使得决策者能够增加对其可持续发展的信心,但不能保证网络是按照最快方向开发的,故技术设施的建成周期可能较长。这是由于:通常拥堵或高污染地区一般位于城市中心,为了在项目前期实现园区到这些地区的地下货运,要求在这些地区建立 ULS 节点并建立通往园区的一级隧道。这显然不符合 ULS 网络"就近扩展"的开发机理,导致前期预算较为紧张而无法拨出用于其他设施建设。在项目的后期,即在满足部分紧迫性区域需要的地下设施建成后,可考虑将更多的预算分配用于 ULS 节点和通道的新建。

策略 3:考虑标准化施工,所有平级 ULS 节点的建设规模和运作流程是大致相同的,但各个节点内部所配备的物流设备量决定了节点的运作效率和每日处理的货物量上限。节点物流设备指代分拣、理货、拆装箱、水平/垂直搬运等机械设备的集成体。每多采购一套物流设备即将当前节点的能力扩大一倍。本书认为提升 ULS 网络服务性能(即运作效率)的途径之一不是构建大容积的地下节点,而是通过采购更多的物流设备将节点处"未利用的地下空间"填满。节点建筑是一次性建设而成的,在未来一般不允许扩建,然而随着时间的变化,节点内部的物流设备可以增设多套,以满足不断增长的货运需求。ULS 网络开发时序问题的另一项关键决策是确定网络中的运载制式。参考历史上的 ULS 项目规划,本节将一级 ULS 网络的运载制式定义为"货运机车",将二级 ULS 网络的运载制式定义为"胶囊小车"。两种制式在枢纽节点实现地下转运。

提升 ULS 运作效率的途径之二是采购更多高规格的网络运载制式,从而减少等量货物在通道中的运输时间。以货运机车为例,需要确定的关键参数包括机车的尺寸和速度,机车的尺寸进一步影响一级隧道段的直径和单个机车的运力。因此,只需要确定货运机车的设计容量和设计速度即可得到每个机车的运输效率和所需建立的一级隧道直径。而隧道直径影响造价,因此可得到一级网络的建设成本。对于二级网络和胶囊小车的规格选择同理。

策略 3 综合采用上述两种措施,以提升 ULS 的服务性能为网络开发时序规划的主要宗旨,倾向于选择高规格的网络运载制式,并将各阶段的预算优先用于节点物流设备和运载制式的采购,直至达到该阶段设施设备的最大服务能力和运作效率。可以看出,策略 3 的优势在于能够为网络覆盖的客户提供更优质的 ULS 服务,网络运作效率和运力增长速度最快。策略 3 的 ULS 网络开发方向与策略一的网络开发方向大致相同,但成网速度明显更慢,网络开发周期更长。

本节通过数学建模和综合优化方法,以 15 年为期限,考虑一个完整的 ULS 网络项目在从无到建成运营过程中的各项决策优化问题。模型以 3 年为一个阶段对 ULS 网络的网络开发时序进行分割,共得到 5 个阶段,并将第 5 章中得到的北京市五环城区 ULS 网络最优布局作为第 5 个网络开发阶段的设施决策结果。ULS 网络扩建包括如下 11 项决策。

决策 1:在网络开发的第一个阶段,选择货运机车的容量规格(即一级隧道的直径和造价)并保持恒定。

决策 2:在网络开发的第一个阶段,选择货运机车的速度规格并保持恒定。

决策 3:在网络开发的第一个阶段,选择胶囊小车的容量规格(即二级管道的直径和造价)并保持恒定。

决策 4：在网络开发的第一个阶段，选择胶囊小车的速度规格并保持恒定。

决策 5：确定被分配用于在网络开发阶段 t 内新建枢纽节点的资金量，确定新建枢纽节点的位置。

决策 6：确定被分配用于在网络开发阶段 t 内新建辐条节点的资金量，确定辐条枢纽节点的位置。

决策 7：确定被分配用于在网络开发阶段 t 内设置一级隧道的资金量，确定一级隧道段的位置。

决策 8：确定被分配用于在网络开发阶段 t 内设置二级管道的资金量，确定二级管道段的位置。

决策 9：确定被分配用于在网络开发阶段 t 内为已建立的枢纽节点和辐条节点购置物流处理设备的资金量，确定每个节点新配备的设备套数。

决策 10：确定被分配用于在网络开发阶段 t 内购置货运机车(即一级网络中新配备的货运机车数量)的资金量。

决策 11：确定被分配用于在网络开发阶段 t 内购置胶囊小车(即二级网络中新配备的胶囊小车数量)的资金量。

将 ULS 项目在各阶段面临的网络开发决策问题定义为资源(即投资预算)受限下的 ULS 网络开发时序优化问题(Resource Constrained Underground Logistics Network Construction Sequence Optimization Problem，RC-ULS-CS)。根据运筹学理论，该问题属于一类多目标动态规划问题。

借鉴国际运筹学社区对资源受限下的项目调度问题(Resource Constrained Project Scheduling Problem，RCPSP)范式的描述，可类比地将本章提出的 RC-ULS-CS 问题推广成为一类复杂的 RCPSP 问题，并利用项目调度工作中惯用的网络计划图来表征 ULS 网络开发时序问题的决策对象和优化逻辑[2]。其基本思想是应用网络计划图来表示项目各阶段资源分配所产生的实际效用，如各节点和通道的扩展必然存在先后顺序和相互依赖性，这些关系用端点、箭线来构成网络图(为避免术语重复，用"节点"一词形容 ULS 网络中的实际节点，用"端点"一词形容网络计划图中的工作序号)。网络图从左至右绘制，下方时间轴对应整个项目进度，图中具体反映工作进程名称、代号和工作持续时间等必要信息。图 6-2 展示了 RC-ULS-CS 问题的双代号网络计划图。其中，箭线上方显示各阶段 ULS 网络每项扩建决策(上述 11 类决策)对应的具体工作，如增购 x 套物流设备、将 x_1 套设备分配给枢纽节点 PH-y、在物流聚集点 PH-z 处建立枢纽节点或在 PH-y 与 PH-z 之间建立一级隧道段等。箭线下方显示完成这些工作所需的时间和所耗费的资源(即占用的预算)。箭线两侧的端点代表工作的开始和结束。对于 ULS 网络开发，很重要的一点是保证功能的完整性和开发方向的连续性，如与节点 PH-y 相连的一级隧道段的扩展工作必须要等待节点 PH-y 完工后才可以开始，以虚工作的形式反映在网络计划图中。需要指出的是，针对 ULS 网络开发时序问题提出的网络计划模型并不具备计算效力,各阶段网络扩建决策需要依靠数学模型和算法进行优化。网络计划图仅用于直观地反映数学模型优化得到的结果,便于决策制定者的审阅。

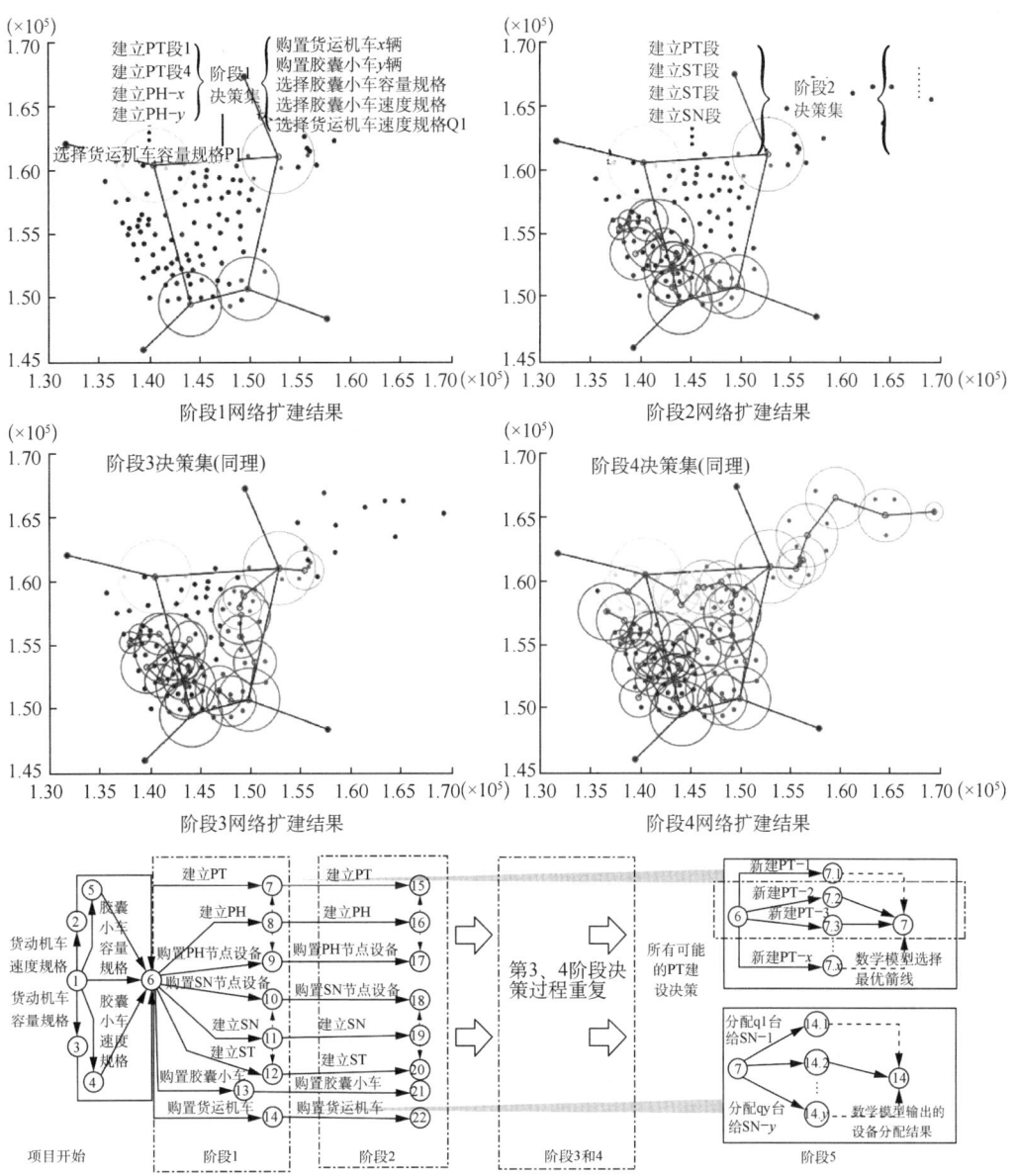

图 6-2　资源受限下的 ULS 网络开发时序问题的符号化表述

6.1.2　地下物流网络开发时序优化问题的混合优化-仿真方法

为了保证网络在任意扩建阶段均能按照最优的方向(效益最大、效率最高或货运量最大)动态开发,需要构建数学模型对各阶段内发生的每项决策进行优化,包括扩建节点选址、通道布置、运输路径安排、设备购置与分配和车辆购置等,实现对资源的最优分配。由于 ULS 网络开发时序优化问题的原型即资源受限下的项目调度问题，已被普遍证明具有 NP 难的计算复杂度，故本节所构建的数学模型无法在多项式时间内获得全局最优解[3]。另外，仅通过数学模型中的抽象符号无法直观地表现出网络开发的轨迹，不利于决策的指定。基于上述考虑，本节设计了一种将数学建模、算法优化和动态可视化等要素相结合的混合优化-仿真方法求解 RC-ULS-CS 问题。混合优化-仿真方法（Hybrid Optimization and Simulation Approach，HOS）是将算法程序语言、物理实体建模和真实世界仿真进行结合的一种特殊框架协议，被广泛应用于复杂系统设计优化、动态规划等一般最优化数学模型所无法独立解决的大规模多层次问题[4]。通过可视化的方式增强对模型优化结果的展示，快速发现问题并通过离散事件仿真途径对算法的寻优迭代结果进行验证和反复优化。HOS 的终端产品是一套程序界面、软件或仿真平台，而不仅是数学建模中常用的编程语言。

利用 HOS 方法求解资源受限条件下的 ULS 网络开发时序问题的总体流程如图 6-3 所示。首先，通过对目标和约束体系的量化分析，构建不同开发策略视角下的非线性动态规划数学模型，开发一种基于文化基因-蚁群联合优化算法的元启发式算法搜寻模型最优解。其次，构建基于智能体的离散事件仿真模型（Agent-based Discrete Event Simulation Model，ABM）为数学模型赋予真实世界的物理变量（如地理信息坐标、货物状态追踪和机车实体建模等），最终依托 AnyLogic 平台对模型的有效性进行验证并做参数敏感性分析。

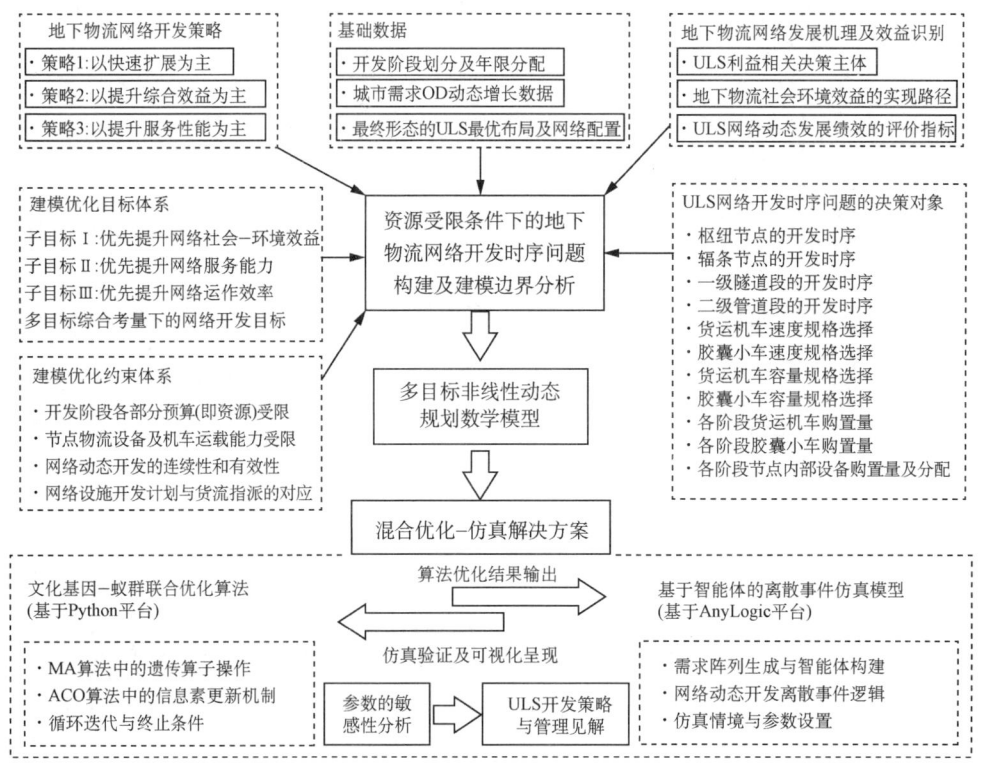

图 6-3 建模边界及 HOS 方法的总体流程

6.2 网络"资源-时序"多目标动态规划模型

6.2.1 建模参数与基本假设

节点与链路段的集合符号与本书 5.3.1 节中的定义保持一致。另外,以天数为单位对 ULS 网络开发运营生命期进行划分,设 $t \in T$ 为项目正式启动后的第 t 个时域阶段,每个阶段经历 c 天。设 $v \in V$ 和 $u \in U$ 分别为 ULS 一级隧道网络运载制式(即货运机车)的速度规格和容量规格选项集合;$x \in X$ 和 $y \in Y$ 分别为 ULS 二级管道网络运载制式(即胶囊小车)的速度规格和容量规格选项集合;$r \in R$ 和 $w \in W$ 分别为货运机车班次集合和胶囊小车班次集合。并认为速度规格越高或容量规格越高则相应制式的采购成本越高。表 6-1 给出了用于本节建模的参数含义。

表 6-1   RC-ULS-CS 模型参数

符号定义		变量描述
常量及连续变量	d_{sj}^{t}	阶段 t 时刻,任意园区与需求点之间的每日货运 OD 量
	$\delta_{ii'}^{t}$	阶段 t 时刻,任意物流聚集点之间的每日货运 OD 量
	c	阶段 t 的持续天数
	$\sigma_{\text{PH}}^{t}, \sigma_{\text{SN}}^{t}$	枢纽节点(PH)和辐条节点(SN)在阶段 t 时刻的土建成本
	$\upsilon_{\text{PT}}^{uvt}$	阶段 t 时刻,配备速度规格 v 和容量规格 u 下的一级隧道段的单位长度土建与轨道控制设备购置成本
	$\upsilon_{\text{ST}}^{xyt}$	阶段 t 时刻,配备速度规格 x 和容量规格 y 下的二级管道段的单位长度土建与轨道控制设备购置成本
	ε_{uv}^{t}	阶段 t 时刻,具有速度规格 v 和容量规格 u 的货运机车购置成本
	γ_{xy}^{t}	阶段 t 时刻,具有速度规格 x 和容量规格 y 的胶囊小车购置成本
	$\rho_{\text{PH}}^{t}, \rho_{\text{SN}}^{t}$	阶段 t 时刻,PH 节点、SN 节点的每套物流设备的采购成本
	$\varphi_{\text{PH}}, \varphi_{\text{SN}}$	PH 节点、SN 节点的每套物流设备的每日最大处理能力
	vel_{FT}^{v}	具有速度规格 v 的货运机车实际行驶速度
	vel_{CV}^{x}	具有速度规格 x 的胶囊小车实际行驶速度
	vel_{LMD}	地面末端运载制式的实际行驶速度
	cap_{FT}^{u}	具有容量规格 u 的货运机车实际运输能力
	cap_{CV}^{y}	具有容量规格 y 的胶囊小车实际运输能力
	$\ddot{\omega}_{\text{PH}}, \ddot{\omega}_{\text{SN}}$	PH 节点、SN 节点的每套物流设备的峰值货物处理效率
	$dist(\cdot)$	矩阵函数,反映城市物流车辆在传统物流模式下的地面 OD 运输距离
	$EU(\cdot)$	向量函数,反映链路 g, h, p, q 的欧几里得距离

（续表）

符号定义		变量描述
常量及连续变量	χ_{carbon}，τ_{carbon}	城市物流车辆的碳排放系数及相应污染物的单位治理成本
	$\chi_{\text{NO}x}$，$\tau_{\text{NO}x}$	城市物流车辆的氮化物排放系数及相应污染物的单位治理成本
	χ_{PM}，τ_{PM}	城市物流车辆的颗粒物排放系数及相应污染物的单位治理成本
	η	轻型城市配送货车的容载
	SJZ	城市居民每小时可能创造的经济收益
	ZK	加权后的每辆客车平均载客量
	CH_t	阶段 t 时刻，平均每天活跃出行的客车数量
	GFT	客车在拥堵高峰期的出行率
	SPD	加权后的每辆客车平均每日行驶里程
	μ	货车拥堵影响后果修正系数
	MQ，OIL	轻型城市货车的燃油消耗系数及燃油费率
	GD_{FT}，GD_{CV}	货运机车和胶囊小车的电力消耗系数
	SAV	城市轨道交通的电力费率
0-1决策变量	A_i^t	1，阶段 t 时刻，物流聚集点 i 被建设为 PH； 0，阶段 t 时刻，物流聚集点 i 不被建设为 PH
	B_j^t	1，阶段 t 时刻，需求点 j 被建设为 SN；0，阶段 t 时刻，需求点 j 不被建设为 SN
	ξ_g^t	1，阶段 t 时刻，链路 g 被建设为接入 PT； 0，阶段 t 时刻，链路 g 不被建设为接入 PT
	ζ_h^t	1，阶段 t 时刻，链路 h 被建设为中介 PT； 0，阶段 t 时刻，链路 h 不被建设为中介 PT
	$\ddot{\omega}_p^t$	1，阶段 t 时刻，链路 p 被建设为 ST；0，阶段 t 时刻，链路 p 不被建设为 ST
	$\ddot{\rho}_q^t$	1，阶段 t 时刻，链路 q 被建设为 ST；0，阶段 t 时刻，链路 q 不被建设为 ST
	X_{sij}^t	1，阶段 t 时刻，d_{sj}^t 在 PH 节点 i 处进行二级地下转运； 0，阶段 t 时刻，d_{sj}^t 在 PH 节点 i 处不进行二级地下转运
	$Y_{sjj'}^t$	1，阶段 t 时刻，d_{sj}^t 在 SN 节点 j' 处进行三级地面转运； 0，阶段 t 时刻，d_{sj}^t 在 SN 节点 j' 处不进行三级地面转运
	Z_{sij}^t	1，阶段 t 时刻，d_{sj}^t 在 PH 节点 i 处进行三级地面转运； 0，阶段 t 时刻，d_{sj}^t 在 PH 节点 i 处不进行三级地面转运
	U_{sjg}^t	1，阶段 t 时刻，d_{sj}^t 经历接入 PT 链路 g；0，阶段 t 时刻，d_{sj}^t 不经历接入 PT 链路 g
	V_{sjh}^t	1，阶段 t 时刻，d_{sj}^t 经历中介 PT 链路 h； 0，阶段 t 时刻，d_{sj}^t 不经历中介 PT 链路 h
	$W_{ii'h}^t$	1，阶段 t 时刻，$\delta_{ii'}^t$ 经历中介 PT 链路 h； 0，阶段 t 时刻，$\delta_{ii'}^t$ 不经历中介 PT 链路 h

（续表）

符号定义		变量描述
0-1决策变量	R_{sjp}^{t}	1，阶段 t 时刻，d_{sj}^{t} 经历 ST 链路 p；0，阶段 t 时刻，d_{sj}^{t} 不经历 ST 链路 p
	T_{sjq}^{t}	1，阶段 t 时刻，d_{sj}^{t} 经历 ST 链路 q；0，阶段 t 时刻，d_{sj}^{t} 不经历 ST 链路 q
	M_{sjq}^{t}	1，阶段 t 时刻，d_{sj}^{t} 经历 LMD 链路 q；0，阶段 t 时刻，d_{sj}^{t} 不经历 LMD 链路 q
	$\alpha_{sjr}^{t}, \alpha_{ii'r}^{t}$	1，阶段 t 时刻，$d_{sj}^{t}/\delta_{ii'}^{t}$ 被装载至货运机车 r；0，阶段 t 时刻，$d_{sj}^{t}/\delta_{ii'}^{t}$ 不被装载至货运机车 r
	β_{sjw}^{t}	1，阶段 t 时刻，d_{sj}^{t} 被装载至胶囊小车 w；0，阶段 t 时刻，d_{sj}^{t} 不被装载至胶囊小车 w
	$O_{ii'}^{t}$	1，阶段 t 时刻，$\delta_{ii'}^{t}$ 由 ULS 网络所运输；0，阶段 t 时刻，$\delta_{ii'}^{t}$ 不由 ULS 网络所运输
	ζ_{sjp}^{t}	1，阶段 t 时刻，d_{sj}^{t} 经历 LMD 链路 p；0，阶段 t 时刻，d_{sj}^{t} 不经历 LMD 链路 p
	κ_{FT}^{v}	1，货运机车选择速度规格 v；0，阶段 t 时刻，货运机车不选择速度规格 v
	κ_{FT}^{u}	1，货运机车选择容量规格 u；0，阶段 t 时刻，货运机车不选择容量规格 u
	κ_{CV}^{x}	1，胶囊小车选择速度规格 x；0，阶段 t 时刻，胶囊小车不选择速度规格 x
	κ_{CV}^{y}	1，胶囊小车选择容量规格 y；0，阶段 t 时刻，胶囊小车不选择容量规格 y
离散主观决策变量	I_{total}^{t}	ULS 项目在阶段 t 的工程建设总投资预算
	I_{PHC}^{t}	ULS 项目在阶段 t 的 PH 节点建设施工部分投资预算
	I_{SNC}^{t}	ULS 项目在阶段 t 的 SN 节点建设施工部分投资预算
	I_{PT}^{t}	ULS 项目在阶段 t 的一级隧道段建设施工及设备采购部分投资预算
	I_{ST}^{t}	ULS 项目在阶段 t 的二级管道段建设施工及设备采购部分投资预算
	I_{PHE}^{it}	ULS 项目在阶段 t 在 PH 节点 i 的物流设备采购部分投资预算
	I_{SNE}^{jt}	ULS 项目在阶段 t 在 SN 节点 j 的物流设备采购部分投资预算
	I_{FT}^{t}	ULS 项目在阶段 t 的货运机车车队采购部分投资预算
	I_{CV}^{t}	ULS 项目在阶段 t 的胶囊小车车队采购部分投资预算

为便于清晰地反映 ULS 网络"资源-时序"建模优化问题的边界并能够将其简化为数学表征形式，对本节的建模问题做如下设定。

设定 1：在本节的模型中，资金是支撑 ULS 网络开发的唯一资源，政府根据自身偏好在每一阶段对 ULS 网络开发进行拨款，用于各级节点、通道的工程建设以及运载设备和站点物流设备的采购，各部分预算支出可在不超过总预算的前提下自由分配。

设定 2：经历 $\|T\|$ 个阶段后，ULS 网络中的各级节点和通道布局应当建成为如图 5-11 所示的最终布局形态，即一个覆盖全城的 ULS 网络。

设定 3：若某一阶段决策对任意 ULS 网络的基础设施（包括 PH 节点、SN 节点、一级隧道和二级管道）进行建设，则必须一次性支付其土建成本，后续阶段不可对设施的地下空间进行任何改建或扩建。另外，放置于节点内部的物流设备可在节点建设之初先采购一小部分，随着网络货运量的增加，再在后续阶段追加采购。节点物流处理能力和峰值处理效率与其内部所配备的物流设备数量成正比。对于货运机车和胶囊小车的采购数量决策，由网络根据自身在当前阶段的运行状况来确定，而不是一次性决定的。

设定4：本节模型需要考虑ULS网络能否在特定阶段将某一特定OD纳入其服务范围。这里规定只有该OD在ULS网络中的旅行轨迹完全符合第4章中所规划的流程时，才可以在当前阶段将该OD作为ULS网络的服务对象。这一设定是为了保证ULS服务的一致性。举个例子，按照最优规划结果，某货运OD在ULS网络中从园区至需求点需经历一级隧道链路①/②/③至一级节点i，再经历二级管道链路④/⑤至二级节点j，最终由二级节点j配送至客户所在地。对于第t阶段的ULS网络，如果其无法支持上述全部运输过程，即一级隧道链路①/②/③、二级管道链路④/⑤、一级节点i或二级节点j中的任意一个设施目前还没有被建立，则判定当前阶段不可将该OD作为ULS网络的服务对象。

设定5：在模型计算和约束体系构建时，仅考虑地下货运车辆在网络中的去向过程，即根据园区与一级节点、一级节点与二级节点、一级节点与一级节点之间的OD关系，确定每辆货运机车和胶囊小车所承担的OD运输任务及其在地下网络中的行进路径。规定每班次货运机车只能携带唯一目的地一级节点的货运OD，每班次胶囊小车只能携带唯一目的地二级节点的货运OD。以园区s的正向OD为例，货物按照要发往的一级节点进行分拣，某一货运机车一次性装入发往同一目的地节点PHi的货物，按照规划的OD旅程在一级网络中行驶。对于该货运机车，园区s为其始发点，一级节点PHi为其终点，到达终点后，不考虑该机车如何返回园区或如何进行其他运输操作。正向OD在二级网络中的车辆安排、同城配送OD在一级网络中的车辆安排同理。

设定6：关于下一阶段的ULS网络扩建决策（包括资源的分配、扩建节点和通道位置等）在本阶段末制定，相应的建设和采购任务经历一个阶段对应的时间完成，扩建任务未完成之前系统不可投入运营，一旦扩建任务完成，系统便可立即投入运营。每个阶段的网络扩建决策需要保证ULS网络自身能够在建成后有效组织货运。例如，两个一级节点之间的一段完整的隧道不可以只建设一部分（即通道无法组织货运），只建立了孤立的节点却没有建立隧道或管道与之相连（即节点无法组织货运）。

设定7：对于城市货运需求，首先假设城市ULS在每个阶段的总体需求量按照第3.4.2节确定。例如，在阶段t的末期对于网络在阶段$t+1$的扩建决策需要以阶段t末期对应年份的城市物流需求数据为参考依据，规定用于ULS网络开发时序规划的需求量从2021年的预测值开始增长并达到2040年的需求量峰值，此后保持不变。其次，按照网络最优布局规划中所用的城市人口密度分布数据，将每阶段需求总量分配至各需求点。最后，假设城市物流需求在各阶段的OD关系在第4章所用的OD矩阵数据上作适当的调整，以期模拟城市中长期的物流供应-需求目的地变化情况，例如，城市发展新区的建成会加大局部货运需求量，这刚好表现为城市物流OD关系的变化。

设定8：模型中关于效益计算部分的目标函数需要获知传统配送模式下的城市物流车辆行驶路线，由此推断出传统城市配送活动的地面交通总量。由于配送过程的复杂性和数据的保密性，一般很难获取轻型货车从各园区至城内投递点的真实行驶路径。本节给出了距离矩阵 $dist$ 对上述路径长度进行假设。二维矩阵 $dist$ 中的数据表示传统货车从园区至需求点的地面行驶距离或从一个物流聚集点至另一个物流聚集点的地面行驶距离，数据由城市路网分布和北京市"多环线"路网运输结构结合估计得出。为简化计算，假设模型中其他城市客运（如城市客车日均活跃出行量、高峰期出行率等）及货运数据的取值不随时间变化。

6.2.2 建模目标

1. 子目标Ⅰ：优先提升网络社会-环境效益

资源受限下的 ULS 网络开发时序方案应当保证网络在各规划阶段的综合效益最优，即本阶段所做的扩建和采购决策能够使 ULS 网络在下一阶段运行过程中所产生的社会-环境效益达到最大。结合 Dong 等[5]和 Hu 等[6]提出的效益计算方法，可衡量的 ULS 综合效益共由三部分组成：①通过减少轻型燃油货车在城市地区的地面里程所带来的污染物排放降低效益 f_{carbon}；②减少货车出行带来的交通拥堵缓解效益 $f_{congestion}$；③运输阶段不可再生能源节约和使用成本节约效益 f_{energy}。构建以提升综合效益为导向的 RC-ULS-CS 模型子目标如公式(6-1)所示。

$$\max f_{carbon} = DW_t \times \eta^{-1} \cdot (\chi_{carbon} \cdot \tau_{carbon} + \chi_{NOx} \cdot \tau_{NOx} + \chi_{PM} \cdot \tau_{PM}), \text{for} \forall t \in T \tag{6-1}$$

其中

$$DW_t = \sum_{s \in S} \sum_{j \in J} \sum_{i \in N} d_{sj}^t \cdot \left[(X_{sij}^t + Z_{sij}^t) \cdot dist(s, j) - \sum_{q \in Q} M_{sjq}^t \cdot EU_q - \sum_{p \in P} \zeta_{sjp}^t \cdot EU_p \right] + \sum_{i \in N} \sum_{i' \in N} \delta_{ii'}^t \cdot dist(i, i') \cdot O_{ii'}^t$$

通过三个步骤计算 t 阶段 ULS 网络运行所产生的环境效益。首先，由式(6-1)得到接受 ULS 网络运输的 OD 在传统配送模式下从各自起始点到目的地（正向 OD 为园区到需求点，同城 OD 为物流聚集点之间）的地面货流总量（单位为 OD 大小和 OD 运输里程）。其次，从货流总量中扣除正向 OD 在三级末端 ULS 网络中的地面货流量，得到从地面被转移到地下运输的货流总量 DW_t（可理解为因 ULS 网络的加入而被"消除"的地面货流量）。将 DW_t 除以城市货运车辆的容量，进一步得到被转移至地下的城市货运交通量（单位为：车次·车辆里程）。最后，将被消除的地面交通量、地面运输车辆污染物排放系数和污染物治理成本相乘，得到 ULS 网络在阶段 t 内运行所产生的环境效益。

Hu 等[6]指出 ULS 对环境的直接影响主要通过三项尾气释放指标来衡量，即碳排放量、氮化物排放量和颗粒物排放量。将文献[7]中记载的关于物流车辆尾气中的污染物释放系数和每单位释放量对应的环境治理成本数据作为 ULS 环境效益的计算依据。

$$\max f_{\text{congestion}} = DW_t/QL_t \cdot SJZ \cdot ZK \cdot CH_t \cdot GFT \cdot YW_t, \text{ for } \forall t \in T \quad (6\text{-}2)$$

其中

$$\begin{cases} QL_t = \sum_{s \in S}\sum_{j \in J} d_{sj}^t \cdot dist(s,j) \cdot \eta^{-1} + \sum_{i \in N}\sum_{i' \in N} \delta_{ii'}^t \cdot dist(i,i') \cdot \eta^{-1} + SPD \cdot \mu^{-1} \cdot CH_t \\ G(YW_t \mid_{\text{小时/每天}}, QL_t \mid_{\text{百万公里}}) = G(x,y) \Rightarrow y = -2.8589 + 2.2201 \times \ln x \end{cases}$$

根据式(6-2),ULS 网络在阶段 t 内运行所产生的拥堵缓解效益计算步骤如下：首先,在《北京市交通发展年报》中获取关于 2008—2019 年城市客货交通总量和该年份平均每日城市路网交通拥堵时长的历史数据,将两组数据进行拟合,得到拥堵时长关于交通总量的幂指数曲线 $G(x,y)$。当输入规划阶段 t 对应年份的全城交通总量 QL_t 时,输出未引入 ULS 时的日均路网拥堵时长。全城交通总量 QL_t 分为客运与货运两部分,其中货运交通量等于所有 OD 运输所需的车次乘以车辆地面运输距离（查阅 $dist$ 矩阵）；客运交通量等于城市内部各类载客车辆的平均每日运输里程乘以每日客车出行量。考虑到载客车辆的多样性（包括私家车、出租车和公交车等）,式中使用的是各类制式加权后的平均里程。其次,将转移到地下的交通量 DW_t 与未引入 ULS 时的全城交通总量作商,再与日均拥堵时长相乘,即可得到因地下货运所减少的每日城市交通拥堵持续时间（简称为"ULS 时间"）。最后,将 ULS 时间、客车在拥堵期的出行量、加权客车载客量和个人时间价值相乘,得到 ULS 的拥堵缓解效益。

$$\begin{aligned}
\max f_{\text{energy}} = & \frac{MQ \times OIL}{\eta} \cdot \Big\{ \sum_{s \in S}\sum_{j \in J} d_{sj}^t \cdot \big[dist(s,j) \cdot \sum_{i \in N}(X_{sij}^t + Z_{sij}^t) - \\
& \sum_{q \in Q} M_{sjq}^t \cdot EU_q + \sum_{p \in P} \zeta_{sjp}^t \cdot EU_p \big] + \sum_{i \in N}\sum_{i' \in N} \delta_{ii'}^t \cdot dist(i,i') \Big\} - \\
& \sum_{u \in U} \frac{GD_{\text{FT}} \cdot \kappa_{\text{FT}}^u \cdot SAV}{cap_{\text{FT}}^u} \cdot \big[\sum_{s \in S}\sum_{j \in J}\sum_{g \in G}\sum_{h \in H} d_{sj}^t \cdot (EU_g \cdot U_{sjg}^t + \\
& EU_h \cdot V_{sjh}^t) + \sum_{i \in N}\sum_{i' \in N}\sum_{g \in G}\sum_{h \in H} \delta_{ii'}^t \cdot EU_h \cdot W_{ii'h}^t \big] + \\
& \sum_{y \in Y} \frac{GD_{\text{CV}} \cdot \kappa_{\text{CV}}^y \cdot SAV}{cap_{\text{CV}}^y} \cdot \sum_{s \in S}\sum_{j \in J}\sum_{p \in P}\sum_{q \in Q} d_{sj}^t \cdot (EU_p \cdot R_{sjp}^t + \\
& EU_q \cdot T_{sjq}^t), \text{ for } \forall t \in T
\end{aligned} \quad (6\text{-}3)$$

根据式(6-3),ULS 网络在阶段 t 内运行所产生的不可再生能源节约效益计算步骤如下：首先,对于被转移至地下运输的 OD,计算出在传统模式下通过城市货运车辆运输这部分 OD 所需的燃油能源消耗量。消耗量由交通量与消耗系数相乘得到,将消耗量与单位能源使用成本相乘得到这些 OD 在传统模式下所占用的燃油能源成本。其次,以类似的方式得到这些 OD 在 ULS 网络中的电能消耗量、一级/二级网络运输的电能使用成本和三级网络运输的燃油能源使用成本。最后,由前者（即传统模式下的能耗费用）减去后者（即地下物流模式下的能耗费用）得到 ULS 的能源效益。

$$\max f' = \iota_1 \cdot f_{\text{carbon}} + \iota_2 \cdot f_{\text{congestion}} + \iota_3 \cdot f_{\text{energy}}, \text{ for } \forall t \in T \quad (6-4)$$

以上提出的三部分效益的计量单位均为"百万元/d",故彼此之间可进行求和。设置效益权重系数,提出各规划阶段下的ULS网络"资源-时序"优化问题的最大化综合加权效益子目标如式(6-4)所示,记为f'。将在仅考虑f'子目标语境下得到的ULS网络开发时序及资源配置优化结果称为DM-Ⅰ方案。

2. 子目标Ⅱ:优先提升网络总运量

ULS网络时序优化问题的第二个目标是在网络开发过程的前期和中期尽可能地提升每个阶段的实际货运量。这一目标通过提高节点/通道设施建设预算和物流/运载设备的采购预算得以实现。式(6-5)为阶段t时刻ULS网络的货运量最大化目标,ULS网络的货运量取决于已有的物流基础设施、设备的货物处理能力和货运能力:①已建成的PH节点及其内部配置的所有物流设备的每日处理能力;②已建成的SN节点及其内部物流设备的每日处理能力;③已购置的货运机车在一级隧道网络中的每日货运能力;④胶囊小车在二级管道网络中的每日货运能力。当进行扩建决策时,首先需要计算上述四部分能力值,将最小能力值作为网络的极限运力f'',每一阶段的设施扩建和设备采购应当达到"尽量增加最小能力值的提升幅度"的效果,从而保证网络始终按照货运量最大化的方向开发。将在仅考虑f''子目标语境下得到的ULS网络开发时序及资源配置优化结果称为DM-Ⅱ方案。

$$\max f'' = \min \begin{cases} \sum_{i \in N} \sum_{t=1}^{t} \dfrac{A_i^t \cdot I_{\text{PHE}}^{it} \cdot \varphi_{\text{PH}}}{\rho_{\text{PH}}^t} \\ \sum_{j \in J} \sum_{t=1}^{t} \dfrac{B_j^t \cdot I_{\text{SNE}}^{jt} \cdot \varphi_{\text{SN}}}{\rho_{\text{SN}}^t} \\ \sum_{u \in U} \sum_{v \in V} \sum_{t=1}^{t} \dfrac{I_{\text{FT}}^t}{\varepsilon_{uv}^t} \cdot cap_{\text{FT}}^u \\ \sum_{x \in X} \sum_{y \in Y} \sum_{t=1}^{t} \dfrac{I_{\text{CV}}^t}{\gamma_{xy}^t} \cdot cap_{\text{CV}}^y \end{cases}, \text{ for } \forall t \in T \quad (6-5)$$

3. 子目标Ⅲ:优先提升网络运作效率

ULS网络时序优化问题的第三个目标反映在网络运作效率提升方面,即每阶段扩建决策能够带来最高的效率增幅。ULS网络运作效率的计算方式与第5.3.2节中介绍的子目标大致相似。每次运输任务的执行时间由OD在一级、二级、三级运输时长和在PH节点、SN节点的处理时长等决定。不同之处在于本节考虑了节点物流设备的采购数量、地下运载制式的规格和采购量等变量,导致各阶段运输时间存在很大的优化空间。扩建决策制定者需要在扩建节点通道选址、节点物流设备采购和运载制式规格-成本组合之间合理分配预算,使得网络在动态开发过程中所承载的每笔订单的平均运输时间最小。将在仅考虑f'''子目标前提下得到的ULS网络开发时序及资源配置优化结果称为DM-Ⅲ方案。

$$\min f''' = \sum_{s \in S} \sum_{j \in J} \sum_{g \in L} \sum_{h \in H} \sum_{t=1}^{t} \frac{U_{sjg}^{t} \cdot EU_g + V_{sjh}^{t} \cdot EU_h}{\sum_{v \in V} vel_{FT}^{v} \cdot U_{sjg}^{t}} +$$

$$\sum_{i \in N} \sum_{t=1}^{t} \frac{I_{PHE}^{it} \cdot \ddot{\omega}_{PH}}{\rho_{PH}^{t}} + \sum_{s \in S} \sum_{i \in N} \sum_{j \in J} \sum_{g \in L} \sum_{t=1}^{t} \frac{I_{SNE}^{jt} \cdot \ddot{\omega}_{SN} \cdot X_{sij}^{t}}{U_{sjg}^{t} \cdot \rho_{SN}^{t}} +$$

$$\sum_{s \in S} \sum_{j \in J} \sum_{p \in P} \sum_{q \in Q} \sum_{t=1}^{t} \frac{R_{sjp}^{t} \cdot EU_p + T_{sjq}^{t} \cdot EU_q}{\sum_{x \in X} vel_{CV}^{x} \cdot \sum_{g \in L} U_{sjg}^{t}} +$$

$$\sum_{s \in S} \sum_{j \in J} \sum_{q \in Q} \sum_{p \in P} \sum_{t=1}^{t} \frac{M_{sjq}^{t} \cdot EU_q + \zeta_{sjp}^{t} \cdot EU_q}{vel_{LMD} \cdot \sum_{g \in L} U_{sjg}^{t}}, \text{ for } \forall t \in T \quad (6-6)$$

6.2.3 网络开发时序问题约束体系构建

资源受限下的 ULS 网络开发时序优化模型的约束体系构建如下。

$$I_{PHC}^{t} + I_{SNC}^{t} + I_{PT}^{t} + I_{ST}^{t} + I_{PHE}^{it} + I_{SNE}^{jt} + I_{FT}^{t} + I_{CV}^{t} \leqslant I_{total}^{t}, \text{ for } \forall t \in T \quad (6-7)$$

约束式(6-7)表示各扩建阶段的各部分预算(设施建设和设备采购)之和不超过网络的总预算支出。

$$\sum_{v \in V} \kappa_{FT}^{v} = \sum_{u \in U} \kappa_{FT}^{u} = \sum_{x \in X} \kappa_{CV}^{x} = \sum_{y \in Y} \kappa_{CV}^{y} = 1 \quad (6-8)$$

约束式(6-8)规定货运列车、胶囊小车的速度规格和容量规格一旦选定则不可改变,即网络开发运营生命期内仅能选择唯一的制式速度和制式容量。

$$\begin{cases} \sum_{g \in L} \sum_{h \in H} \sum_{u \in U} \sum_{v \in V} (\xi_g^t + \zeta_h^t) \cdot \upsilon_{PT}^{uvt} \leqslant I_{PT}^t \\ \sum_{p \in P} \sum_{q \in Q} \sum_{x \in X} \sum_{y \in Y} (\ddot{\omega}_p^t + \ddot{\rho}_q^t) \cdot \upsilon_{ST}^{xyt} \leqslant I_{ST}^t \\ \sum_{i \in N} \sigma_{PH}^t \cdot A_i^t \leqslant I_{PHC}^t \\ \sum_{j \in J} \sigma_{SN}^t \cdot B_j^t \leqslant I_{PHC}^t \end{cases}, \text{ for } \forall t \in T \quad (6-9)$$

约束式(6-9)规定每阶段扩建的 ULS 网络枢纽节点、辐条节点、一级隧道和二级管道的设施土建成本不超过各自部分的预算。

$$\begin{cases} \sum_{s \in S} \sum_{j \in J} d_{sj}^{t} \cdot A_{i}^{t} \cdot (X_{sij}^{t} + Z_{sij}^{t}) \leqslant \dfrac{I_{PHE}^{it} \cdot \varphi_{PH}}{\rho_{PH}^{t}} \\ \sum_{s \in S} \sum_{j \in J} d_{sj}^{t} \cdot B_{j}^{t} \cdot Y_{sjj'}^{t} \leqslant \dfrac{I_{SNE}^{j't} \cdot \varphi_{SN}}{\rho_{SN}^{t}} \end{cases}, \text{ for } \forall i, j, t \quad (6-10)$$

$$\begin{cases} \max \left\{ \sum_{s \in S} \sum_{j \in J} d_{sj}^{t} \cdot \alpha_{sjr}^{t}, \sum_{i \in N} \sum_{i' \in N} \delta_{ii'}^{t} \cdot \alpha_{ii'r}^{t} \right\} \leqslant \sum_{u \in U} \kappa_{FT}^{u} \cdot cap_{FT}^{u} \\ \sum_{s \in S} \sum_{j \in J} d_{sj}^{t} \cdot \beta_{sjw}^{t} \leqslant \sum_{y \in Y} \kappa_{CV}^{y} \cdot cap_{CV}^{y} \end{cases}, \text{ for } \forall w, t, r \quad (6-11)$$

约束式(6-10)规定任意 PH 节点或 SN 节点在任意扩建阶段所配备的物流设备处理能力大于节点物流承载量。约束式(6-11)保证任意货运机车或胶囊小车在任意扩建阶段所装载的货运量不超过其最大运力。

$$\begin{cases} \sum_{s\in S}\sum_{j\in J}\sum_{r\in R}d_{sj}^t \cdot \alpha_{sjr}^t + \sum_{i\in N}\sum_{i'\in N}\sum_{r\in R}\delta_{ii'}^t \cdot \alpha_{ii'r}^t \leqslant \sum_{u\in U}\sum_{v\in V}\sum_{t=1}^t \kappa_{\mathrm{FT}}^v \cdot \kappa_{\mathrm{FT}}^u \cdot \dfrac{I_{\mathrm{FT}}^t \cdot cap_{\mathrm{FT}}^u}{\varepsilon_{uv}^t} \\ \sum_{s\in S}\sum_{j\in J}\sum_{w\in W}d_{sj}^t \cdot \beta_{sjw}^t \leqslant \sum_{x\in X}\sum_{y\in Y}\sum_{t=1}^t \kappa_{\mathrm{CV}}^x \cdot \kappa_{\mathrm{CV}}^y \cdot \dfrac{I_{\mathrm{CV}}^t \cdot cap_{\mathrm{CV}}^y}{\gamma_{xy}^t} \end{cases}, \text{for}\,\forall\, t\in T$$

(6-12)

约束式(6-12)保证任意阶段所有 ULS 运载制式所提供的总运能不小于网络实际承担的货运量。

$$\sum_{w\in W}\beta_{sjw}^t \leqslant \sum_{r\in R}\alpha_{sjr}^t \leqslant 1, \sum_{r\in R}\alpha_{ii'r}^t \leqslant 1, \text{for}\,\forall\, s, j, i, i', t \qquad (6\text{-}13)$$

$$\sum_{r\in R}\alpha_{sjr}^t \leqslant \sum_{i\in N}(X_{sij}^t + Z_{sij}^t), \sum_{w\in W}\beta_{sjw}^t \leqslant \sum_{j'\in J}Y_{sjj'}^t, \sum_{r\in R}\alpha_{ii'r}^t \leqslant \sum_{i'\in N}O_{ii'}^t, \text{for}\,\forall\, s, i, j, t \qquad (6\text{-}14)$$

约束式(6-13)说明每个 OD 的一级网络运输活动至多分配给唯一货运机车负责,二级网络运输活动至多分配给唯一胶囊小车负责,如果该 OD 的一级运输活动没有发生,则二级运输过程同样不存在。约束式(6-14)说明若不建立枢纽节点,则货运机车无法组织一级、二级网络运输;若不建立辐条节点,则胶囊小车无法组织二级网络运输。

$$\sum_{q\in Q}M_{sjq}^t \leqslant \sum_{g\in L}U_{sjg}^t, \sum_{p\in P}R_{sjp}^t \leqslant \sum_{g\in L}U_{sjg}^t = 1, \sum_{p\in P}\zeta_{sjp}^t \leqslant \sum_{g\in L}U_{sjg}^t, \text{for}\,\forall\, s, j, t \qquad (6\text{-}15)$$

$$B_j^t + M_{sjq}^t + \zeta_{sjp}^t \leqslant 1, W_{ii'h}^t \leqslant A_i^t, X_{sij}^t + Z_{sij}^t < A_i^t, Y_{sjj'}^t < B_{j'}^t \qquad (6\text{-}16)$$

$$W_{ii'h}^t \leqslant \zeta_h^t, V_{sjh}^t \leqslant \zeta_h^t, T_{sjq}^t \leqslant \rho_q^t, U_{sjg}^t \leqslant \xi_g^t, R_{sjp}^t \leqslant \varphi_p^t \qquad (6\text{-}17)$$

约束式(6-15)保证正向 OD 在各阶段 ULS 网络中的旅行路径唯一性;约束式(6-16)表明若节点的建设计划不包含在本阶段的扩建决策集中,则无法进行货流指派工作;约束式(6-17)表明若一级、二级通道的建设计划不包含在本阶段的扩建决策中,则无法进行货流指派工作。

$$\begin{cases} \sum_{i\in N}A_i^t \cdot X_{sij}^t \leqslant \sum_{g\in L}\sum_{h\in H}(\xi_g^t \cdot U_{sjg}^t + \zeta_h^t \cdot V_{sjh}^t) \\ \sum_{i\in N}\sum_{j'\in J}B_j^t \cdot Y_{sjj'}^t \leqslant \sum_{p\in P}\sum_{q\in Q}(\ddot{\omega}_p^t \cdot R_{sjp}^t + \ddot{\rho}_q^t \cdot T_{sjq}^t), \quad \text{for}\,\forall\, s, i\neq i', j\neq j', t \\ O_{ii'}^t \cdot \sum_{i\in N}A_i^t \leqslant \sum_{h\in H}\zeta_h^t \cdot W_{ii'h}^t \end{cases}$$

(6-18)

约束式(6-18)保证每阶段扩建后的 ULS 网络设施能够被有效利用并组织货运，即每次扩建决策集中不包括孤立的节点或通道设施。

$$\begin{cases} \sum_{s \in S} \sum_{j \in J} \sum_{r \in R} d_{sj}^t \cdot \alpha_{sjr}^t = \sum_{s \in S} \sum_{j \in J} \sum_{g \in L} d_{sj}^t \cdot U_{sjg}^t = \sum_{s \in S} \sum_{j \in J} \sum_{h \in H} d_{sj}^t \cdot V_{sjh}^t \\ \qquad\qquad\qquad = \sum_{s \in S} \sum_{j \in J} \sum_{p \in P} d_{sj}^t \cdot (R_{sjp}^t + \zeta_{sjp}^t) \\ \sum_{s \in S} \sum_{j \in J} \sum_{w \in W} d_{sj}^t \cdot \beta_{sjw}^t = \sum_{s \in S} \sum_{j \in J} \sum_{p \in P} d_{sj}^t \cdot R_{sjp}^t \\ \sum_{i \in N} \sum_{i' \in N} \sum_{r \in R} \delta_{ii'}^t \cdot \alpha_{ii'r}^t = \sum_{i \in N} \sum_{i' \in N} \sum_{h \in H} \delta_{ii'}^t \cdot W_{ii'h}^t \end{cases}, \text{for } \forall t \in T \quad (6\text{-}19)$$

约束式(6-19)为各阶段 ULS 网络各级设施的货运流量守恒机制。

6.3 混合优化-仿真解决方案设计

6.3.1 文化基因-蚁群联合优化算法

通过初步分析可知上述资源受限下的 ULS 网络开发时序优化模型是一类具有 NP 难复杂度的非线性多目标混合整数规划模型(Multi-objective MINLP Model)。考虑到一般仿真模型无法实现大规模高维度解空间的迭代寻优，有必要针对此问题开发性能卓越的启发式算法程序，并将其嵌入离散事件仿真平台中以获得网络在各阶段开发时序的高质量近似最优解，再通过仿真实验对算法的有效性进行验证，并对结果进行可视化呈现。为此，本节在 HOS 解决方案中设计了一种文化基因-蚁群联合优化算法(Memetic-Ant Colony Optimization Algorithm，MACO)。

文化基因算法(Memetic Algorithm，MA)最早由 Moscato 等[8]在 1989 年通过局部启发式搜索来模拟由大量专业知识支撑的变异过程中所提出，是进化算法与局部搜索算法的融合产物。MA 遵循遗传算法中的遗传算子(即交叉、变异和选择)，但不同点在于后者是模拟生物进化的简单过程，而 MA 则在生物进化过程中加入了选择性局部突变策略来控制进化的方向，这种全局搜索和局部搜索的结合机制使得 MA 在全局搜索效率方面比传统遗传算法高几个数量级。目前，文化基因算法已被广泛应用于各个领域的优化问题求解，如生产调度、自动控制、离散优化和图像处理等方面，并得到了令人满意的结果。

学者普遍认为 MA 是一种扩展度极高的算法逻辑框架，可以与不同类型的启发式搜索算法相互结合。在 MA 框架下，需要根据优化问题的特征引入不同的启发式策略，从而调整文化基因的搜索流程，进一步提升整体算法的寻优性能。针对 RC-ULS-CS 模型的复杂性和大规模变量，本书选择人工蚁群算法(Ant Colony Optimization，ACO)与 MA 框架相结合。ACO 是一种模拟蚂蚁觅食行为的元启发式算法，由意大利学者 Dorigo 等[9]于 1991 年提出。蚂蚁通过一种名为"信息素"的化学物质轨迹进行间接交流，蚁群内的蚂蚁对信息素具有感知能力,它们会沿着信息素浓度较高的路径行走,而每只路过的蚂蚁都会在路上留下信息素,这就形成一种类似正反馈的机制。一旦所有蚂蚁完成了旅程,则调用全局更新规则对网络中的信息素浓度进行更新。信息素会随时间自行挥发。

MACO算法的伪代码和总体流程图如表6-2和图6-4所示,具体实现步骤介绍如下。

步骤一:初始化可行策略集。随机从一个可行解开始,根据固定的概率参数$prob\ a1$进入文化基因算法迭代或蚁群算法迭代。

步骤二:文化基因算法。

(1) 初始化和编码。

对目标函数的决策变量进行编码,编码方法影响遗传操作的进化。编码方法有二进制编码、浮点编码和符号编码,它们各有优势。二进制编码由0,1组成二值符号集,一个位可表现两种状态信息,具有操作简易、遗传操作便于实现的优点;浮点编码中,每个基因值用某一范围浮点数表示,相较二进制编码有更高精度,适用于对精度要求较高的情况;符号编码指的是个体染色体编码串中的基因值取自一个无数值含义而只有代码含义的符号集,例如{A,B,C,…},符合有意义积数块编码原则。为了方便计算,本研究中使用二进制0,1编码。依据目标函数和约束条件生产包含N个可行解的初始种群S_0,确定交叉率P_c和变异率P_m,设置最大进化代数K,以及令进化代数计数器$k=0$。

(2) 基因操作。

① 选择操作:选择过程创造了一个机会,把一个好的解决方案的基因传递给下一代。利用轮盘赌法对配对池中的染色体进行选择,根据染色体的适应度值对染色体的概率进行评估。个体适应度值越大,被选择的概率越大。

② 交叉操作:指的是使两个相互配对的染色体按某种方式相互交换部分基因,进而形成两个新的个体。N个染色体可随机分配为$N/2$对,一对染色体中的每条染色体上都有对应的相同数量的决策变量编码。针对每条染色体取一个随机数$\tau \in [0,1]$,若$\tau < P_c$,则将该成对的两条染色体交叉,否则不进行交叉操作。

③ 变异操作:是指将个体染色体编码串中的某些基因座上的基因值用该基因座上的其他等位基因进行替换,从而形成新的个体。采用均匀变异法,对每个染色体随机产生随机数$\tau \in [0,1]$,若$\tau < P_m$,则对该染色体进行变异操作,变异后个体若是可行解则保留,否则重新进行变异操作。

步骤三:蚁群算法。

(1) 针对相关参数进行初始化。相关参数包括蚁群规模m、信息素因子τ(反映蚂蚁在移动过程中所积累的信息素量对蚁群搜索的影响程度)、启发函数因子α和β(反映启发式信息对蚁群搜索过程的影响程度)、信息素挥发因子ρ(信息素衰减的速率)以及最大迭代次数等。

(2) 将m个蚂蚁随机选择n个可行解作为出发点。每个可行解点的初始信息素浓度相同。

(3) 蚂蚁 k 以状态转移概率 P 选择子集 Si,P 可由以下公式计算所得：

$$P(t)=\begin{cases}\dfrac{\tau_i(t)^\alpha \eta_i(t)^\beta}{\sum\limits_{s\in Allow_k}\tau_s(t)^\alpha \eta_s(t)^\beta}, & i\in Allow_k \\ 0, & else\end{cases} \quad (6-20)$$

(4) 更新信息素。每次迭代后，计算所经过路径长度 L_k，记录当前最优解。所经过路径上的信息素将加深，在 $t+1$ 时刻，信息素由 $\tau_j(t+1)=\rho\cdot\tau_j(t)+\Delta\tau_j(t,t+1)$ 计算。后来的蚂蚁再次来到此路口时，将选择信息素浓的路径。

表 6-2   MACO 算法伪代码

文化基因算法(MA)伪代码	蚁群算法(ACO)伪代码
1. *Input*	1. Initialize each variable
2. $t=0$；	2. $iter=1$
3. $P(t)=$InitPop();	3. $MaxIter$：Maximum number of iteration
4. $P(t)=$LocalSearch($P(t)$);	4. m：number of ants
5. EvaluateFitness($P(t)$);	5. $OptimalResult$：store the optimal result
6. Crossover_rate←crossover rate;	6. while $iter\leqslant MaxIter$ do
7. Mutation_rate←mutation rate;	7. $Starts=zeros(1,m)$
8. while $t=1$; t<Max_iterator; t++ (stopping criteria not met) do	8. for $k=1:m$
9. $P'(t)=$SelectForVariation($P(t)$);	9. $Starts(k)=random(S)$
10. $P'(t)=$Recombine($P'(t)$);	10. for $k=1:m+9$
11. $P'(t)=$Mutate($P'(t)$);	11. $optimal=\{\}$
12. $P'(t)=$LocalSearch($P'(t)$);	12. $optimal=\{Starts(k)\}$
13. EvaluateFitness($P'(t)$);	13. $pre\_Subset=Starts(k)$
14. $P(t+1)=$SelectNewPop($P(t),P'(t)$);	14. $X=X-Starts(k)$
15. $t=t+1$；	15. $S=S-Starts(k)$
16. end while	16. while $X\neq\varnothing$
17. end	17. $S_j=Max(p(pre\_Subset,S_j),S_j\subseteq S)$
18. *return* Best solution and objective values	18. $optimal=optimal+S_j$
	19. $pre\_Subset=S_j$
	20. $X=X-S_j$; $S=S-S_j$
	21. end while
	22. update τ and probabilistic matrix P
	23. end while
	24. if $\lVert optimal\rVert<\lVert optimalResult\rVert$ or $optimalResult=\varnothing$ do
	25. $optimalResult=optimal$
	26. $iter=iter+1$
	27. end

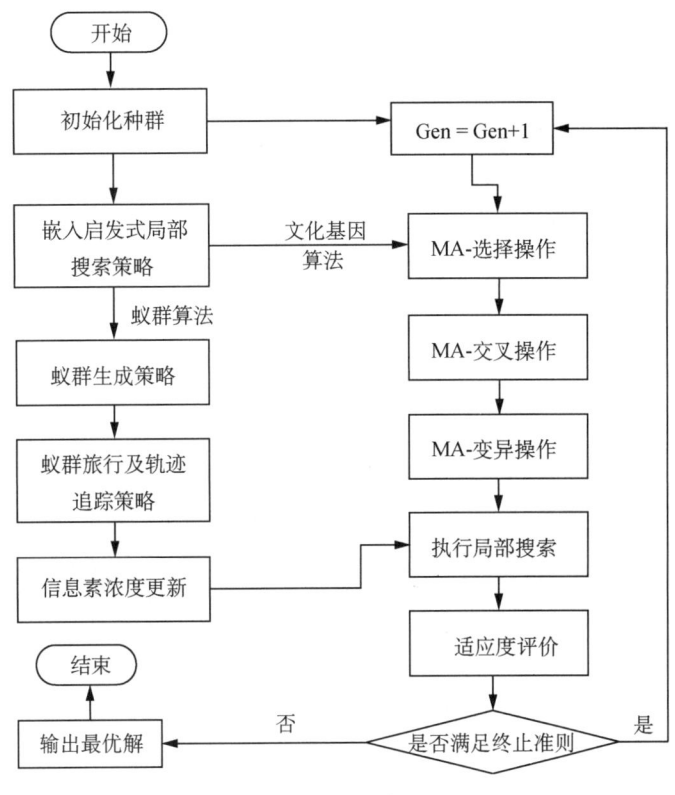

图 6-4　MACO 算法流程

步骤四：执行局部搜索过程，并将改进适应性函数。可以根据不同的策略进行设计，爬山算法、模拟退火、紧急搜索都是常用的局部搜索算子方法。在局部搜索过程中，每个操作仅可执行一次。对每个操作进行可行的改进直到无法改进。对每个解进行适应度评价，保留最优者。

步骤五：适应性函数评价。判断是否满足迭代结束条件：当满足时，迭代结束，此时的解为最优解；当未满足时，返回步骤一，进入下一轮迭代。

6.3.2　基于 AnyLogic 的建模仿真

在 ULS 的网络规划中，大量复杂抽象的问题很难通过单一的建模方法（如数学模型）来真实有效地描述。尤其是在动态变化的外部货运需求和内部网络扩展的情况下，采用解析方法来描述 ULS 的运营是十分困难的。因此，本节利用仿真软件对 ULS 网络的动态发展过程进行仿真实验并量化分析，其结果可以进一步验证不同网络开发方案的建模优化结果的有效性。

在目前世界通用的建模仿真软件中，AnyLogic 仿真软件在物流、供应链、制造生产业、行人交通仿真、城市规划、建筑设计和港口机场等复杂系统领域都得到了广泛的应用。使用 AnyLogic 可以帮助不同行业的工程技术人员和管理人员针对特定工程进行深入分析,通过分析虚拟工程原型环境和考虑外部因素,模拟具有复杂网络的动态系统。

AnyLogic 的仿真建模主要基于其自带的各种流程库和智能体模块。流程库可以将复杂的运营过程流程化,智能体模块则是用以描述运营过程中的动态特征。以 ULS 运营为例,通过分析仿真目标,基于流程库中的组件,将货物由物流园区至货运需求点的运输过程流程化。通过定义 ULS 枢纽节点等具有决策功能的智能体,并设置其货物处理能力和其在 ULS 网络中的 OD 等参数,模拟货物在 ULS 枢纽节点等物流设施中的处理和配送过程。对于 ULS 网络而言,通过模型的构建,AnyLogic 可以将不同时间段和网络规模下的 ULS 货物运输的流程以最直观的方式呈现出来。AnyLogic 中包含的各主要功能模块如表 6-3 所示。

表 6-3　AnyLogic 功能模块

模块归属	模块符号	模块名称	模块说明
流程建模库	●	Port	端口在消息传递机制中扮演中心角色,消息通过端口发送和接收,流程建模库中模块通过端口实现连接
	➡	Enter	将已经存在的智能体插入过程流程图的特定位置中
	✖	Sink	从模型中彻底移除智能体,通常是过程流程图中的一个端点
	👥	Resource Pool	定义资源单元组,资源是智能体在执行某些任务时需要的对象,如车辆和泊位等
	➖	Hold	用于临时阻止智能体在执行过程流程图中位于 Hold 模块后的动作,其阻止条件通过编程控制
	Ⅲ	Quene	以先进先出或基于优先级等准则缓冲流程图中下一个模块接受的智能体,其队列容量可以动态改变
	⏰	Service	获取给定数量的资源单元,延迟智能体并再释放获取的单元
	→🏁	Move To	将智能体及其附加的资源以智能体速度移动到节点或 GIS 点等目的地
智能体	🧍	Agent	智能体,可代表各种事物,本模型中定义为客户需求、节点和运输路径等
	⚭	Connection	集合,表示一组对象,用于定义将多个元素分组为单个单元的数据对象,用于存储、检索和操作聚合数据
	F	Function	函数,表示每次用户从模型中调用表达式时返回该表达式的值
	⚡	Event	事件,是在模型中安排一些动作的最简单方法,通常用于延迟和超时建模

（续表）

模块归属	模块符号	模块名称	模块说明
智能体	V	Variable	变量，表示模型状态，通常用于存储模型模拟的结果，或对随时间变化的一些数据单元或对象特性进行建模
	⟨链接图⟩	Link to Agents	链接到智能体，定义了不可移动智能体间的联系网络
	⟨饼图⟩	Parameter	参数，用于表示被建模对象的一些特征，通常静态地描述对象

6.3.3 动态仿真建模过程

ULS 动态网络开发时序和效益仿真需要对城市货运网络、货运环境和运输流程进行系统分析和设置。城市货运网络包含地面货车运输线路、ULS 一级隧道、ULS 二级管道和 ULS"最后一公里"配送地面运输线路四种运输路段。ULS 的货运环境不仅需要考虑不断扩展的 ULS 网络和实时建设的配套基础物流设施，还需要考虑动态的城市货运需求以及路面交通情况，对正向 OD 和同城 OD 的运输方式和运输路线进行选择。因此，本节将动态的货运环境和实时的 ULS 网络开发情况作为 AnyLogic 模型的输入条件，按照运输流程构建结合 ULS 和地面货车运输的城市货运网络，并仿真模拟 ULS 的外部效益、内部运输效率和 ULS 网络的货运能力。

在城市货运网络设置中，基于第 5 章的北京市案例，通过 Excel 表格导入物流园区、枢纽节点、货运需求点的相关经纬度信息，构建城市物流网络模型。根据 ULS 网络"资源-时序"模型的优化结果，城市货运网络随模拟时间实时更新。

货运环境按照第 6.2.1 节中的 ULS 运营相关假设进行智能体构建。AnyLogic 模型分别从地面货车运输和 ULS 运输以及正向 OD 和同城 OD 两个角度，构建了包含各类货运机车、物流园区以及各级 ULS 节点和网络隧道、管道的 10 个智能体群。智能体由一系列的变量、调用函数、判断语句和生成的统计数据集所构成，主要对货运起始和目的地、货运机车速度、隧道容量上限、节点处理能力上限等进行设定。货运 OD 以及 ULS 网络隧道、管道和各级节点的货物处理能力等信息需要通过 Excel 表格的形式导入智能体模型中，实现 ULS 网络开发时序的动态展示。图 6-5 展示了 ULS 动态网络开发时序和效益仿真模型中的主要内容。

在货运流程建模中，主要将离散事件流程赋予智能体，从而实现多智能体之间的交互。图 6-6 以"ULS_vehicle"智能体为例，展示了 ULS 货运机车在一级隧道中进出一系列枢纽节点的离散事件流程，包括到达/离开队列、机车延迟等待和装卸货操作等。模型主要由 Quene、Service 和 Move To 等模块构成。

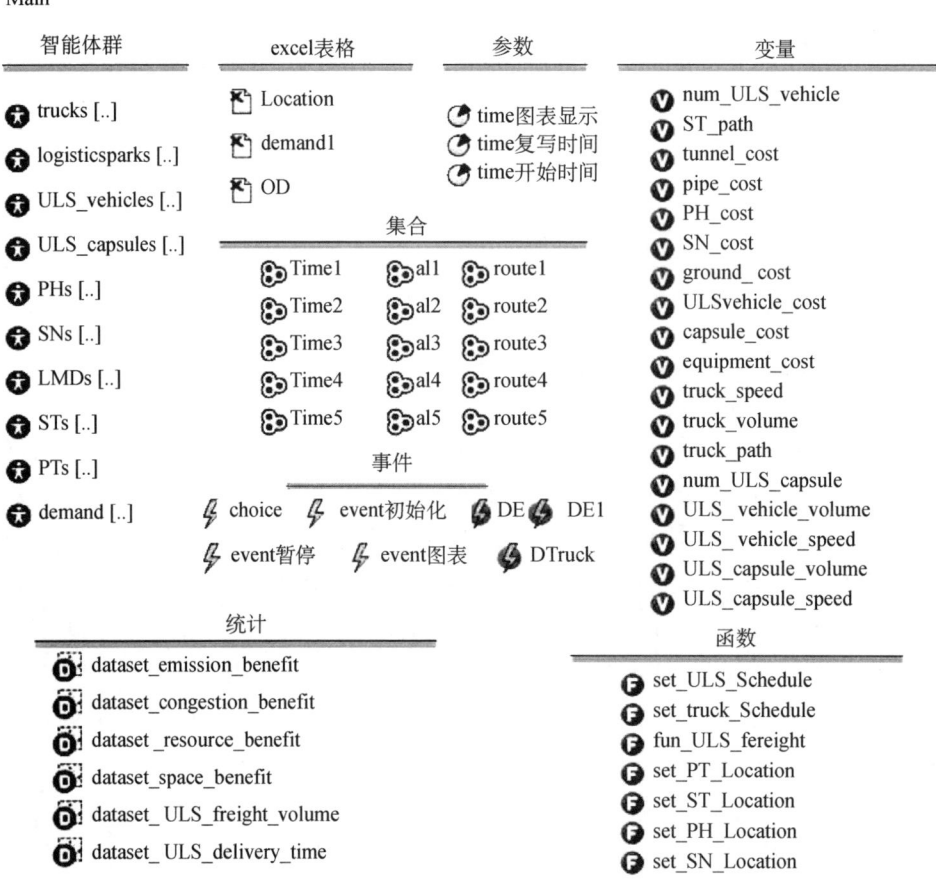

图 6-5 ULS 动态网络开发运营仿真模型

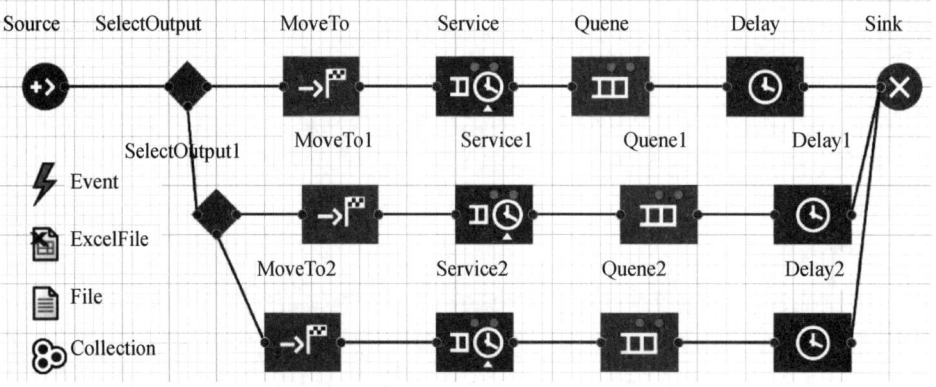

图 6-6 ULS 货运机车智能体中的离散时间逻辑

6.4 案例研究：北京市五环城区地下物流网络开发时序与资源配置

6.4.1 案例背景

根据前文的计算结果，对 AnyLogic 模型中的各种参数进行数值设定。货运 OD 数据依照第 3 章和第 4 章的分析结果进行参数设定。ULS 网络开发情况依据网络开发时序优化模型的计算结果进行设定。模型中的主要物流设备、设施参数购置及建设成本如表 6-4 所示，ULS 运营相关的主要模型参数设置如表 6-5 所示，相关参数主要参考 Dong 等[5]和 Hu 等[6]的相关研究。

表 6-4　　　　　　　　　设施和设备成本

变量	造价/购置价格(折旧至每天)	单位
σ_{PH}^{t}	4 109	元/个
σ_{SN}^{t}	1 370	元/个
υ_{PT}^{uvt}	1 917	元/km
υ_{ST}^{xyt}	548	元/km
ε_{uv}^{t}	183	元/节
γ_{xy}^{t}	81	元/辆
$\rho_{PH}^{t}, \rho_{SN}^{t}$	137	元/套

表 6-5　　　　　　　　　模型参数

变量	数值	单位
$\varphi_{PH}, \varphi_{SN}$	360	件/h
cap_{FT}^{u}	1 875	件包裹/节
cap_{CV}^{y}	190	件包裹/辆
$\dot{\omega}_{PH}, \dot{\omega}_{SN}$	1	—
χ_{carbon}	284.7	g/km
τ_{carbon}	681.4	元/t
χ_{NO_x}	1.01	g/km
τ_{NO_x}	9.9	万元/t
χ_{PM}	0.12	g/km
τ_{PM}	25.2	万元/t
η	1	—

(续表)

变量	数值	单位
SJZ	93.5	元/h
ZK	2	人/车
GFT	0.36	—
CH_t	8.94	百万车次
SPD	8	km
μ	3	—
MQ	0.125	L/km
OIL	5.4	元/L
GD_{FT}, GD_{CV}	0.002	度/(km·件)
SAV	0.35	元/度

注：表中 GD_{FT}、GD_{CV}、SAV 的单位中的"度"表示用电的度数，即 kW·h。

根据上文描述，ULS 一级隧道和二级管道中分别采用货运机车和胶囊小车进行运输。模型中假设的货运机车按照最多 5 节车厢成组的形式进行运输。实际运营过程中，可以根据货运需求合理地安排成组运输的货运车厢数目，减少空车率，节约购置成本。地面运输则采用轻型燃油货车。模型中 ULS 以及地面运输的货运包裹体积均按照 40 cm×40 cm×40 cm 进行计算。

仿真运行基本参数设置如表 6-6 所示。考虑到同一年份内，ULS 的货运环境保持一致，因此模拟以月为单位进行，运行时长为 15 年，将网络的环境效益、减少拥堵效益、减少能耗效益、ULS 货运能力和单件包裹平均运输时间等评价指标每年的数值结果输出至 Excel 进行后续分析。

表 6-6　AnyLogic 仿真运行参数

语言	程序运行时间	固定时间步长	最大内存
JAVA	12×15 月	1 s	4 048 MB

6.4.2　地下物流网络开发策略对资源配置的影响

三种开发策略下的资源配置优化结果如图 6-7 所示。优化结果得出，ULS 网络完全实施后，共需 ULS 货运机车 379 节、胶囊小车 1 393 辆、轻型货车 948 辆、物流设备 987 套，才可以满足区域内全部的货运需求。

通过纵向对比不同开发方案可以得出，在网络开发前期和中期，三种方案都快速扩展一级隧道和枢纽节点。考虑到隧道和枢纽节点高昂的建设成本，三种方案在网络开发前期和中期都优先将资源用于 ULS 一级网络的扩展。在网络开发中期和后期，二级管道和

第 6 章　城市地下物流网络开发时序与资源优化配置

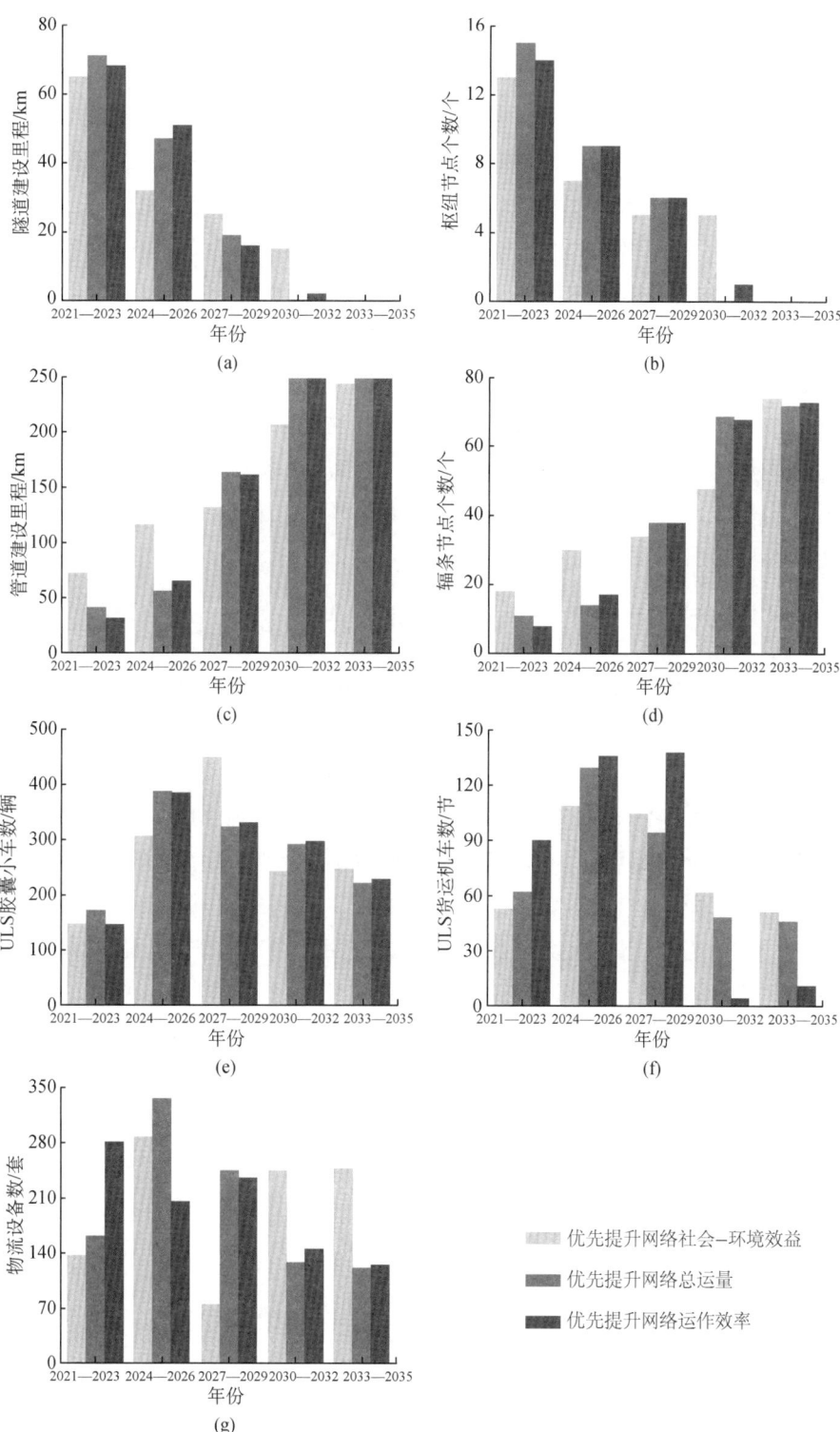

图 6-7　分时段最优资源配置

辐条节点组成的二级网络则快速扩展。同时,为了满足不断增长的货运需求,物流设备数目也随着 ULS 网络规模的扩大而不断增长。通过横向对比不同开发方案可以得出,在优先提升网络总运量方案下,一级网络的开发速度最快,最早可于 2029 年年末全面形成。其他两种方案的开发速度虽然相对较慢,但也可于 2032 年年末形成一级网络。此外,由于货运干线中断往往会造成 ULS 运输路径的增长,进而影响运输时间,因此,优先提升网络运作效率方案的一级网络开发速度要快于优先提升网络社会-环境效益方案。针对二级网络的资源配置,结果表明在网络开发前期和中期,优先提升社会-环境效益方案下的二级网络开发速度要远快于其他两种方案。物流设备方面,ULS 货运机车的配置数目在优先提升网络运作效率方案下增速最快。

总体而言,优先建成连通城市周边物流园区和城市内部主要物流枢纽节点的一级网络是满足不同优化目标的必要条件。尤其在优先提升网络总运量的方案下,只有尽快将城市内部货运需求点同周边物流园区相连接,形成区域内的 ULS 网络货运干线,才能最大限度地增加网络已覆盖区域的货运需求。

6.4.3 地下物流网络开发策略对网络开发时序的影响

不同开发策略下城市 ULS 网络开发情况如图 6-8 所示。由网络开发结果可知,三种开发方案都会优先扩展 ULS 一级网络,同上文资源配置结果相一致。其中,中心城区的"环状"ULS 网络处于优先开发地位,这是由于"环状"网络的建成有助于城市内部货运需求点接收所有城市外围物流园区的货物,从而可以极大地增加 ULS 的货运量,同时带来巨大的运营利润和外部效益。并且,"环状"ULS 网络也有助于优化运输路径、减少运输时间、提升网络运作效率。因此,在网络开发前期和中期,三种方案都会尽快形成城市中心城区的"环状"网络,并迅速将其同城外物流园区相连接。此外,随着"环状"ULS 网络的逐步建成,"突触"状的一级 ULS 网络货运支线也开始开发,以进一步覆盖离"环状"网络距离较远的货运需求点。

对于二级网络,在优先提升网络社会-环境效益方案下,网络优先向中心城区扩展。这是由于中心城区货运外部成本远高于城市周边区域,只有尽可能快地将中心城区货物转入地下运输,才能最大限度地提升 ULS 网络的外部效益。在其他两种开发方案中,二级网络的扩展则以优先覆盖货运需求较多的区域为目标,从网络形式上看,分时段新扩展的二级网络在区域内分布相对均匀。

6.4.4 地下物流网络开发策略对网络运营的影响

通过 AnyLogic 软件模拟仿真,ULS 网络所覆盖的货运需求点数目和网络总运量结果如图 6-9 所示。通过对比三种方案可以得出,在网络开发前期和中期,优先提升网络社会-环境效益方案下的货运需求点个数有时会高于其他两种方案。但是,从网络实际货运量数据来看,其他两种开发方案的货运量则明显较高。虽然优先提升网络社会-环境效益

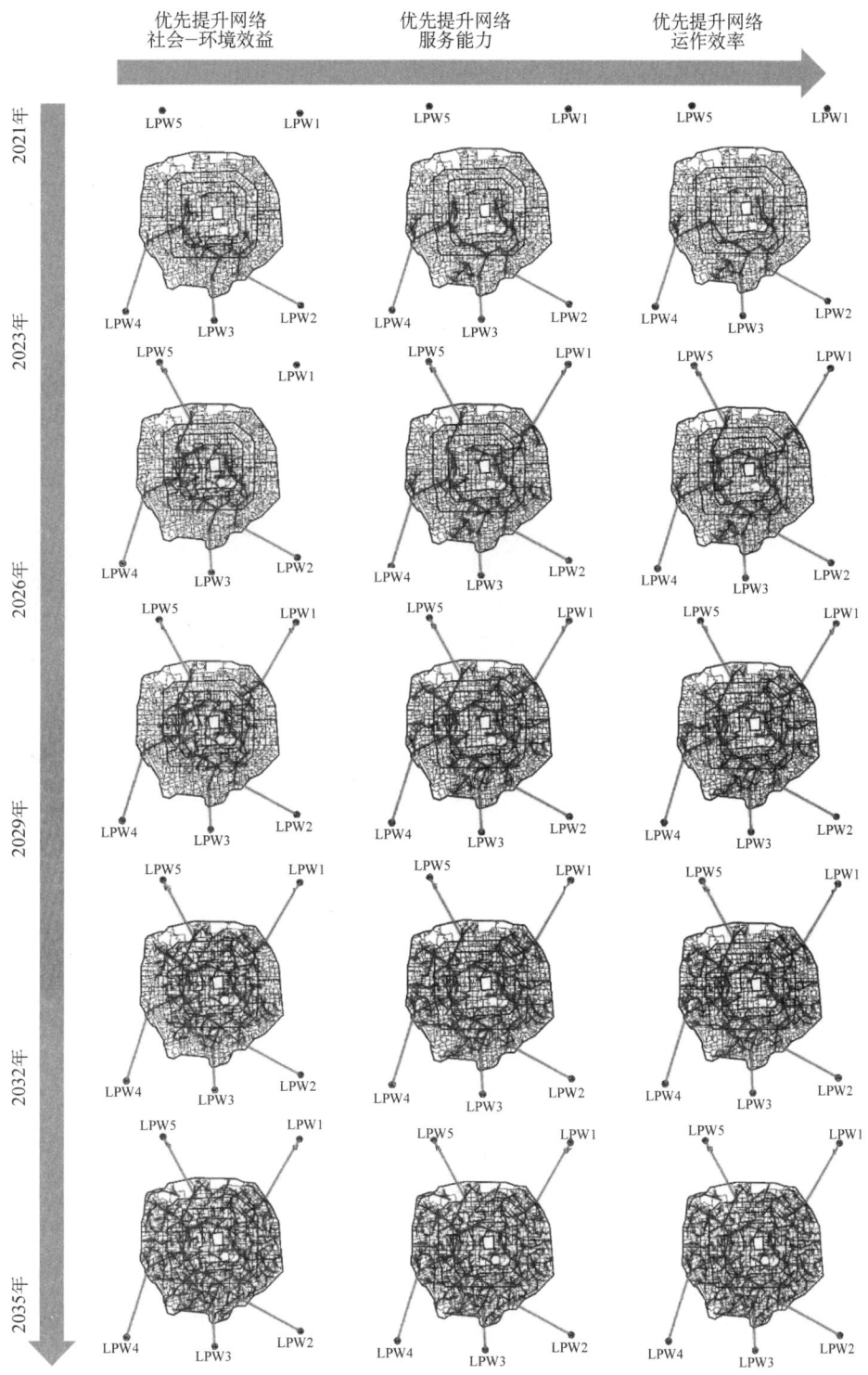

图 6-8 城市 ULS 网络开发时序

方案投入大量资源以快速扩展二级网络，从而更快地覆盖案例区域内的货运需求点，但是其枢纽节点开发较慢，无法将大量同城货运纳入 ULS 服务的范畴。同时，由于"环状"网络同城外物流园区之间连接通道扩展速度较慢，也无法有效地将大量的城外货物运输至城内货运需求点。因此，在优先提升网络社会-环境效益下，其货运需求点数目虽然较多，但是网络总运量却相对较少。反之，由于其他两种方案下的一级网络最先形成，因此其货运量较高。结果显示优先提升网络总运量方案在三种方案中的网络货运量最高，这也验证了数学建模的有效性。

随着一级网络的逐步扩展，三种方案的货运需求点数目和货运量逐渐趋于一致。在2023—2035 年优先提升网络总运量的方案中，货运需求点数目将达到 631 个，约占总数的 81.5%，同时，其货运量将达到 624.1 万件包裹/d，约占 2035 年区域内货运总量的79.4%。

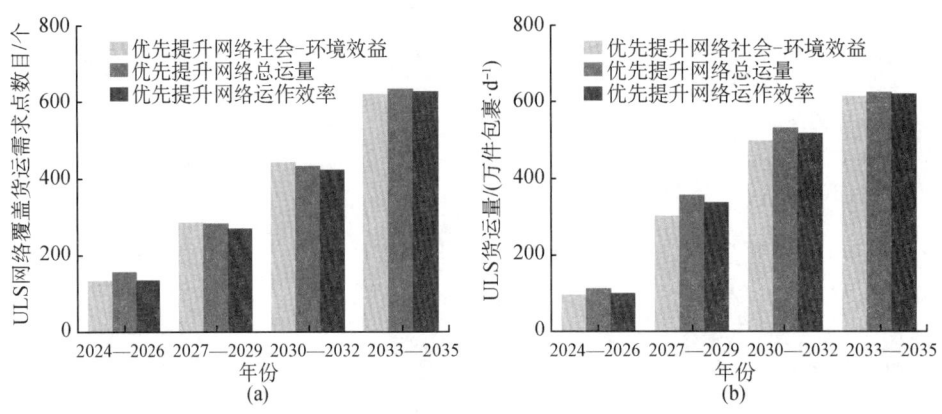

图 6-9　城市 ULS 网络货运量

不同开发策略下城市 ULS 网络社会-环境效益如图 6-10 所示。虽然在网络开发前期和中期，优先提升网络社会-环境效益方案下的实际货运量低于其他两种方案，但是得益于其网络优先覆盖城市货运外部成本较高的中心城区，其外部效益反而高于其他两种方案。2035 年年底，优先提升网络社会-环境效益方案下的外部效益累计达到 1 268.3 亿元，相比于优先提升网络总运量和网络运作效率方案，分别提升了 7.8% 和 12.8%。通过比较三种类型的外部效益可以得出，减少拥堵损失带来的效益占比最高。在 2035 年，优先提升网络社会-环境效益方案下的减少拥堵损失效益可达到 4.2 百万元/d，约占当年总外部效益的 89.4%。

不同开发策略下的订单平均运输时间如图 6-11 所示。得益于优先购置物流设备和货运机车，优先提升网络运作效率方案下的订单平均运输时间相比于其他两种方案都大幅减少，在 2024—2026 年仅有 0.8 h，相比于优先提升网络社会-环境效益和优先提升网络总运量两种方案，其运输时间相对减少了 43.1% 和 43.7%。随着货运量的增长，2033—2035 年其订单平均运输时间增长至 1.46 h，相比于其他方案，减少了 5%。

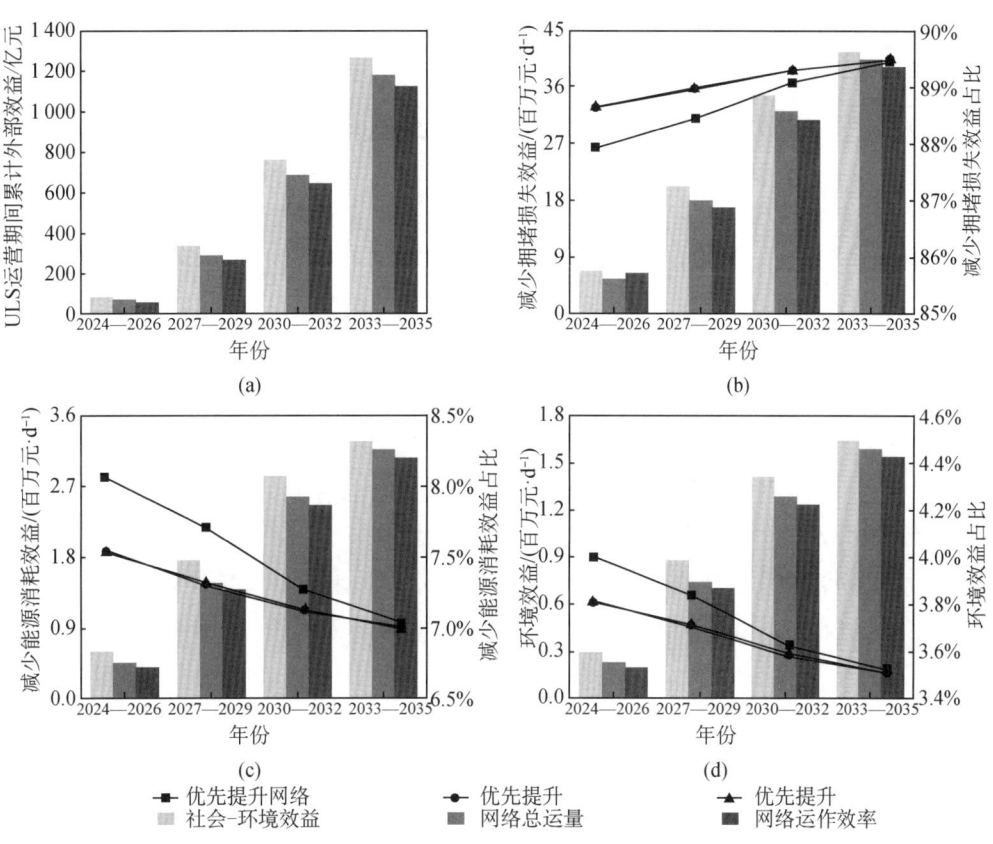

图 6-10 城市 ULS 网络社会-环境效益

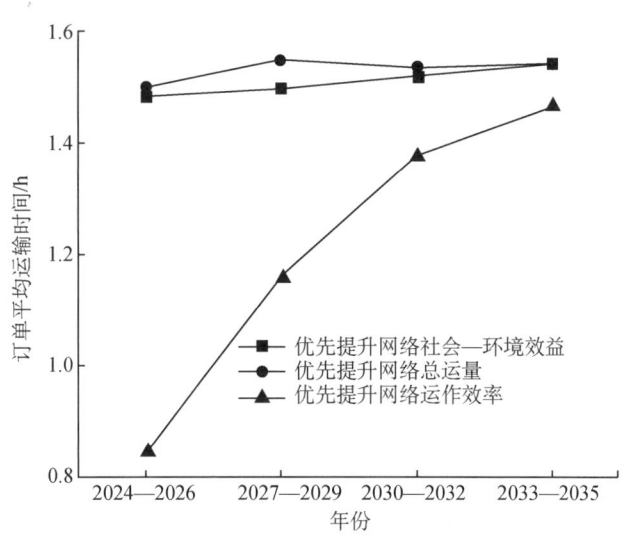

图 6-11 订单平均运输时间

6.5 本章小结

在资源有限的背景下，将城市 ULS 网络布局优化的研究由静态一次性规划扩展至动态分时段规划。在本章研究中，首先从社会-环境效益、网络运作效率和网络总运量三个方面，明确了城市 ULS 网络的优先开发策略，通过分析网络分时段开发过程中有限资源的分配策略，设计 11 项决策对网络分时段开发过程进行描述，进而识别"资源-时序"建模优化问题的边界，并以网络社会-环境效益、总运量和订单平均运输时间为主要目标，分别构建了 RC-ULS-CS 多目标优化模型。考虑 NP 优化问题的计算复杂度，本章将 ULS 网络开发时序问题类比于一类资源受限下的项目调度问题，并设计基于文化基因-蚁群联合优化算法进行求解。在 ULS 实际运营过程中，城市货运需求和道路交通环境随着 ULS 网络的开发而不断变化，具有动态特征。因此，本章进一步采用 AnyLogic 仿真平台，构建 ULS 网络分时段网络开发模型，模拟网络开发全过程，并分析不同网络规模和资源配置下的城市 ULS 运营情况，验证数学建模结果的有效性。通过对比仿真结果发现，不同优先开发策略下的资源配置方案、网络开发情况和网络运营情况各不相同，建模和仿真结果显示如下：

（1）优先形成 ULS 一级网络有助于连接物流园区和主要的枢纽节点，从而形成 ULS 货运干线，并提升网络的货运需求。因此，在网络开发前期和中期，资源优先用于一级网络的开发。同时，相较于一级支线网络，位于中心城区的一级"环形"网络开发速度较快，在促进货运需求点接收不同物流园区货物的同时，提高货物在 ULS 网络中的配送速度。

（2）对比三种开发策略，由于中心城区的货运外部成本较高，因此优先提升网络社会-环境效益方案下的 ULS 二级网络优先向中心城区扩展。在其他两种方案下，二级网络的分布相对均匀。

（3）通过分析网络运营情况可以得出，优先提升网络社会-环境效益、优先提升网络货运量和优先提升网络运作效率的开发方案分别在网络的外部效益、网络货运量和订单平均运输时间方面优于其他两种方案，仿真结果验证了数学建模的有效性。

本章参考文献

[1] Chen Y C, Dong J J, Chen Z L. Optimal carbon emissions in an integrated network of roads and UFTS under the finite construction resources[J]. Tunnelling and Underground Space Technology, 2019, 94: 103108.

[2] Rahman H F, Chakrabortty R K, Ryan M J. Memetic algorithm for solving resource constrained project scheduling problems[J]. Automation in Construction, 2020, 111: 103052.

[3] Kadri R L, Boctor F F. An efficient genetic algorithm to solve the resource-constrained project scheduling problem with transfer times: The single mode case[J]. European Journal of Operational

Research, 2018, 265(2): 454-462.

[4] Ge H, Nolan J, Gray R, et al. Supply chain complexity and risk mitigation—A hybrid optimization-simulation model[J]. International Journal of Production Economics, 2016, 179: 228-238.

[5] Dong J J, Xu Y X, Hwang B-G. The impact of underground logistics system on urban sustainable development: A system dynamics approach[J]. Sustainability, 2019, 11(5): 1223.

[6] Hu W J, Dong J J, Hwang B-G. Hybrid optimization procedures applying for two-echelon urban underground logistics network planning: A case study of Beijing[J]. Computers and Industrial Engineering, 2020, 144: 106452.

[7] Coulombel N, Dablanc L, Gardrat M. The environmental social cost of urban road freight: Evidence from the Paris region[J]. Transportation Research Part D, 2018, 63: 514-532.

[8] Moscato P. On evolution, search, optimization, genetic algorithms and martial arts-towards memetic algorithms[J]. Caltech Concurrent Computation Program, 1989.

[9] Colorni A, Dorigo M, Maniezzo V. Distributed optimization by ant colonies[C]. European Conference on Artificial, 1991.

第 7 章
考虑碳排放的地上地下一体化货运网络资源配置及扩张研究

本章考虑在耦合网络背景下为不同资源配置方案对应新建不同的货运道路,即不同的网络扩张策略,将导致耦合网络的结构形态发生变化,货运的效能也将有不同程度的改善,对城市交通也将造成不同影响。

随着全球气候变暖以及对环境友好型社会发展的要求愈加迫切,使用清洁能源并减少碳排放量也成为评价货运方式的重要指标之一[1]。同时,不同网络扩张策略对城市道路交通的改善程度可以通过碳排放量进行描述[2]。截至目前,考虑碳排放量的耦合网络资源优化配置及扩张研究鲜见。而由于地下工程的建设具有不可逆性,施工对地下空间和周边环境造成的影响很难消除。因此,在已有的耦合网络中,应充分发挥资源效益,减少货物运输产生的碳排放量,优化网络的扩张策略。

在本章研究中,主要依据地上道路与地下物流系统的能耗来确定耦合网络的碳排放量,以最小化碳排放量为目标,考虑不同资源配置策略,构建了耦合网络资源优化配置的扩张规划模型和定量分析框架,并结合问题的离散非凸性特点,采用线性化处理方法将模型转化为混合整数线性规划(Mixed Integer Linear Programming,MILP)问题,利用MATLAB软件和CPLEX求解器进行求解。最后,针对案例进行仿真计算分析,实现耦合网络资源的优化配置,以最大限度减少货运产生的碳排放量,并充分发挥耦合网络的货运优势。本章研究思路如图7-1所示。

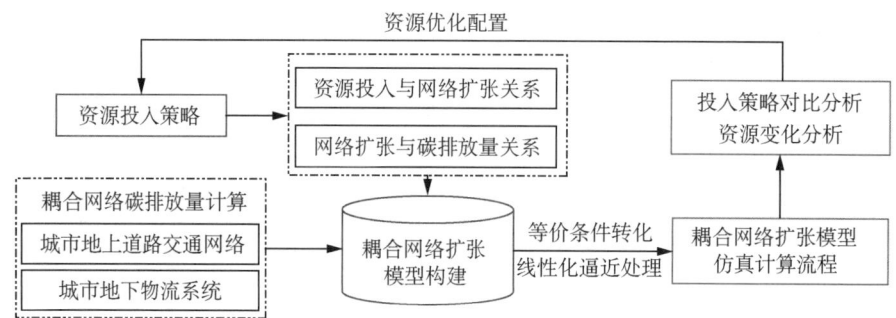

图7-1 本章研究思路

7.1 耦合网络碳排放量计算

在耦合网络中,货物运输产生的碳排放量与货物的运输方式、燃料类型、货物质量、运输路径和机车特征等参数相关[3]。对于城市地上道路运输,本节假定每个货车的运输方式和燃料类型相同,且每辆货车按容许荷载承重,其单位距离的碳排放量主要与燃料损耗和碳排放量因子有关。

对于地下物流系统,其使用的清洁能源以直线电机驱动为主,其单位距离的碳排放量主要与机车速度和货运载重有关。因此,对于地上地下一体化货运网络,其产生的总碳排放量 E 可以表示环境效益。总碳排放量 E 的值越低,表明环境效益越好。E 的计算公式如下:

$$E = \sum_{k=1}^{n} \alpha_1 f_k x_k t_k + \sum_{k=1}^{n} a_k \alpha_2 g_k x_k t_k \tag{7-1}$$

式中,α_1 为柴油燃料的碳排放量换算系数(取值为 2.23),表示每千克柴油燃料燃烧产生的碳排放量为 2.23 kg;f_k 为燃料消耗速率,指在第 k 条路段上地面单个机车每秒所需消耗的燃料(g/s);x_k 为通过第 k 条路段上的机车数量;t_k 为通过第 k 条路段所需的时间(s);α_2 为电能的碳排放量换算系数,指发电厂通过燃烧化石能源产生的每千瓦时的电量间接造成的碳排放量[kg/(kW·h)];g_k 为在第 k 条路段上地下物流系统机车的功率(W);$\sum_{k=1}^{n} \alpha_1 f_k x_k t_k$ 表示区域内地面运输产生的碳排放量,$\sum_{k=1}^{n} a_k \alpha_2 g_k x_k t_k$ 表示区域内地下物流系统产生的碳排放量。其中,f_k 可表示为[4]

$$f_k = \left\{ K_0 NV \left[1 + b_1 \left(N - 30\sqrt{\frac{3}{V}} \right) \right] + \frac{P_k}{\eta} \right\} \cdot \left[1 + b_2 \left(N - 30\sqrt{\frac{3}{V}} \right)^2 \right] \cdot \frac{1}{43.2} \tag{7-2}$$

式中,K_0 为发动机的摩擦系数[kJ/(rev·L^{-1})],取值范围为 0.19~0.25;N 为发动机转速(rev/s);V 为发动机排放量(L);b_1 和 b_2 均为常系数,取值分别为 1.25×10^{-3} 和 1×10^{-4};η 为衡量柴油发动机指示效率的一个指标,取值为 0.45;P_k 为发动机的输出功率(kW),可以通过式(7-3)计算:

$$P_k = \left[(\zeta + g \sin \theta_k + gC_r \cos \theta_k)(\bar{w}_1 + \bar{w}_2) + 0.5 C_d A_1 \rho_1 v_k^2 \right] \cdot v_k \tag{7-3}$$

式中,ζ 为加速度(m/s^2);g 为重力加速度,取 9.81 m/s^2;θ_k 为第 k 条路段的角度;C_r 为道路的滚动阻力系数,对于混凝土道路,通常取值在 0.010~0.015;$\bar{w}_1$ 和 $\bar{w}_2$ 分别为货车的净重和装载货物的质量(kg);C_d 为道路运输的风阻系数;A_1 为货车装载货物后迎风面的表面积(m^2);ρ_1 为道路上空气的密度(kg/m^3)。

发动机转速 N 可以通过速度来进行计算,表示如下:

$$N = S \cdot \frac{R_L}{R_{Lg}} \cdot v_k \tag{7-4}$$

式中，S 为发动机转速与车速的换算系数(rev/m)；R_L 为挡数 L 的齿轮传动比；R_{Lg} 为最高挡速 Lg 下的齿轮传动比。

对于城市地上道路，运输速度 v_k 可表示为道路运输的距离与时间的比值。运输的时间与车辆数量有关，本节采用 BPR 函数进行计算。其第 k 条路段上的运输时间 t_k 计算公式如下：

$$t_k = t_k^0 \left[1 + \tau_1 \left(\frac{x_k}{Rc_k} \right)^{\tau_2} \right] \tag{7-5}$$

式中，t_k^0 为路段的自由行驶时间；Rc_k 为路段的实际通行能力；τ_1 和 τ_2 均为模型待定参数，按照推荐分别取 1.5 和 4。因此，道路实际的运输速度 v_k 可表示为

$$v_k = \frac{d_k}{t_l^0 \left[1 + \tau_1 \left(\frac{x_k}{Rc_k} \right)^{\tau_2} \right]} \tag{7-6}$$

为了评价道路的拥堵程度，本节利用运输时间指数(Travel Time Index，TTI)来评价地上道路的拥堵程度。运输时间指数可以通过实际通行时间和自由流时间的比值计算，表示为

$$TTI = \left[1 + \tau_1 \left(\frac{x_k}{Rc_k} \right)^{\tau_2} \right] \tag{7-7}$$

地下物流系统有多种运输方式和车辆，如 CargoCap 和 AGV 等。在本研究中，地下物流系统机车特性参数来源于美国得克萨斯州交通部研制的集装箱地下运输系统，其由直线感应电机(LIM)驱动，也是大部分地下物流系统采用的动力来源。其第 k 条路段上机车的功率 g_k 可表示为

$$g_k = \left[(\bar{w}_2 + \bar{w}_3) g C_f + \frac{1}{2g} \rho_2 (v_k^0)^2 C_s A_2 \right] \cdot v_k^0 \tag{7-8}$$

式中，$\bar{w}_3$ 为地下物流系统机车的净重(kg)；C_f 为运载工具与轨道之间的摩擦系数；ρ_2 为海平面空气的密度(kg/m³)；C_s 为地下物流系统的阻力系数；A_2 为机车载重后迎风面的表面积(m²)；v_k^0 为地下物流系统在第 k 条路段上设计的运行速度(m/s)，其大小与地下物流系统资源的投入量相关。

7.2 耦合网络资源配置及扩张模型构建

7.2.1 耦合网络资源投入与扩张策略分析

在耦合网络的建设开发过程中，其建设资源、建设时序和货运需求都是动态变化的，其不同时期建设时序如图 7-2 所示。在新系统引入城市地区时，地下物流系统在每个时期的建设资源都是有限的，初期往往只建设连接物流中心和配送中心的一个地下路段，后期随着资源投入，其运输网络再逐步扩展，最终形成完善的地下网络。本节所指的资源，

包含地下物流系统建设的人力、费用和城市可利用空间等资源,而各个城市的人力和可利用土地空间等资源各不相同。因此,为了便于讨论,本节将这些不同资源统一折算为地下物流系统建设资源进行统筹考虑。

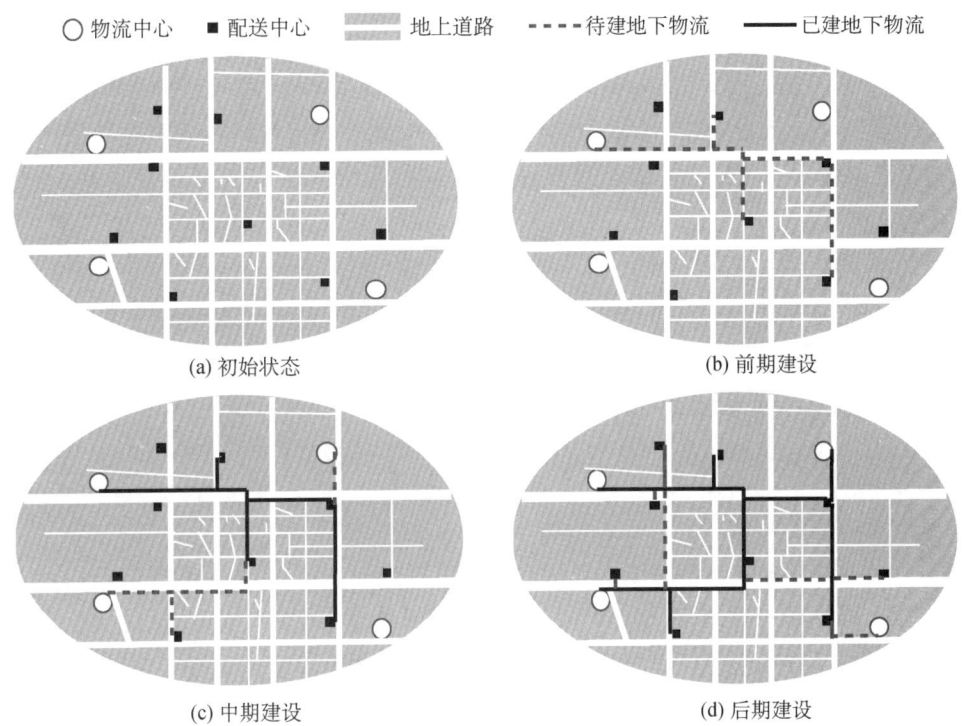

图 7-2 耦合网络的建设模式

在城市地区,一般有多个物流中心和配送中心,且二者之间往往存在 OD 需求对,包含大量货运需求。而在建设资源投入后,物流中心和配送中心的可连接方式也多种多样,这就导致在耦合网络的建设过程中,其可行建设策略有无穷多种。从工程施工角度出发,在有限建设资源条件下,在城市道路建设时沿道路敷设地下物流系统能有效减少工程造价,可节约资源以扩展地下物流运输线路。此外,为了减少耦合网络的碳排放量,提高网络的环境效益,又需要反过来优化网络建设资源的投入策略。基于此,本节通过沿城市道路建设资源来扩张地下物流系统的线路,以碳排放量最小为目标来配置建设资源并进行网络扩张。

对于地下物流系统,其隧道直径越大,可运输截面积越大,单位长度工程建设费用越大,但相应的货运能力也越高。因此,地下物流系统的货运能力主要与建设费用和运载小车的运行参数有关。以单位长度(每千米)的建设费用计算,当其大于最低成本需求时,二者关系可以用二次函数进行近似拟合,表示如下:

$$c_{av}^k = \lambda_{k1} \cdot (r_k)^2 + \lambda_{k2} \cdot r_k + \lambda_{k3} \tag{7-9}$$

式中, c_{av}^k 为第 k 条隧道平均每千米的建设费用(unit/km); r_k 为第 k 条隧道的半径(m); λ_{k1}、λ_{k2}、λ_{k3} 均为模型待定参数,且 λ_{k1} 和 λ_{k2} 为非负数。

在设计速度相同的情况下,地下物流系统的运载能力与隧道截面尺寸是呈正相关的。对于等量的货物,在具有较大截面的路段,每个单位货物的平均通行时间会越短,可等效为当隧道截面尺寸越大,地下物流系统的货物运输速度越快,可表示为

$$v_k^0 \propto r_k, \ r_k \propto Q_k \tag{7-10}$$

式中,v_k^0 为地下物流系统在第 k 条路段上的初始通行速度;Q_k 为地下物流系统在第 k 条路段上的货运量。因此,在运输相同货物量条件下,地下物流系统建设资源的投入越多,其运输速度越快。基于此,城市地下物流系统的初始通行速度 v_k^0 可以用资源投入量 c_k 来分段进行表示:

$$v_k^0 = \begin{cases} \sqrt{\dfrac{c_k}{\lambda_1} - \dfrac{4\lambda_1\lambda_3 - \lambda_2^2}{4\lambda_1^2}} - \dfrac{\lambda_2}{2\lambda_1}, & \text{if } \varepsilon \cdot (e_1 + e_2) \cdot d_k \geqslant c_k \geqslant (e_1 + e_2) \cdot d_k \\ \sqrt{\dfrac{\varepsilon \cdot (e_1 + e_2) \cdot d_k}{\lambda_1} - \dfrac{4\lambda_1\lambda_3 - \lambda_2^2}{4\lambda_1^2}} - \dfrac{\lambda_2}{2\lambda_1}, & \text{if } c_k > \varepsilon \cdot (e_1 + e_2) \cdot d_k \\ 0, & \text{else} \end{cases} \tag{7-11}$$

式中,λ_1,λ_2 和 λ_3 为可以通过拟合确定的三个常数;ε 为一个大于 1 的常数;$(e_1 + e_2) \cdot d_k$ 表示第 k 条路段上建造地下物流系统的最小资源需求,当投入的资源小于最小资源需求时,地下物流系统无法完全建设从而不能运输货物。同时,$\varepsilon \cdot (e_1 + e_2) \cdot d_k$ 表示第 k 条路段上建造地下物流系统的最大资源需求,考虑实际情况,当投入的资源大于最大资源需求时,地下物流系统的速度不再提高,货运能力也不再改变。

以最低建设费用 $(e_1 + e_2) \cdot d_k = 10$ unit/km 和 $\varepsilon = 4$ 为例,λ_1,λ_2 和 λ_3 的取值分别为 0.005,0 和 8,地下物流系统建设资源的投入量 c_k 与其初始通行速度 v_k^0 的关系如图 7-3 所示。当地下物流系统单位长度(每千米)建设资源投入大于或等于 10 unit/km 时,其初始运输速度随着建设资源投入的增加而增大,但随着建设资源投入的增加,初始运输速度的增长率逐渐降低直至为 0。

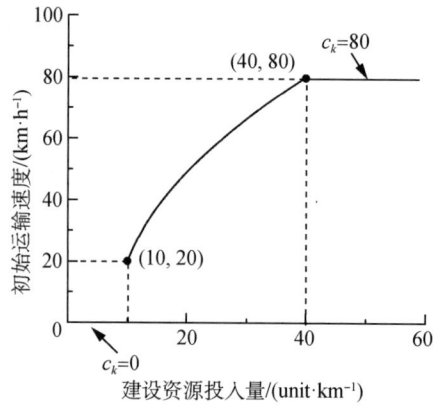

图 7-3　地下物流系统建设资源投入量 c_k 与初始通行速度 v_k^0 的关系曲线

因此,对于第 k 条路段上的货物量 x_k,其在地下物流系统中实际的平均通行时间 t_k 可表示为

$$t_k = \frac{d_k}{v_k^0} + \frac{h_{\text{op}}}{2}([x_k]-1) \tag{7-12}$$

式中,$[x_k]$ 为对 x_k 进行向上取整,表示货物所需地下物流系统货运小车数量;h_{op} 表示运载小车之间设计的最小车头时距(s)。

7.2.2 耦合网络扩张模型构建

在已有的耦合网络中,通过有限资源的投入,可以扩张地下物流系统,充分发挥建设资源效益。同时,为了减少耦合网络的碳排放量,提高网络的环境效益,需要反向优化耦合网络建设资源的投入策略,确保资源的有效使用。基于此,构建了耦合网络资源优化配置的网络扩张模型来指导建设资源配置策略的选择。其中,上层目标函数为最小化碳排放量,可表示为

$$\min E = \sum_{k=1}^{n} \alpha_1 f_k x_k t_k + \sum_{k=1}^{n} a_k \alpha_2 g_k x_k t_k \tag{7-13}$$

s.t.

$$c_j \geqslant (e_1 + e_2) \cdot d_j \tag{7-14}$$

$$\sum c_j \leqslant \bar{c} \tag{7-15}$$

以上式中,n 为耦合网络中所有已有和新建的路段。式(7-14)和式(7-15)分别表示对每条待建路段 j 建设资源投入的约束和对建设资源总量 $\bar{c}$ 的约束。

下层表示整个网络的货物运输遵循用户均衡原则,即在这种状态下,货物运输不能够通过单方面改变路径选择来达到降低运输时间的目的,可表示为

$$\min \sum_{k \in E_2} \int_0^{x_k} t_k \, \mathrm{d}w \tag{7-16}$$

s.t.

$$x_k = \sum_{w \in W} \sum_{p \in P^w} l_p^w \delta_{kp}^w, \ \forall k \in E_2, E_2 = E \bigcup E_1 \tag{7-17}$$

$$q_w = \sum_{p \in P^w} l_p^w, \ \forall w \in W \tag{7-18}$$

$$l_p^w \geqslant 0, \ \forall p \in P^w, w \in W \tag{7-19}$$

式中,W 为货物运输起讫点 w 的集合;E_1 为新建地下物流系统的路段集合;E_2 为地下物流系统资源投入后网络的路段集合;P^w 为起讫点 w 间所有路径 p 的集合;l_p^w 为起讫点 w 在路径 p 上的流量;δ_{kp}^w 是一个 0-1 变量,当起讫点 w 的路径 p 经过第 k 条路段时为 1,否则为 0。式(7-17)表示的是路段流量 x_k 和路径流量 l_p^w 的约束,式(7-18)表示的是起讫点 w 的货运量和路径流量 l_p^w 的恒等约束,式(7-19)表示路径流量的非负性。

7.3 资源配置及扩张模型仿真流程设计

7.3.1 等价条件和线性化处理方法

实现耦合网络中碳排放量的最小化,优化建设资源配置,其本质是求解第7.2.2节中的耦合网络扩张模型。而由于用户均衡条件和碳排放量计算的非线性和建设资源优化配置策略的非连续特点,很难直接有效地获得全局精确的最优解[5]。近年来,大量的启发式算法如蚁群算法、粒子群算法和神经网络算法等方法被应用于这一问题的求解,但都只能得到近似解,且容易陷入局部最优。

根据第7.2.1节所述,对于有限建设资源条件下耦合网络的扩张模型,其待建地下物流系统路段的策略是离散的且有限的。因此,我们在有限的建设资源下,可以筛选出满足建设资源约束条件的待建路段策略集合。其中,将每一个集合中的可行策略看成一个策略选择,通过利用 k 最短路径算法来求出各个 OD 需求对的运输路径。此时,针对每一个策略而言,其建设资源的优化配置问题可以转化为确定性连续非线性问题。而通过将目标函数和约束条件线性化,进而可以转化为 MILP 问题进行求解[6]。

因此,针对耦合网络资源优化配置的扩张模型,需要将其约束条件和目标函数等效为 MILP 的表示形式。MILP 一般形式可表示为

$$\min f1 = \sum_{j=1}^{m_1} w1_j \cdot x1_j \tag{7-20}$$

s.t.

$$\sum_{j=1}^{m_1} a1_{ij} \cdot x1_j \leqslant (\geqslant \text{or} =) b1_j \tag{7-21}$$

$$x1_j \geqslant 0 \tag{7-22}$$

式中, $w1_j$, $x1_j$, $a1_{ij}$, $b1_j$ 均为向量表示,其中 $x1_j$ 有部分变量取值为整数。

因此,求解第7.2.2节中考虑碳排放量的耦合网络资源优化配置的扩张模型的本质转变为将约束条件和目标函数化为式(7-20)、式(7-21)和式(7-22)等形式。这里,我们将下层目标函数式(7-16)转化为 MILP 模型的约束形式。式(7-16)表示货物运输不能通过单方面改变路径选择来达到降低运输时间的目的,这等价于所有选择的可行路径其运输时间最小值 π^w 相等。货运需求 w 中可行路径 p 的运输时间可表示为

$$t_p^w = \sum_{k \in E_2} t_k \cdot \delta_{kp}^w, \delta_{kp}^w \in \{0,1\} \tag{7-23}$$

式中, δ_{kp}^w 为 0-1 变量,取值为 1 时表示路段 k 在路径 p 上,否则为 0。

此时,式(7-16)可等价表示如下:

$$L \cdot \phi_p^w + c_s \leqslant l_p^w \leqslant H \cdot (1 - \phi_p^w) \tag{7-24}$$

$$L \cdot \phi_p^w \leqslant t_p^w - \pi^w \leqslant H \cdot \phi_p^w \tag{7-25}$$

$$t_p^w - \pi^w \geqslant 0 \tag{7-26}$$

式中,L,H 分别为极大负数和极大正数;c_s 为极小正数;ϕ_p^w 为 0-1 变量,取值为 1 时表示货运需求 w 中可行路径集合包含路径 p,否则为 0。

令 $z_k(x_k) = \alpha_1 f_k t_k x_k$,$y_k(x_k, c_k) = \alpha_2 g_k x_k t_k$,则上层目标函数转化为

$$\min E = \sum_{k=1}^n z_k + a_k \cdot y_k \tag{7-27}$$

式中,z_k 为关于变量 x_k 的非线性函数($f_k t_k$ 可由变量 x_k 表示);y_k 为关于变量 x_k 和 c_k 的非线性函数(t_k 可以由 c_k 和 x_k 表示)。可以发现,式(7-23)~式(7-27)均符合 MILP 模型的一般表示方法。

在双层规划模型中,对于可行域范围内连续非线性函数 z_k,y_k 和 t_k,可以采用线性化分割方法来近似用多段线性函数表示,其原理如图 7-4 所示。其中,以任意连续非线性函数 $f(x)$ 为例,通过将任意连续函数 $f(x)$ 按变量 x 的取值范围等分为 N_1 份,每等份中所有的节点取值可以近似用直线表示,表示为图 7-4 中 $f(x)$ 的一般形式。其中,L 和 H 分别为极大负数和极大正数;c_s 为极小正数;$K = \{0, K_1, K_2, \cdots, K_k, \cdots, K_{N_1}\}$ 表示包含 N_1 个元素的等差数的集合,当 $x_k - K_k \geqslant 0$ 且 $x_k - K_{k+1} < 0$ 时,有 $\zeta_k = 0$,则等价于 $\zeta_{k+1} = 1$,$l_k = 1$,$f(x_k) = a_k \cdot x_k + b_k$。当 N_1 趋向于极大数时,误差 Δf 趋向于零。

$$f(x) \xrightarrow{\text{等价于}} \begin{cases} L \cdot \zeta_k \leqslant x_k - K_k \leqslant H \cdot (1 - \zeta_k) - c_s \\ l_k = \zeta_{k+1} - \zeta_k, \zeta_k \in \{0, 1\} \\ a_k = \left.\dfrac{\partial f}{\partial x}\right|_{K_k}, b_k = f(K_k) - K_k \cdot a_k \\ L \cdot (1 - l_k) \leqslant f - (a_k \cdot x + b_k) \leqslant H \cdot (1 - l_k) \\ k = 1, 2, \cdots, N_1 \end{cases}$$

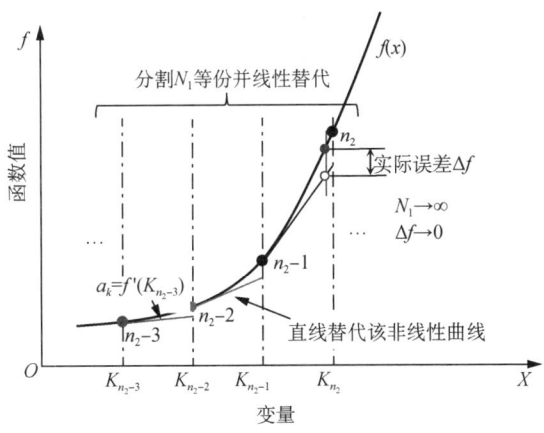

图 7-4 约束条件和目标函数线性化处理方法示意

因此，对于第 7.2.2 节所述的考虑碳排放量的耦合网络资源优化配置的扩张模型，其转化为 MILP 问题可表示如下：

$$\min E = \sum_{k=1}^{n} z_k + a_k \cdot y_k \tag{7-28}$$

s. t.

$$c_k \geqslant (e_1 + e_2) \cdot d_k \tag{7-29}$$

$$\sum c_k \leqslant \bar{c} \tag{7-30}$$

$$L \cdot \zeta_k \leqslant x_k - K_k \leqslant H \cdot (1 - \zeta_k) - c_s S = \varnothing, \ \forall k \in E_2 \tag{7-31}$$

$$\iota_{k,n1} = \zeta_{k,n1+1} - \zeta_{k,n1}, \ \forall k \in E_2 \tag{7-32}$$

$$L \cdot \xi_{k,n2} \leqslant c_k - G_{k,n2} \leqslant H \cdot (1 - \xi_{k,n2}) - c_s, \ \forall k \in E_1 \tag{7-33}$$

$$\vartheta_{k,n2} = \xi_{k,n2+1} - \xi_{k,n2}, \ \forall k \in E_1 \tag{7-34}$$

$$\kappa_{n1,n2}^{k} = \iota_{k,n1} + \vartheta_{k,n2}, \ \forall k \in E_1 \tag{7-35}$$

$$L \cdot (2 - \kappa_{n1,n2}^{k}) \leqslant t_k - (tta_{n1,n2}^{k} \cdot x_k + ttb_{n1,n2}^{k} \cdot c_k + ttc_{n1,n2}^{k}) \leqslant H \cdot (2 - \kappa_{n1,n2}^{k}), \forall k \in E_1 \tag{7-36}$$

$$tta_{n1,n2}^{k} = \frac{\partial t_k}{\partial x_k}\bigg|_{(K_{k,n1}, G_{k,n2})}, \ \forall k \in E_1 \tag{7-37}$$

$$ttb_{n1,n2}^{k} = \frac{\partial t_k}{\partial c_k}\bigg|_{(K_{k,n1}, G_{k,n2})}, \ \forall k \in E_1 \tag{7-38}$$

$$ttc_{n1,n2}^{k} = t_k(K_{k,n1}, G_{k,n2}) - K_{k,n1} \cdot \frac{\partial t_k}{\partial x_k}\bigg|_{(K_{k,n1}, G_{k,n2})} - G_{k,n2} \cdot \frac{\partial t_k}{\partial c_k}\bigg|_{(K_{k,n1}, G_{k,n2})}, \ \forall k \in E_1 \tag{7-39}$$

$$q_w = \sum_{p \in P^w} l_p^w, \ \forall w \in W \tag{7-40}$$

$$L \cdot \phi_p^w + c_s \leqslant l_p^w \leqslant H \cdot (1 - \phi_p^w) \tag{7-41}$$

$$L \cdot \phi_p^w \leqslant t_p^w - \pi^w \leqslant H \cdot \phi_p^w \tag{7-42}$$

$$t_p^w - \pi^w \geqslant 0 \tag{7-43}$$

$$x_k = \sum_{w \in W} \sum_{p \in P^w} l_p^w \delta_{kp}^w, \ \forall k \in E_2, E_2 = E \bigcup E_1 \tag{7-44}$$

$$t_p^w = \sum_{k \in E_2} t_k \cdot \delta_{kp}^w \tag{7-45}$$

$$L \cdot (1 - \iota_{k,n1}) \leqslant z_k - (fa_{n1}^{k} \cdot x_k + fb_{n1}^{k}) \leqslant H \cdot (1 - \iota_{k,n1}), \ \forall k \in E \tag{7-46}$$

$$zz_k = \alpha_1 f_k x_k t_k, \forall k \in E \tag{7-47}$$

$$fa_{n1}^k = \frac{\partial zz_k}{\partial x_k}\bigg|_{K_{k,n1}}, \forall k \in E \tag{7-48}$$

$$fb_{n1}^k = zz_k(K_{k,n1}) - K_{k,n1} \cdot \frac{\partial zz_k}{\partial x_k}\bigg|_{K_{k,n1}}, \forall k \in E \tag{7-49}$$

$$L \cdot (2 - \kappa_{n1,n2}^k) \leqslant y_k - (ya_{n1,n2}^k \cdot x_k + yb_{n1,n2}^k \cdot c_k + yc_{n1,n2}^k) \leqslant H \cdot (2 - \kappa_{n1,n2}^k), \forall k \in E_1 \tag{7-50}$$

$$yy_k = \alpha_2 g_k x_k t_k, \forall k \in E_1 \tag{7-51}$$

$$ya_{n1,n2}^k = \frac{\partial yy_k}{\partial x_k}\bigg|_{(K_{k,n1}, G_{k,n2})}, \forall k \in E_1 \tag{7-52}$$

$$yb_{n1,n2}^k = \frac{\partial yy_k}{\partial c_k}\bigg|_{(K_{k,n1}, G_{k,n2})}, \forall k \in E_1 \tag{7-53}$$

$$yc_{n1,n2}^k = yy_k(K_{k,n1}, G_{k,n2}) - K_{k,n1} \cdot \frac{\partial yy_k}{\partial x_k}\bigg|_{(K_{k,n1}, G_{k,n2})} - G_{k,n2} \cdot \frac{\partial yy_k}{\partial c_k}\bigg|_{(K_{k,n1}, G_{k,n2})}, \forall k \in E_1 \tag{7-54}$$

$$\zeta_{k,n1}, \xi_{k,n2}, \phi_p^w \in \{0, 1\} \tag{7-55}$$

$$x_k \geqslant 0, l_p^w \geqslant 0 \tag{7-56}$$

以上各式中,k 表示耦合网络的路段编号,类似于 $K = \{0, K_{k,1}, K_{k,2}, \cdots, K_{k,N_1}\}$；$G$ 为包含 N_2 个元素的等差数的集合,$G = \{0, G_{k,1}, G_{k,2}, \cdots, G_{k,N_2}\}$,当 $c_k - G_{k,n2} \geqslant 0$ 且 $c_k - G_{k,n2+1} < 0$,则 $\xi_{k,n2} = 0$,且 $\xi_{k,n2+1} = 1$。

式(7-28)表示目标函数为最小化货运网络总的碳排放量；式(7-29)和式(7-30)分别表示对每条路段地下物流系统建设资源投入约束和建设资源总量的约束。式(7-31)～式(7-39)表示对地上道路运输时间的线性化处理。式(7-40)～式(7-45)表示下层用户均衡的近似线性化处理。式(7-46)～式(7-49)表示新建地下物流系统路段其运输时间的近似线性化处理。式(7-50)～式(7-54)表示地下物流系统产生的碳排放量的线性化处理。

7.3.2 仿真计算流程

通过建立第 7.2.2 节中所述的考虑碳排放量的耦合网络资源优化配置的扩张模型,我们可以优化建设资源的投入策略,以降低货运网络碳排放总量。而通过线性化处理方法,将离散非线性的资源优化配置双层模型转化为线性 MILP 问题进行求解,可以得到较为精确的近似结果。

考虑碳排放量的耦合网络资源优化配置的仿真计算流程框架如图 7-5 所示,其主要步骤如下。

步骤一:可行策略集计算。根据耦合网络建设资源约束式(7-14)和式(7-15),枚举网络资源可行配置策略 s_i,即满足资源约束条件的路段选择,形成策略集 S。对于一个确定的策略 s_i,其网络的待建设路段已确定,但各路段所分配资源待定。

步骤二:耦合网络初始化。随机选择策略集 S 中资源配置策略 s_i,在网络中加入资源配置策略 s_i 所对应建设的路段,并计算更新 OD 需求对间可行的路径集合,同时初始化网络中碳排放量和货运时间计算等参数的取值。

步骤三:等价转化 MILP 问题。根据第 4.3.1 节的线性化近似处理方法和步骤二中可行路径集合,将耦合网络资源优化配置扩张模型中的目标函数和约束条件进行线性化处理,转化为 MILP 问题进行分析。

步骤四:模型求解。商业优化软件 CPLEX 12.7 可求解 MILP 问题,具有计算速度快、简单易实现的优点。然而在耦合网络中,其货运网络结构和可行路径集合跟随策略选择的变化而变化。根据本书第 4 章中货运网络运作流程的研究,我们验证了 MATLAB

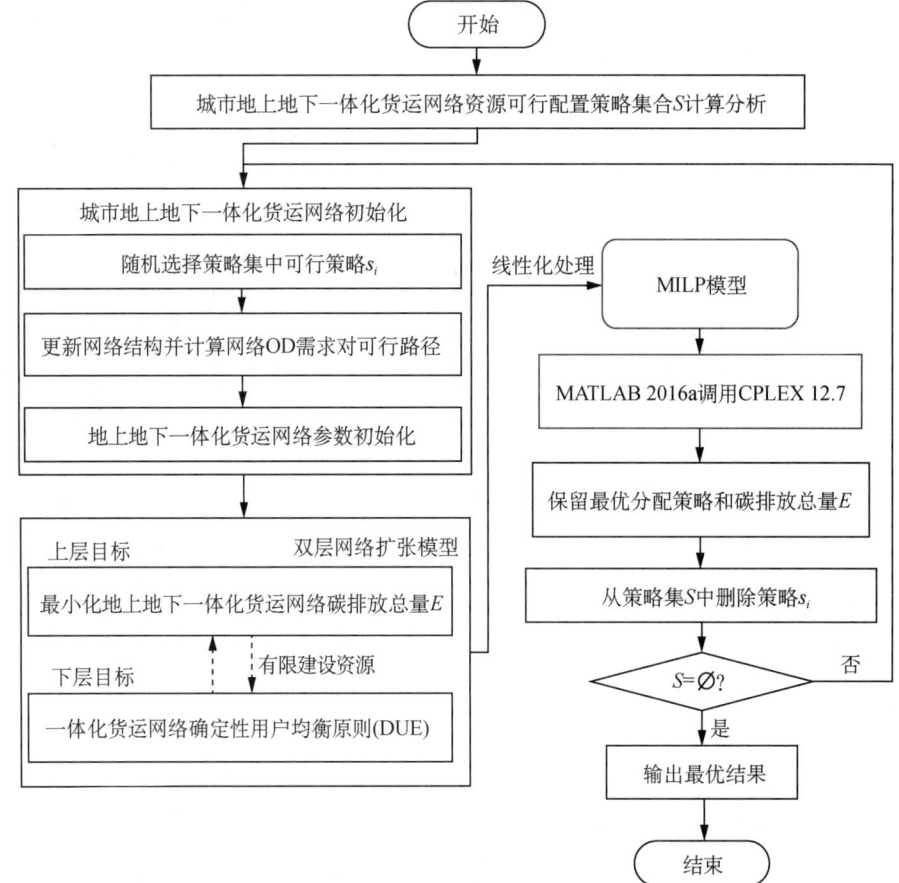

图 7-5　城市地上地下一体化货运网络资源优化配置仿真计算流程总体框架

可以便捷地计算并更新不同网络结构下货运的可行路径集合。因此,本节采用 MATLAB 2016a 调用 CPLEX 12.7 求解器,实时计算更新网络变化后的可行路径集合,从而对等价的 MILP 问题进行不同策略的求解。

步骤五:方案对比分析并选择最优方案。根据每个策略的求解结果,与当前最优策略进行比较,保留最优策略下各路段的资源分配量 c_k 和货运网络的碳排放总量 E,并在策略集合 S 中删除策略 s_i。

步骤六:仿真计算收敛判断。若策略集合 $S = \varnothing$,则计算结束,输出城市地上地下一体化货运网络对应的最优策略 s_i,以及资源分配量 c_k 和碳排放总量 E,程序终止;否则,转向步骤二。

7.4 案例研究:北京-雄安新区耦合一体化货运网络对资源配置的影响

7.4.1 案例设置

为了检验方法的有效性和适用性,以北京市与雄安新区组成的耦合网络为例进行案例研究。近期,该耦合网络正通过积极探索城市地下物流系统的实施方案来完善城市交通运输基础设施,实现绿色交通,打造集约智能共享的物流体系,提高城市生活品质。根据总体规划和物流基地布局,并考虑规划的保密性和物流数据的商业性,在不影响仿真计算分析的前提下,我们对网络节点和路段的数据进行了适当的调整,其抽象的货物运输网络如图 7-6 所示,整个一体化货运网络共包含 7 个节点、12 条路段。

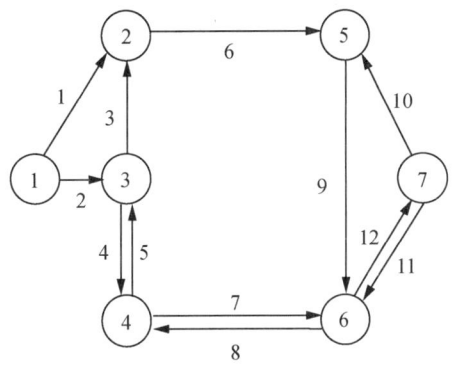

图 7-6 城市地上地下一体化货运网络抽象节点网络示意

其中,耦合网络中共包含 6 个 OD 需求对,其每天的货物运输总量为 10 340 TEU,如表 7-1 所示。

表 7-1　　　　　　　　　　货运网络日均货运需求

OD 需求对	(1, 3)	(1, 7)	(3, 4)	(3, 7)	(4, 3)	(7, 3)
需求/(TEU·d^{-1})	1 480	2 000	950	860	2 950	2 100

此外，耦合网络中各路段的距离、自由行驶时间和实际通行能力如表 7-2 所示。

表 7-2　　　　　　　　　　各路段的参数设置

编号	路段	d_k /km	t_k^0 /h	Rc_k /(TEU·d^{-1})
1	(1, 2)	18	0.6	600
2	(1, 3)	10	0.4	600
3	(3, 2)	17	0.6	600
4	(3, 4)	28	1.0	650
5	(4, 3)	28	1.0	650
6	(2, 5)	155	3.2	3 000
7	(4, 6)	128	2.6	3 000
8	(6, 4)	128	2.6	3 000
9	(5, 6)	27	1.0	1 000
10	(7, 5)	28	1.2	1 200
11	(7, 6)	42	1.6	1 200
12	(6, 7)	42	1.6	1 200

7.4.2　计算参数设置

货物在整个耦合网络的运输过程中，以 20 英尺标准集装箱为运输单元，城市地上道路运载工具为卡车，地下物流系统采用 LIM 驱动的集装箱运载小车。假定每辆卡车和地下物流系统机车每次可运输一个标准的运输单元。为了便于计算，我们还假设所有地上路段除距离、初始通行时间和实际通行能力外，路段的角度、滚动阻力系数等参数都是固定不变的，并且每辆卡车和城市地下物流系统运载小车的荷载是固定的。道路运输的碳排放量计算参数取值如表 7-3 所示。地下物流系统运营时消耗电能所间接造成的碳排放量计算参数取值如表 7-4 所示。

表 7-3　　　　　　　地上道路运输中碳排放计算参数设置

参数	K_0/[kJ·(r·L)$^{-1}$]	V/L	ρ_1/(kg·m^{-3})	$\bar{w}_1$/t	S/(r·m^{-1})	A_1/m^2	C_r	C_d	θ	ζ	R_L	$R_{L·g}$
取值	0.22	8.0	1.20	12	0.3	8.0	0.01	0.7	0	0	4.8	1.28

表 7-4　　　　　　　地下物流系统中碳排放计算的参数

参数	α_2/[kg·(kW·h^{-1})]	ρ_2/(kg·m^{-3})	$\bar{w}_2$/t	$\bar{w}_3$/t	A_2/m^2	h_{op}/s	C_s	C_f
取值	2.18×10^{-4}	1.23	25	10	6.2	20	0.5	0.001

为了衡量耦合网络建设资源对网络碳排放总量 E 的影响，本节对建设资源进行单位化，建设资源总量为 500 unit。其中，地下物流系统路段最低的建设费用为 10 unit/km。地下物流系统建设资源的投入量 c_{ik} 与初始通行速度 $v_{a_k}^0$ 的关系如图 7-2 所示，λ_1，λ_2 和 λ_3 的取值分别为 0.005，0 和 8。当地下物流系统建设资源投入大于或等于 10 unit/km 时，其初始运输速度随着建设资源投入的增加而增大，但随着建设资源投入增加到 40 unit/km 时，其初始运输速度达到最大值后不再变化。

值得指出的是，资源总量是可以定量分析的，且在模型中可以相应改变，并不影响模型的有效性和对问题本质的探讨。此外，资源总量的定量描述也不作为本书的研究重点。

7.4.3　结果分析与讨论

1. 仿真计算精度试验

由第 7.3.2 节所述的耦合网络资源优化配置的仿真计算流程可知，在特定的可行策略下，通过使用两组等差数组 $K=\{0, K_{k,1}, K_{k,2}, \cdots, K_{k,N_1}\}$ 和 $G=\{0, G_{k,1}, G_{k,2}, \cdots, G_{k,N_2}\}$ 分别将连续目标函数中的变量 z_k 和 y_k 分割为 N_1 等份的区间以及 $N_1 \times N_2$ 的网格，当 N_1 和 N_2 趋向于无穷大时，可以近似线性替代变量 z_k 和 y_k 的值。但是，当 N_1 和 N_2 的取值越大，网格划分也越密，等价的 MILP 模型中不等式（含等式）的数量也呈倍数增长，计算量也呈爆炸式增长，求解时间过长。因此，在仿真计算分析前，应选择合理的 N_1 和 N_2 取值进行网格划分，在保证精度的前提下减少计算时间。

为此，我们以路段 5 为例，分别选取 5 组不同 N_1 和 N_2 的取值进行计算，其计算的参数取值和碳排放总量结果如表 7-5 所示。当 $N_1=200$ 和 $N_2=15$ 时，既能保证计算精度且计算时间合理。因此，仿真计算时 N_1 和 N_2 分别取值为 200 和 15。

表 7-5　　　　　　　仿真计算精度试验结果

编号	N_1	N_2	资源 c_5/unit	等价约束条件数量/个	碳排放总量/t
1	100	10	380	31 724	637 607.2
2	200	10	380	63 124	637 864.9
3	200	15	380	75 159	637 817.6
4	300	15	380	112 559	637 819.1
5	400	20	380	173 994	637 818.8

2. 最优资源配置策略分析

为了分析在耦合网络中建设资源投入对减少货运网络碳排放总量的有效性，我们通过求解不同的建设资源配置策略下的 MILP 模型来实现资源的优化配置。此外，我们以策略 $\{s0\}$ 为对照样本进行对比，其表示货运网络中不投入建设资源。

在货运网络建设资源总量为 $\bar{c}=500$ unit 时，满足建设资源约束条件的可行性建设策略共有 25 种，如表 7-6 所示。si 表示在道路 i 下建设城市地下物流系统，新建 1 条、2 条和 3 条地下物流系统路段的策略数量分别为 9，15 和 1。由于建设资源的投入，网络扩张导致网络结构的变化，其每个策略中 OD 对的可行路径集合是不同的。因此，根据第 7.4.2 节所述的耦合网络资源优化配置计算方法，在迭代 25 次后，最优建设策略为策略 $\{s1,s5\}$，其建设资源的配置结果和策略 $\{s0\}$ 的结果对比如表 7-7 所示。相比于不投入网络建设资源策略 $\{s0\}$，投入资源总量 $\bar{c}=500$ unit 来建设路段 s1 和 s5 的地下物流系统，耦合网络的碳排放总量减少了 48.82 t，下降了 7.19%。此外，地面道路的运输时间指数 TTI 也大幅度下降，货物在地上道路中的运输时间相应缩短，尤其是针对严重拥堵的道路 s5，其交通更为顺畅。

表 7-6　　　　　　　　　　货运网络资源分配可行策略集合

新建路段数量	新建路段策略
1	{s1}，{s2}，{s3}，{s4}，{s5}，{s9}，{s10}，{s11}，{s12}
2	{s1, s2}，{s1, s3}，{s1, s4}，{s1, s5}，{s1, s9}，{s1, s10}，{s2, s3}，{s2, s4}，{s2, s5}，{s2, s9}，{s2, s10}，{s3, s4}，{s3, s9}，{s3, s10}
3	{s1, s2, s3}

表 7-7　　　最优分配策略 $\{s1,s5\}$ 与不投入建设资源策略 $\{s0\}$ 的结果对比

地下物流系统路段建设方案	{s0}	{s1, s5}
路段 s1 分配的建设资源量/unit	—	211.2
路段 s5 分配的建设资源量/unit	—	288.8
路段 s1 的初始设计速度/(km·h^{-1})	—	27.33
路段 s5 的初始设计速度/(km·h^{-1})	—	21.51
路段 s1 的运输时间指数 TTI	10.03	4.14
路段 s5 的运输时间指数 TTI	547.52	10.26
OD 对(1,7)的货运时间/h	23.45	19.94
OD 对(7,3)的货运时间/h	554.06	16.80
网络碳排放总量 E/t	679.14	630.32

在有限的建设资源约束条件下投入建设资源来建设城市地下物流系统，能有效分担拥堵路段的货运量，减少货运网络的碳排放量。策略 $\{s1,s5\}$ 和策略 $\{s0\}$ 中地上路段所承担的货运量和产生的碳排放量计算结果如图 7-7 所示。以地上路段 5 为例，其在策略

{s0}中的货运量为 5 050 TEU,而通过投入建设资源 $c_{s5}=288.8$ unit,其交通量下降了 63.92%,碳排放量从 75.41 t 下降至 27.14 t。同时,新建路段 s5 地下货运产生的碳排放量仅为 6.89 t。因此,对于地上路段 5 和对应的新建地下物流系统 s5,在同样的货运量条件下,策略{s1,s5}相比于策略{s0}产生的碳排放量下降了 54.87%。

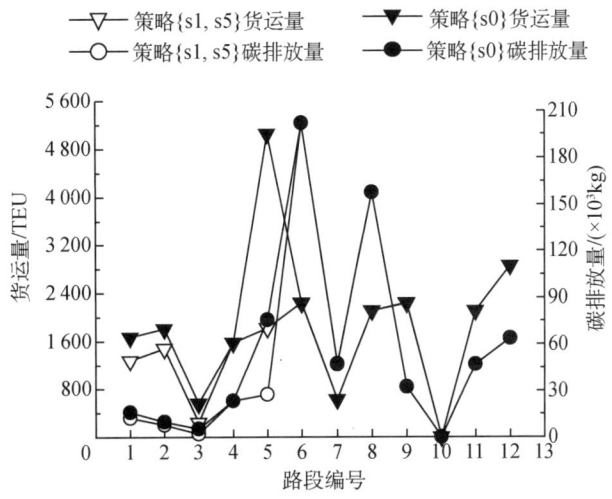

图 7-7 策略{s1,s5}和策略{s0}中地上路段货运量和碳排放量仿真计算结果

3. 不同资源配置策略影响分析

为了分析不同资源配置策略对耦合网络中货物运输产生的影响,本节选取了 4 种典型的建设资源配置策略来进行对比分析:包含不投入建设资源的策略(S0),以最大化网络建设里程为目标的资源配置策略(S1),以优先缓解网络路段拥堵为目标的资源配置策略(S2)和以运输网络碳排放量最小为目标的资源优化配置策略(S3),如表 7-8 所示。通过对比分析不同资源配置策略下运输网络的碳排放总量和运输总时间等结果,以测试本节提出的耦合网络建设优化配置方法的有效性和优越性。

在耦合网络建设资源总量为 $\bar{c}=500$ unit 的约束条件下,各策略的计算结果如下:策略 S0 表示不投入建设资源,因此 $c_{s0}=0$ unit;策略 S1 表示最明显和直观地解决交通拥堵问题,其路段 s1,s2 和 s3 资源配置量分别为 $c_{s1}=197.8$ unit、$c_{s2}=100$ unit 和 $c_{s3}=202.2$ unit;策略 S2 表示最明显和直观地解决交通拥堵问题,其路段 s5 资源配置量为 $c_{s5}=345.6$ unit;策略 S3 为本节提出的最小化碳排放量的优化配置方法,其路段 s1 和 s5 资源配置量分别为 $c_{s1}=211.2$ unit 和 $c_{s5}=288.8$ unit。

表 7-8 网络建设资源配置的典型策略和描述

资源配置策略	建设目标	策略配置方案	策略描述
S0	不投入建设资源	{s0}	与其他策略对照,不投入建设资源,货运网络结构不变

（续表）

资源配置策略	建设目标	策略配置方案	策略描述
S1	最大化建设总里程	{s1, s2, s3}	每千米分配资源相同,使地下物流系统在网络中广泛应用
S2	优先选择拥堵路段	{s5}	优先考虑拥堵路段,使地下物流系统能最直接地解决交通拥堵问题
S3	最小化碳排放总量	{s1, s5}	在确定性用户均衡条件下把碳排放总量作为唯一的目标

在策略 S0~S3 中,耦合网络在货物运输过程中产生的碳排放总量和货运总时间,以及城市地下物流系统产生的碳排放量和货运量均是不同的,其仿真计算结果如图 7-8 所示。其中,以图 7-8(a)和(b)为例,耦合网络产生的碳排放总量和货运总时间从大到小的排序所对应策略都是 S0,S1,S2 和 S3。相比于策略 S0,仅以最大化建设总里程为目标,并不能明显降低耦合网络的货运总时间和碳排放总量,而优先在严重拥堵路段建设城市地下物流系统,则对耦合网络的改善效果比较显著。以策略 S2 为例,相比于策略 S0,其地上路段 5 的交通量下降了 64.23%,碳排放量下降了 64.31%。

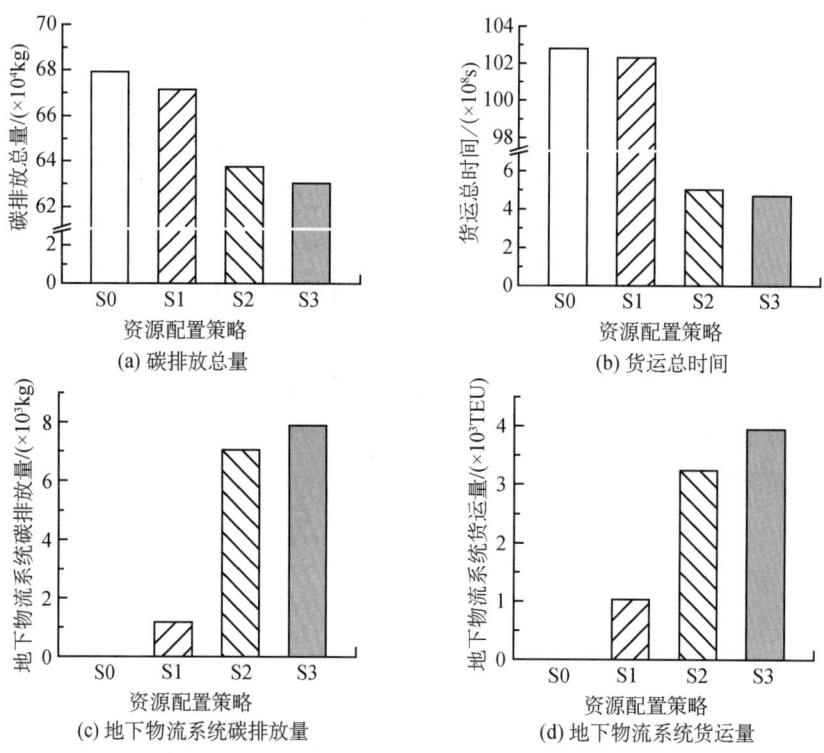

图 7-8 不同资源配置策略 S0~S3 对地上地下一体化货运网络的影响

相比于地上道路运输,使用地下物流系统进行运输的环境效益更高。图 7-8(a)和

(c)表明,地下物流系统的碳排放量在整个耦合网络中仅占少部分。此外,由图 7-8(a),(c)和(d)可知,地下物流系统的货运量和产生的碳排放量从大到小排序均为 S3,S2,S1 和 S0。随着地下物流系统的货运量增大,其产生的碳排放量相应增加,但耦合网络碳排放总量却呈下降趋势,这表明在同等货运量下,地下物流系统产生的碳排放量小于地上道路运输中产生的碳排放量。同时,相比策略 S2,策略 S3 在货运网络碳排放总量、货运总时间和地下货运量等指标上具有更优的结果,这表明通过耦合网络的扩张优化模型,可以将建设资源进行更为优化合理的配置,从而能够在最大化降低碳排放量的同时,缓解城市交通拥堵。

4. 建设资源数量变化影响分析

为了减少耦合网络产生的碳排放总量,在网络扩张时应避免过度投入建设资源,从而额外增加碳排放量。在固定的可行策略和建设资源总量 $\bar{c}=500$ unit 的限制条件下,耦合网络的货运总时间随建设资源量的增加而减少,而碳排放总量随着建设资源量的增加呈先降低后升高的趋势。

以策略 S2 为例,其货运网络碳排放总量和货运总时间随建设资源量增长的变化曲线如图 7-9 表示。随着建设资源量的增加,网络货运总时间减少,且下降的速率逐渐变慢,其主要原因是路段 s5 初始设计速度的增长率随着网络配置资源量的增长而逐渐减少。此外,随着建设资源量增加,货运网络碳排放总量呈先下降后增加的趋势,在路段 s5 的建设资源配置为 $c_{s5}=345.6$ unit 时达到最低。其主要原因是随着建设资源增加,地下物流系统的初始设计速度增大,地下物流系统的货运量增加,因此耦合网络碳排放总量先呈下降趋势;而当货运量增加到一定程度时,随着地上道路拥堵的减缓,其运输速度增加,导致地上路段的碳排放量提高,网络碳排放总量上升。

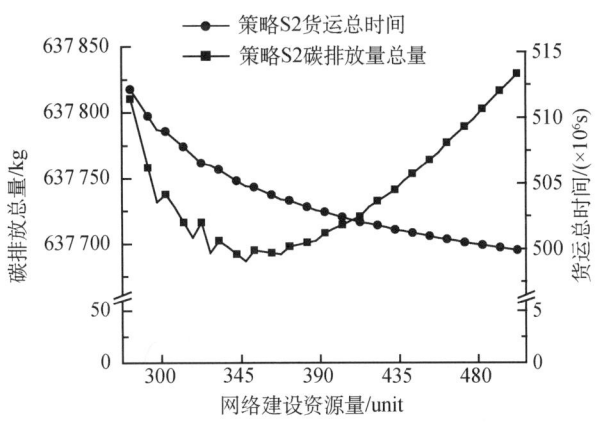

图 7-9 策略 S2 中货运网络碳排放总量和货运总时间随建设资源量变化的趋势

为了探究建设资源总量 $\bar{c}$ 变化对货运网络碳排放总量的影响,我们设置了策略 S4～S7 进行对比分析,其建设资源总量分别为 $\bar{c}=400$ unit, $\bar{c}=600$ unit, $\bar{c}=800$ unit 和 $\bar{c}=1\,000$ unit,其他货运网络的基本参数固定不变。随着建设资源总量的增加,待建设地下物流系统的路段也将增加,耦合网络中可行策略也增多。以案例 S4 中资源投入总量 $\bar{c} =$ 400 unit 为例,其可行策略集中共有 14 种策略,最多可同时建设 2 条地下物流系统的路段。而以案例 S6 中资源投入总量 $\bar{c} =$ 800 unit 为例,其可行策略集中共有 110 种策略,最多可同时建设 4 条地下物流系统的路段。

在耦合网络中,建设资源总量 $\bar{c}$ 越大,网络碳排放总量越低。策略 S4~S7 的仿真优化结果和资源配置方案如图 7-10 所示。以图 7-10(d) 为例,策略 S7 的资源总量 $\bar{c} =$ 1 000 unit,最优资源配置策略为 {s5, s9, s12},其建设资源总量全部分配到相应路段,且各路段对应的建设资源为 $c_{s5} = 280$ unit,$c_{s9} = 279.5$ unit 和 $c_{s12} = 440.5$ unit。此时,相比于策略 S4,策略 S7 的建设资源被完全利用,其资源利用率也更高。

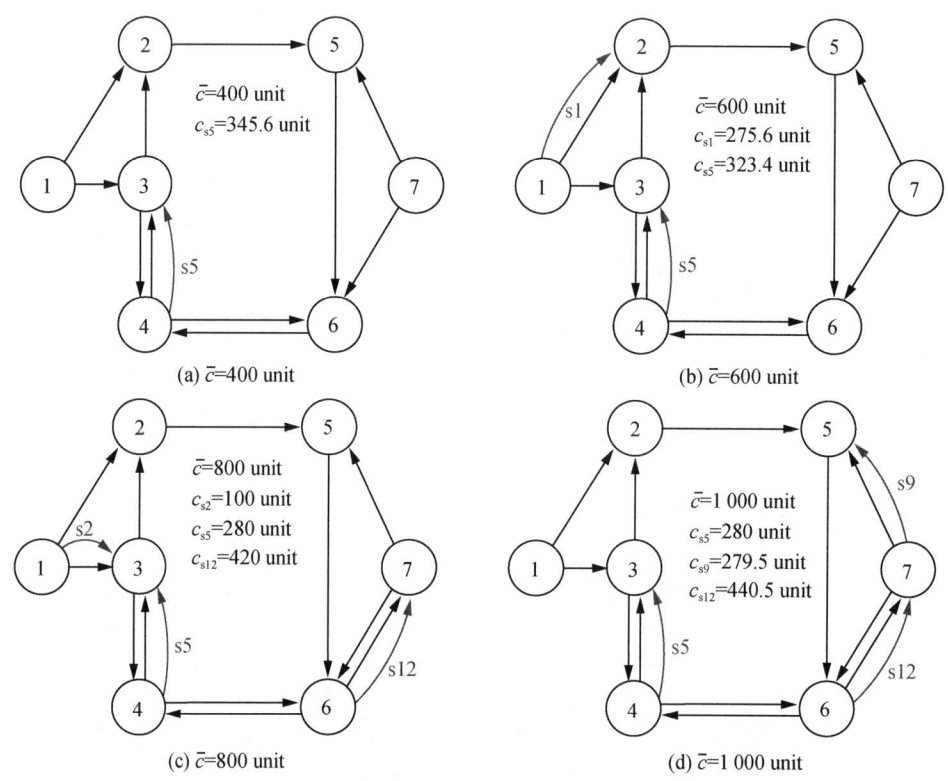

图 7-10 不同资源总量条件下一体化货运网络最优配置策略

与不投入建设资源策略 S0 相比,策略 S4~S7 的碳排放总量和地下物流系统货运周转量如图 7-11 所示。其中,地下物流系统货运周转量表示由地下物流系统运送的货物数量与其相应运输距离的乘积的总和。由图 7-11 可知,随着建设资源总量的增大,地下物流系统建设的路段增加,地下物流系统货运周转量也逐渐增加,货运网络碳排放总量持续下降,但下降的速率逐渐降低。因此,针对耦合网络,通过采用网络扩张模型优化建设资源配置,可以充分发挥建设资源效益,避免过度的资源投入。

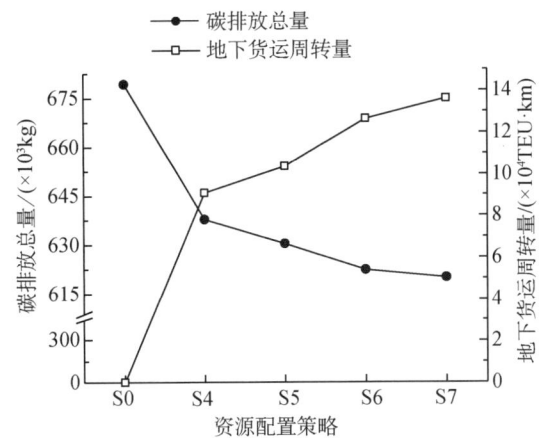

图 7-11　不同建设资源总量下网络碳排放总量和地下物流系统货运周转量仿真结果

7.5　本章小结

本章的研究着眼于耦合网络的碳排放量问题,提出了耦合网络碳排放量的计算方法。基于第 3 章所提出的耦合网络特征,考虑不同时期的建设资源量,构建了以最小化碳排放量为目标的耦合网络资源优化配置及扩张模型。由于该模型的非凸性和离散性特点,难以求解问题的解析解,因此利用线性化处理方法将问题等价为 MILP 问题进行求解。通过案例研究,实现了资源有限条件下耦合网络的动态扩张。此外,还分析了资源数量变化和典型建设策略对耦合网络的运输时间、货运量和货运周转量等因素的影响,为未来进行多区域带资源约束的货运一体化网络扩张研究奠定了基础。

在案例研究中,为了分析耦合网络资源投入对减少网络碳排放总量的有效性,通过求解可行策略集中不同建设资源配置策略下的 MILP 模型,并进行结果比较来实现资源的优化配置。结果显示,通过投入相应的资源来建设地下物流系统,能有效分担城市拥堵路段的货运量,减少耦合网络的碳排放总量。相比于其他典型建设策略,以碳排放量最低为目标的资源优化配置策略在货运总时间和地下货运量等指标上同样具有较优的结果。

从建设资源总量来看,建设资源总量越大,网络碳排放总量越低。其主要原因是随着资源总量的增加,耦合网络扩张的可行策略越多,也意味着资源利用的选择方式越多,因而可建设的地下物流系统道路也越多,资源利用效率也更高。在同一策略下,建设资源量越大,耦合网络的运输总时间越小,而网络的碳排放总量呈先降低后升高的趋势。其主要原因是随着建设资源的增加,地下物流系统的初始设计速度增大,地下物流系统的货运量增加,因此耦合网络碳排放总量先呈下降的趋势;而当货运量增加到一定程度时,随着地上道路拥堵的减缓,其运输速度增加,导致地上路段的碳排放量提高,网络碳排放总量上升。因此,为了尽可能地减少耦合网络产生的碳排放量,在网络扩张时应避免过度投入建设资源以避免额外增加碳排放量。

本章参考文献

[1] Bai X, Zhou Z L, Chin K S, et al. Evaluating lane reservation problems by carbon emission approach[J]. Transportation Research Part D: Transport and Environment, 2017, 53: 178-192.

[2] Lin B L, Liu C, Wang H J, et al. Modeling the railway network design problem: A novel approach to considering carbon emissions reduction[J]. Transportation Research Part D: Transport and Environment, 2017, 56: 95-109.

[3] Bektas T, Laporte G. The pollution-routing problem[J]. Transportation Research Part B: Methodological, 2011, 45(8): 1232-1250.

[4] Bauer J, Bektas T, Crainic T G. Minimizing greenhouse gas emissions in intermodal freight transport: an application to rail service design[J]. Journal of the Operational Research Society, 2010, 61(3): 530-542.

[5] Yamada T, Febri Z. Freight transport network design using particle swarm optimisation in supply chain-transport supernetwork equilibrium[J]. Transportation Research Part E: Logistics and Transportation Review, 2015, 75: 164-187.

[6] Wang D Z W, Lo H K. Global optimum of the linearized network design problem with equilibrium flows[J]. Transportation Research Part B: Methodological, 2010, 44(4): 482-492.

第8章 城市地上地下一体化货运网络多属性效益优化研究

第7章研究了考虑耦合网络的单一属性效益，而在现代社会中，各类管理部门、投资者和客户在共同参与决策时均含不同的偏好特征，针对单一目标进行的研究存在不足[1]。虽然费用在整个货物运输过程中起着至关重要的作用，然而对于城市规划设计的决策者而言，不仅要考虑这一特定效益，还应兼顾货运效率和环境等其他属性的效益问题。因此，耦合网络的多属性效益研究应采用多种指标进行衡量，在提高货运竞争力的同时有利于其他属性效益的增长。

所以，应将由单一属性效益研究扩展至多属性效益研究。本章基于前述章节所提出的耦合网络及其运作组织模式，分析耦合网络在运输成本、运输时间和污染物排放量三个指标上的效益以衡量耦合网络性能，构建耦合网络多属性效益优化模型。针对该模型，考虑有无先验知识，进而分别选取线性加权法和基于免疫选择的多属性效益混沌粒子群算法进行求解分析，实现了耦合网络由单一属性效益分析向多属性效益优化的扩展，并为未来多区域竞合条件下耦合网络的多属性效益研究奠定了基础。本章研究思路如图 8-1 所示。

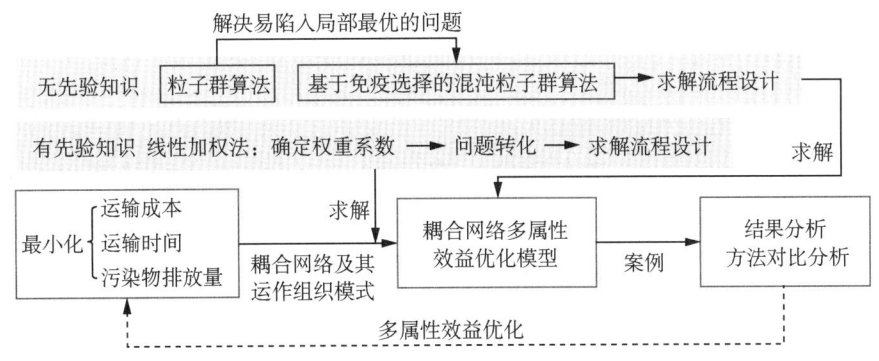

图 8-1 本章研究思路

8.1 耦合网络效能的多属性效益优化模型

Corman 等[2]和 Tzeng 等[3]研究指出,在耦合网络的运输过程中,衡量整个耦合网络效能可通过分析其货运过程中产生的运输费用、配送时间和污染物排放量等多个属性上的效益进行评价。因此,耦合网络效能决策优化的本质是协调多属性效益的过程。

通过均衡运输费用、配送时间和污染物排放量等属性,优化含多种交通方式的耦合网络效能。基于耦合网络运作的组织模式,本节将运输费用、配送时间和污染物排放量三个属性上的效益进行量纲化,建立多属性效益优化模型,在满足货物运输需求的前提下,降低运输总成本、总时间以及减少污染物排放量,以实现耦合网络效能的优化。

耦合网络的多属性效益优化模型应包含多个不同的目标属性,通过搜索 Pareto 最优解来优化网络的货物运输。在多属性效益优化模型中,基于本书第 4 章和第 7 章的计算方法,通过计算不同目标属性的值来分析各属性效益间的关系。耦合网络多属性效益优化模型中参数的符号和定义如表 8-1 所示。

表 8-1　　　　　　　　多属性效益优化模型符号表示

符号	定义
A_{ij}	路段 (i,j) 上额定运输流量
$A_{\max ij}$	路段 (i,j) 上最大容许流量
c_1	地上单位距离运输单位货物的费用
c_2	地下单位距离运输单位货物的费用
d_{ij}	路段 (i,j) 的距离
E	集装箱运输网络所有路段的集合
f_{rs}^k	OD 对 (r,s) 之间的路径 k 上的流量
G_1	港口集装箱货物的运输费用函数
G_2	港口集装箱货物的配送时间函数
G_3	港口集装箱货物的污染物排放量函数
h	地上单位距离运输单位货物的污染物排放量
l	地下单位距离运输单位货物的污染物排放量
m	地上、地下路段之间单位货物转移的费用
n	地上、地下路段之间单位货物转移的时间
N	集装箱运输网络所有节点的集合
p	地上、地下路段之间单位货物转移的污染物排放量
P	集装箱运输网络所有路径的集合
P_{rs}	OD 对 (r,s) 之间所有路径的集合
q_{ij}	路段 (i,j) 上的集装箱数量

(续表)

符号	定义
Q	货物运输的 OD 矩阵
R	集装箱运输网络所有出发地的集合
S	集装箱运输网络所有目的地的集合
t_{ij}^1	通过地上路段 (i,j) 需要的时间
t_{ij}^2	通过地下路段 (i,j) 需要的时间
V_1	集装箱运输网络地上所有节点的集合
V_2	集装箱运输网络地下所有节点的集合
δ_{rsk}^{ij}	若路段 (i,j) 在 OD 对 (r,s) 之间的路径 k 上,则其值等于 1,否则为 0
下标 i	表示运输网络的一个节点
下标 j	表示运输网络的一个节点
下标 k	表示一条路径
下标 r	表示运输集装箱的一个出发地
下标 s	表示运输集装箱的一个目的地

耦合网络多属性效益优化模型通过三个属性的效益函数表示如下。

货物运输成本最小化(G_1):

$$G_1 = \sum_{i \in V_1} \sum_{j \in V_1} c_1 d_{ij} q_{ij} + \sum_{i \in V_2} \sum_{j \in V_2} c_2 d_{ij} q_{ij} + \sum_{i \in V_1} \sum_{j \in V_2} m(q_{ij} + q_{ji}) \quad (8\text{-}1)$$

货物运输时间最小化(G_2):

$$G_2 = \sum_{i \in V_1} \sum_{j \in V_1} q_{ij} t_{ij}^1 + \sum_{i \in V_2} \sum_{j \in V_2} q_{ij} t_{ij}^2 + \sum_{i \in V_1} \sum_{j \in V_2} n(q_{ij} + q_{ji}) \quad (8\text{-}2)$$

污染物排放量最小化(G_3):

$$G_3 = \sum_{i \in V_1} \sum_{j \in V_1} h d_{ij} q_{ij} + \sum_{i \in V_2} \sum_{j \in V_2} l d_{ij} q_{ij} + \sum_{i \in V_1} \sum_{j \in V_2} p(q_{ij} + q_{ji}) \quad (8\text{-}3)$$

s. t.

$$\sum_{k \in P_{rs}} f_{rs}^k = Q(r,s), \quad \forall r \in R, s \in S \quad (8\text{-}4)$$

$$\sum_{r \in R} \sum_{s \in S} \sum_{k \in P_{rs}} f_{rs}^k \delta_{rsk}^{ij} = q_{ij}, \quad \forall (i,j) \in E \quad (8\text{-}5)$$

$$t_{ij}^1 = \frac{d_{ij}}{v_{ij}} \left[1 + a \left(\frac{q_{ij}}{A_{ij}} \right)^\beta \right] \quad (8\text{-}6)$$

$$t_{ij}^2 = \frac{d_{ij}}{v_{ij}} \quad (8\text{-}7)$$

$$f_{rs}^k \geqslant 0, \quad \forall r \in R, s \in S, k \in P_{rs} \quad (8\text{-}8)$$

$$q_{ij} \leqslant A_{\max ij}, \ \forall (i,j) \in E \qquad (8\text{-}9)$$

其中,式(8-1)、式(8-2)和式(8-3)分别表示货物在耦合网络中所需要的运输费用、配送时间和污染物排放量这三个属性效益值;式(8-4)表示货物流量守恒,即每个 OD 对 $Q(r,s)$ 之间所有路径流量的和等于相应的货物需求;式(8-5)描述了路段流量和路径流量的关系;式(8-6)表示为 BPR 函数,即车辆的行驶时间与其选择路段的交通容量和自由流时间等因素相关;式(8-7)表示城市地下路段的货物运输阻抗函数,即货物在站点装载完毕后,其在站点间地下路段的运输时间取决于运输载体固有速率和路段距离;式(8-8)表示路径流量的限制;式(8-9)表示路段流量的限制。

8.2 两种算法设计及比较

8.2.1 求解算法比较

不同于单一属性效益优化问题,耦合网络多属性效益优化模型包含了三个相互冲突的属性,因此,该模型不具备唯一最优解。多属性效益优化模型的求解主要目标为寻找 Pareto 最优解,以求解双属性效益优化问题为例,其 Pareto 最优解 (x^*, y^*) 对任意满足可行域的 (x, y) 都有:

$$\text{若 } X(x) \leqslant X(x^*), \text{则 } Y(y) < Y(y^*) \qquad (8\text{-}10)$$

通过求解尽可能多的 Pareto 最优解,形成 Pareto 最优解集,进而形成具备良好多向性的 Pareto 最优解集,可以近似地给出与实际无限接近的 Pareto 前端,如图 8-2 所示。

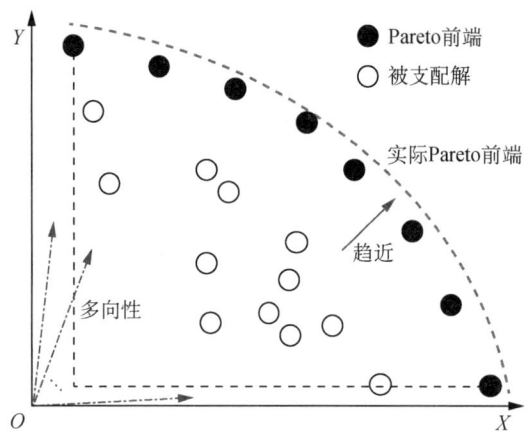

图 8-2 Pareto 前端和最优解集示意

因此,针对耦合网络的多属性效益优化模型,其求解方法的本质应尽可能多地寻找靠近 Pareto 前端的最优解。Coello 等[4]和 Chen 等[5]的研究指出,求解多属性效益优化模型的方法可以分为两大类：第一类是将多属性效益转化为单一属性效益的优化问题进行考虑；第二类是避免复杂计算的启发式优化方法。

对于第一类将多属性效益转化为单一属性效益，可以利用求解单一目标优化问题的成熟算法，其计算速度和搜索过程也快速有效。但是，决策者必须对各个目标属性的效益有先验知识判断，进而能确定各属性效益的权重，以实现问题的等价转化。而对于第二类直接针对多属性效益优化的启发式算法，不需要决策者针对各属性的权重进行赋值，可以快速搜索近似解以实现决策的优化。本节基于耦合网络的多属性效益优化模型，分别设计线性加权法和基于免疫选择的混沌粒子群算法进行分析，进而为耦合网络中多属性效益的优化问题提供决策支撑。

8.2.2 线性加权法

针对耦合网络的多属性效益优化模型，经典求解方法之间的主要共有特点和区别都集中在各目标属性的权重上，通过设置相应目标属性的权重，将多属性效益优化问题转化为单一属性的极值问题，其本质是一种通过目标函数权重动态调整得到 Pareto 最优解的方法。针对耦合网络的多属性效益优化模型，利用线性加权法将多属性效益优化问题转化为单一属性的极值问题，可表示如下：

$$\min G = w_1 G_1 + w_2 G_2 + w_3 G_3 \tag{8-11}$$

s.t.

$$w_1 + w_2 + w_3 = 1 \tag{8-12}$$

式中，w_1,w_2 和 w_3 分别为决策者对目标 G_1,G_2 和 G_3 的权重系数，其取值在 $[0,1]$ 之间，且和等于 1。

此外，通过以单一属性效益的结果对比耦合网络中三个目标属性效益来进行分析，可以在耦合网络下权衡多属性效益之间的相互作用关系。因此，结合第 3.1 节所提出的耦合网络的运作组织模式，以及第 5.1 节提出的多属性效益优化模型，建立了基于线性加权法的多属性效益优化模型求解方法和总体框架，其主要包含增量分配法、线性加权法和货运系统优化配置三部分，如图 8-3 所示。

根据图 8-3 所示的基于线性加权法的耦合网络的多属性效益优化模型求解算法框架，其求解计算过程主要分为以下几个步骤。

步骤一：耦合网络结构确定。根据耦合网络，首先分别设置单一地上货运网络和地上地下一体化货运网络。其中，地上地下之间通过垂直电梯或斜坡实现连接，以此计算货物在通道过程中的运输费用、配送时间和污染物排放。

步骤二：初始化耦合网络边的权值。根据计算参数设置，分别计算货运网络各边的初始时间和各路径初始距离等权值。

步骤三：多属性效益优化问题转化为单一属性极值问题。根据线性加权法，确定权重

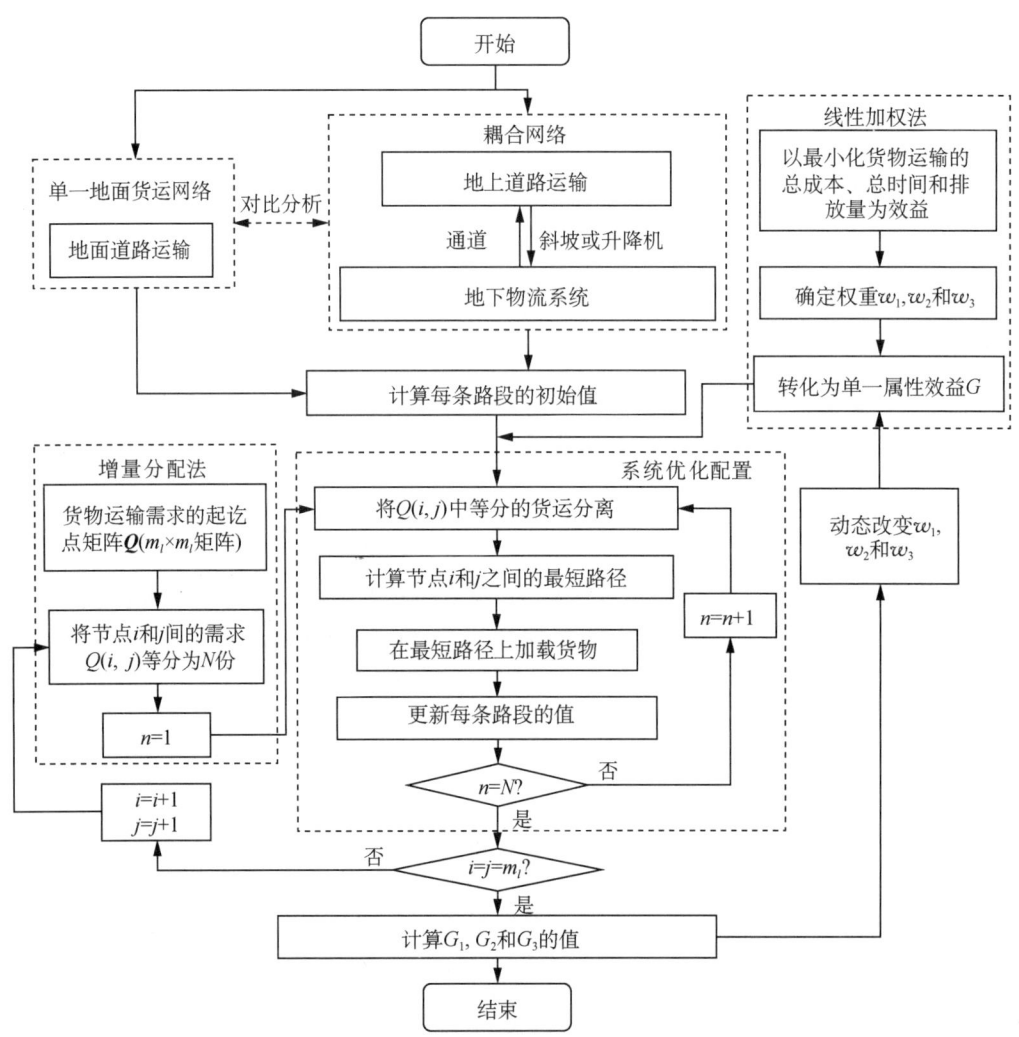

图 8-3　基于线性加权法的耦合网络的多属性效益优化算法框架

系数 w_1，w_2 和 w_3 的初始值并记录，将多属性效益优化问题转化为容易求解的单一属性极值问题。

步骤四：迭代计算。采用增量分配法，将货物运输需求的起讫点矩阵等分，每次路径选择前，动态更新网络各边的运输时间和流量等权值，直至货物加载完毕。

步骤五：根据步骤四货物加载过程和最终的结果，动态改变权重系数，绘制不同权重系数下多属性效益优化的变化趋势，综合评价各目标属性之间的相互作用关系，并确定相应的权重。

8.2.3　基于免疫选择的混沌粒子群算法

根据第 8.2.2 节基于线性加权法的耦合网络的多属性效益优化算法框架可以发现，

为了获得 Pareto 最优解集，需要通过设置不同的权重系数并将求解算法运行多次来求解，因此需要较大的计算量。此外，权重系数不同，结果也不一样，决策者需要具有相应的先验知识，否则难以决策。因此，本节构建基于免疫选择的混沌粒子群算法，以实现无先验知识条件下的多属性效益优化模型求解，便于决策者进行直观决策。

1. 粒子群智能算法

在多属性效益优化模型求解中，相比于线性加权法，启发式优化算法不依靠问题的梯度信息等特征属性，因此不随问题变量、维度和凹凸性等复杂程度的提高而出现难以求解的状况。此外，启发式优化算法可以在单次优化中得到多个 Pareto 最优解，减少计算量。因此，启发式优化算法非常适合求解多属性效益优化问题。本节采用粒子群算法（Particle Swarm Optimization，PSO）来求解耦合网络的多属性效益优化模型。

PSO 是一种新的基于群体智能的优化方法。该算法具有全局优化能力，在系统设计、目标优化、生物工程、疾病治疗等领域得到了广泛的应用。该算法通常将每个个体视为没有质量或大小的粒子，并使用适应度值来评估粒子是否处于合适的位置。为了解决复杂环境下的优化问题，粒子群通常通过粒子间的协作和信息共享来调整每个粒子的运动。

在 PSO 算法中，第 i 个粒子可表示为 R_i，由 N 个粒子构成的粒子群集合表示为 $R = (R_1, R_2, \cdots, R_i, \cdots, R_N)$。在 t 时刻，粒子 R_i 的位置、速度和适应度值分别表示为 $P_i(t) = (x1_i(t), x2_i(t), \cdots, xn_i(t))^\mathrm{T}$，$V_i(t) = (v_{ix1}(t), v_{ix2}(t), \cdots, v_{ixn}(t))^\mathrm{T}$ 和 $c_i(t)$。粒子的适应度值由粒子所在位置的属性效益值确定。在最优解的搜索过程中，一旦有粒子发现较优解，其他粒子将利用 PSO 算法趋近该粒子所在的位置，如图 8-4 所示。

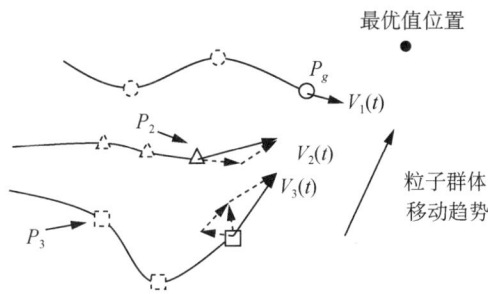

图 8-4　利用 PSO 算法寻找目标函数最优值过程

以求解效益函数的最大值为例，假定在 $0 \sim t$ 时间内，粒子 R_i 的适应度值在位置 $P_{pi} = (x1_{pi}, x2_{pi}, \cdots, xn_{pi})^\mathrm{T}$ 上取得目标最大值，其表示为个体粒子历史极值。而随着每个粒子的运动，整个粒子群体的适应度值不断更新，在位置 $P_g = (x1_g, x2_g, \cdots, xn_g)^\mathrm{T}$ 达到最大值 $c_{\max}(t)$，其表示为全局极值。从时间 $t - \Delta t$ 到 t，由于个体粒子历史极值和全局极值的更新，粒子 R_i 的速度和位置也将更新，表示如下：

$$V_i(t) = w \cdot V_i(t-\Delta t) + b_1 \cdot r_1 \cdot [P_{pi} - P_i(t)] + b_2 \cdot r_2 \cdot [P_g - P_i(t)]$$

$$\begin{cases} V_i(t) = V_{\max}, \text{ if } V_i(t) > V_{\max} \\ V_i(t) = V_{\min}, \text{ if } V_i(t) < V_{\min} \end{cases} \tag{8-13}$$

$$P_i(t) = P_i(t-\Delta t) + V_i(t)\Delta t \tag{8-14}$$

式中，w 为惯性权重，权衡粒子 R_i 按照上一时刻速度惯性移动的程度；b_1，b_2 分别为粒子 R_i 从自身运动和粒子群体运动中吸取教训的学习因素；r_1，r_2 为两个相互独立随机数，表示粒子移动的随机性，其取值范围为 0~1，r_1，r_2 值可动态更新，以提高粒子 R_i 探索更多区域的能力；$V_{\max}$，$V_{\min}$ 分别为粒子 R_i 移动的最大速度和最小速度。一般而言，w，b_1 和 b_2 等参数的取值会影响 PSO 算法收敛和发散的程度。根据 Chen 等[5]的研究，本节设置惯性权重 w 的取值为 1.0，b_1 和 b_2 的取值为 1.2。

尽管 PSO 算法具有较好的全局极值寻优性能，且收敛速度快，但也容易陷入局部最优，丢失 Pareto 最优解的多向性。同时，针对耦合网络的多属性效益优化模型中两个 Pareto 最优解的比较，PSO 算法需要赋予一定的先验优先权进行选择。因此，在采用 PSO 算法解决多属性效益优化问题时，需要提高 PSO 算法的局部搜索能力和全局搜索速度，改进 PSO 算法性能，才能实际应用于耦合网络的多属性效益优化模型。

2. 全局极值和个体历史极值更新方法

在求解单一属性效益优化的粒子群算法中，各个粒子的适应度值是唯一且可以直接比较大小的，而多属性效益优化模型的 Pareto 解集中的各个最优解之间存在互不占优关系。因此，需要设置新的选择策略，从粒子群体中选择全局极值和个体历史极值。

根据第 8.2 节所述，多属性效益优化模型的 Pareto 最优解集中各最优解应具备多向性。因此，其全局极值和个体历史极值的更新需要考虑 Pareto 解的多向性，可以根据粒子个体的不同，选择相应的全局极值点和个体历史极值点进行计算。本节假定在 t 时刻耦合网络的多属性效益优化模型的 Pareto 最优解集（全局最优解集）为 $R1 = \{R1_1, R1_2, \cdots, R1_{n_1}\}$，则粒子 R_i 全局极值选择策略如图 8-5(a)所示，可表示为

$$s_{(R_i, R1_k)} = \min_{j \in \{1,2,\cdots,n_1\}} s(R_i, R1_j) = \min_{j \in \{1,2,\cdots,n_1\}} \arccos \frac{\boldsymbol{c}_i(t) \cdot \boldsymbol{c}_j(t)}{|\boldsymbol{c}_i(t)| \cdot |\boldsymbol{c}_j(t)|} \tag{8-15}$$

式中，$\boldsymbol{c}_i(t) = (c_i^1(t), c_i^2(t), \cdots, c_i^{n_2}(t))$ 为粒子 R_i 适应度的向量；n_2 为模型中目标函数的个数；$s(R_i, R1_j)$ 为粒子 R_i 与 Pareto 最优解集中粒子 $R1_j$ 适应度向量的角度；Pareto 最优解集中粒子 $R1_k$ 的位置作为粒子 R_i 更新计算的全局极值位置。因此，粒子 R_i 都在 Pareto 最优解集中选择全局极值粒子 $R1_j$，其每个全局极值粒子 $R1_j$ 所对应的粒子 R_i 形成的子粒子群的粒子个数称为粒子浓度 n_{R1_j}，如图 8-5 所示。

在 $t+\Delta t$ 时刻，粒子 R_i 的适应度值 $\boldsymbol{c}_i(t+\Delta t)$ 相比个体历史极值 $\boldsymbol{c}_{pi}(t)$ 占优，则更新个体历史极值为 $\boldsymbol{c}_i(t+\Delta t)$；反之，若 $\boldsymbol{c}_i(t+\Delta t)$ 相比个体历史极值 $\boldsymbol{c}_{pi}(t)$ 不占优，则不改

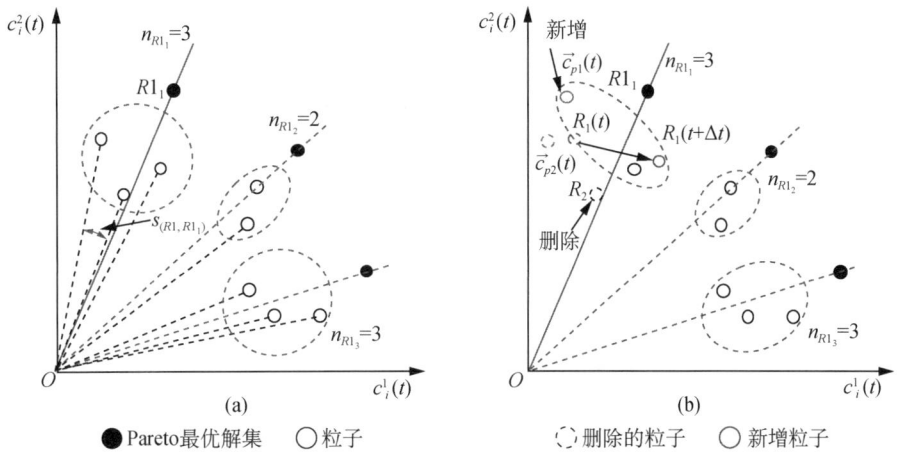

图 8-5　算法全局极值和个体历史极值选择策略示意

变个体历史极值。当 $c_i(t+\Delta t)$ 相比个体历史极值 $c_{pi}(t)$ 互不占优时，粒子 R_i 个体历史极值的更新方法如下。

步骤一：当迭代时间达到 $t+\Delta t$ 时刻，保存个体历史极值 $c_{pi}(t)$ 到粒子群中，将 $c_{pi}(t)$ 和 $c_i(t+\Delta t)$ 的个体历史极值设置为自身。

步骤二：根据式(8-15)，计算每个粒子 R_i 对应的全局极值粒子 $R1_j$，并确定各个子粒子群的粒子个数，在粒子个数最大的子粒子群中随机选择一个粒子 R_z，将 R_z 的个体历史极值 $c_{pz}(t)$ 与该子粒子群其他粒子的个体历史极值比较，若存在占优关系，则删除被占优的粒子和其对应的个体历史极值，否则删除 R_z 和 $c_{pz}(t)$。

当 $c_i(t+\Delta t)$ 相比个体历史极值 $c_{pi}(t)$ 互不占优时，个体历史极值更新的选择策略如图 8-5(b)所示。经过粒子个体历史极值更新后，粒子群体数量不变，通过删除目标函数较差的粒子来提高粒子搜寻 Pareto 最优解的效率。

3. 局部搜索和全局搜索优化方法

由于各属性效益函数的非线性特征，PSO 算法容易陷入局部最优解，降低粒子搜索能力，从而无法得到 Pareto 最优解。因此，针对这一特征，引入混沌搜索算法进行粒子局部搜索。

粒子的混沌运动能够使粒子在一定范围内不重复地遍历搜索空间。混沌搜索算法利用混沌的遍历性和随机性特征，可以避免在解空间搜索 Pareto 最优解时搜索到局部次优解。相比于大空间的搜索，在搜索的范围较小时，搜索效果较为显著。采用混沌搜索的算法步骤如下。

步骤一：设定迭代次数 n_4，当开始执行局部搜索时，初始迭代次数 $It=It+1$，粒子 R_i 位置 $P_i(It)=(x1_i(It), x2_i(It), \cdots, xk_i(It), \cdots, xn_i(It))^T$ 中 $xk_i(It)$ 的变换公式为

$$xk_i(It+1) = xk_{\min,i} + 4 \cdot \frac{xk_i(It)-xk_{\min,i}}{xk_i(It)-xk_{\max,i}}\left(1-\frac{xk_i(It)-xk_{\min,i}}{xk_i(It)-xk_{\max,i}}\right)(xk_{\max,i}-xk_{\min,i}) \tag{8-16}$$

式中，$xk_{\min,i}$，$xk_{\max,i}$分别为$xk_i(It)$搜索区域的下界和上界。通过变换，粒子R_i的位置变为$P_i(It+1)$，若$P_i(It+1)$的适应度值相比于$P_i(It)$的适应度值占优或迭代次数$It=n_4$，则进行步骤三，否则继续步骤二。

步骤二：更新$xk_{\min,i}$和$xk_{\max,i}$以动态调整搜索区域范围，保持粒子的多向性和分散性等特征。根据选择相对应的全局极值粒子$R1_j$，其搜索区域的下界$xk_{\min,i}$和上界$xk_{\max,i}$更新公式为

$$xk_{\min,i} = \max\{xk_{\min,i}, xk_{gj,i} - a_2 \cdot (xk_{\max,i} - xk_{\min,i})\} \quad (8\text{-}17)$$

$$xk_{\max,i} = \max\{xk_{\max,i}, xk_{gj,i} + a_2 \cdot (xk_{\max,i} - xk_{\min,i})\} \quad (8\text{-}18)$$

式中，a_2为取值范围为0~1的随机数。

步骤三：按照全局极值和个体历史极值更新方法更新粒子R_i的位置、个体历史极值和全局极值，局部搜索结束，返回PSO算法主程序。

为了改进粒子的多样性，并在前期提高粒子空间搜索能力，后期加快收敛效率，本节引入带免疫选择的粒子交叉操作，避免算法过早收敛。在耦合网络的多属性效益优化模型中，为了保证粒子R_i交叉后的子粒子在可行区域解区域内，需要根据货物运输的可行路径集合确定粒子R_i的可交叉位置，并在可交叉位置中随机选择，如图8-6所示。

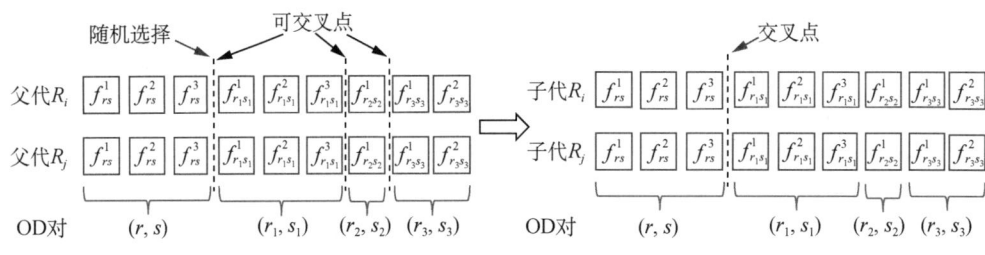

图8-6 粒子R_i和R_j交叉示意

为了确定粒子R_i进行交叉的选择概率，本节采用粒子的抗体浓度作为交叉选择概率，以动态调整粒子进行交叉的概率。粒子R_i被选择进行交叉的概率计算公式为

$$PB(R_i) = \frac{1}{N} e^{\frac{1}{u \cdot \sum_{k=1}^{N}(|c_i(t)| - |c_k(t)|)}} \quad (8\text{-}19)$$

式中，u为常数调节因子，取值范围为$[0,1]$。

同时，为了防止位置相近的粒子进行交叉而降低粒子交叉产生较优粒子的概率，通过距离判断父代粒子的亲近程度。只有当粒子R_i和R_k的欧式距离大于阈值D_a时，才能进行交叉；否则删除粒子R_k，重新随机产生，直至满足交叉条件。对于本节的多属性效益优化模型，其耦合网络的流量为连续变量，可采用欧式进行计算，可表示为

$$D_{ij}(t) = \| P_i(t) - P_j(t) \|_2 = [(x1_i(t) - x1_j(t))^2 + \cdots + (xn_i(t) - xn_j(t))^2]^{\frac{1}{2}} \quad (8\text{-}20)$$

4. Pareto 最优解集更新方法

PSO 算法每次迭代都会产生一定数量的最优解,而 Pareto 最优解集内元素的数量是有限的,其更新来源依赖于每次迭代产生的最优解。因此,如何选择互不占优的最优解纳入 Pareto 最优解集,引导粒子选择更有效的全局极值粒子,是有效解决多属性效益优化问题的关键。为此,Knowles 和 Corne[6]提出了一种自适应网络 Pareto 最优解集更新方法,步骤如下。

步骤一:t 时刻的 Pareto 最优解集为 $R1(t) = \{R1_1(t), R1_2(t), \cdots, R1_{n_1}(t)\}$。在 $t+\Delta t$ 时刻,若不出现与 $R1(t)$ 中所有元素互不占优的粒子 $R_i(t+\Delta t)$,则继续迭代;否则,进入步骤二。

步骤二:将 $R_i(t+\Delta t)$ 纳入 $R1(t)$ 形成 $R1(t+\Delta t)$,此时 $R1(t+\Delta t)$ 中元素数量为 n_1+1,计算 $R1(t)$ 在各属性效益函数上的最大值和最小值,计算方法如下:

$$\max_t^m = \max(c_i^m(t) | R1_i(t) \in R1) \tag{8-21}$$

$$\min_t^m = \min(c_i^m(t) | R1_i(t) \in R1) \tag{8-22}$$

依据效益函数最大值和最小值将属性空间划分为不同数量的网格,网格宽度为

$$l_{t+\Delta t}^m = \frac{\max_t^m - \min_t^m}{n_3} \tag{8-23}$$

计算各网格包含的最优解数量,从包含 Pareto 最优解数量最多的网格中随机删除一个 Pareto 最优解。

5. 基于免疫选择的多属性混沌粒子群算法框架

基于第 8.1 节提出的耦合网络的多属性效益优化模型,结合提出的 PSO 算法和全局极值等更新计算方法,建立基于免疫选择的多属性混沌粒子群算法来进行求解,其计算框架如第 5 章图 5-9 所示。

根据图 5-9 所示的基于免疫选择的多属性混沌粒子群算法计算流程,其求解过程主要分为以下几个步骤。

步骤一:初始化粒子种群。根据耦合网络中货运 OD 需求对中可行路径的数量,确定粒子 R_i 的维数 n 和数量 N,并根据可行域的范围设置粒子 R_i 的初始位置 $P_i(0) = (x1_i(0), x2_i(0), \cdots, xn_i(0))^T$ 和速度 $V_i(0) = (v_{ix1}(0), v_{ix2}(0), \cdots, v_{ixn}(0))^T$。

步骤二:初始化粒子群算法参数。设置 PSO 算法中的 $w, b_1, b_2, V_{\max}$ 和 $V_{\min}$ 等参数。此外,还需设置待求 Pareto 最优解集中解个数的阈值 n_1、最大迭代次数 N_1、网格宽度 n_3、混沌搜索算法迭代次数 n_4 和迭代精度 n_5。

步骤三:计算适应度值并更新 Pareto 最优解集。根据 PSO 算法的基本参数和粒子群的初始位置计算粒子 R_i 的三个属性效益函数值,即适应度值 $c_i(t) = (c_i^1(t), c_i^2(t), c_i^3(t))$,比较粒子适应度值,选取适应度值占优粒子的位置在 Pareto 最优解集中更新。若 Pareto 最优解集中数量超过阈值,则根据式(8-21)、式(8-22)和式(8-23)在包含

Pareto 最优解数量最多的网格中随机淘汰一个最优解。

步骤四：更新粒子速度和位置。首先根据式(8-15)更新粒子全局极值，再判断当 $c_i(t+\Delta t)$ 相比个体历史极值 $c_{pi}(t)$ 是否互不占优，并更新粒子的个体历史极值。当确定粒子个体历史极值和所属的全局极值后，根据式(8-13)和式(8-14)计算粒子的速度 $V_i(t+\Delta t)$ 和位置 $P_i(t+\Delta t)$。迭代次数 $t=t+\Delta t$。

步骤五：粒子适应度值排序并分类。对于粒子适应度值较差的50%粒子，转向步骤六，其余粒子转向步骤七。

步骤六：对于粒子适应度值较差的50%粒子，根据式(8-19)和式(8-20)判断粒子是否满足交叉变异条件。若满足，则生成子粒子后转向步骤三；若不满足，则在淘汰该粒子并重新生成可行域范围内新粒子后转向步骤三。

步骤七：根据式(8-16)、式(8-17)和式(8-18)，对于粒子适应度值较优的50%粒子，利用混沌局部优化算法计算并更新粒子。此时若达到最大迭代次数或者 Pareto 最优解在连续迭代 n_5 次后最优解更新，则输出 Pareto 最优解集，结束迭代；否则，转向步骤三。

8.3 案例研究：上海洋山港地下集装箱网络多属性效益优化模型分析

8.3.1 案例背景

本节以上海洋山港口耦合网络 $N=(V, E)$ 为例，如图 8-7 所示。其中，V 表示网络的节点集合，由地上节点 V_1 和地下节点 V_2 组成，E 表示网络中有向路段的集合。由于该港口已有的道路网络存在货运能力瓶颈，不能满足港口持续增长的集装箱量，因此可通过使用地下货物运输系统，利用港口闲置的地下空间资源来缓解地面交通拥堵。

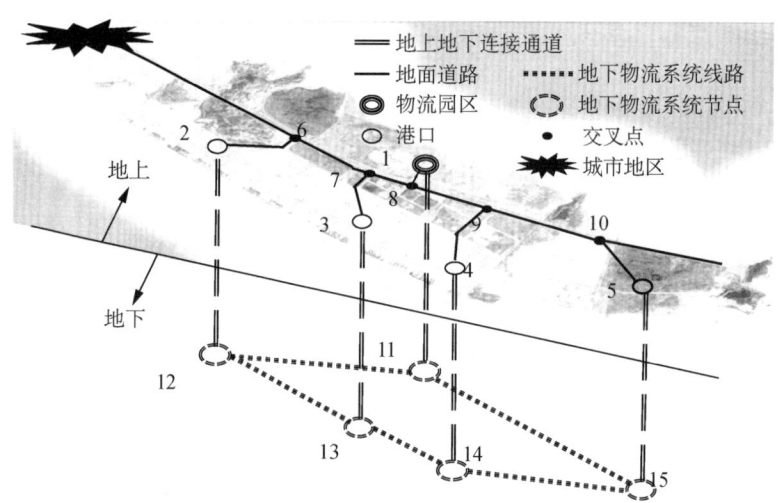

图 8-7 上海洋山港耦合网络示意

为了便于计算分析,本节假定港口货物运输管理部门能准确实时计算道路阻抗。在实际环境中,交通系统检查道路交通流量并计算道路阻抗时受时间影响,具有时滞特征,但这并不影响阻抗数据的校验与修正。此外,本文假定地上路段的货物量不大于该路段最大容许负载,并且不考虑集装箱在仓储和管理过程中产生的费用、时间和污染物。

该港口各节点间每天平均的集装箱运量如表 8-2 所示。考虑到商业数据保密和港口进一步建设等影响因素,且案例主要目的是研究耦合网络的多属性效益优化模型可行性和适用性,在不影响结果可靠性的前提下,对数据进行了部分调整。此外,运输网络中路段的运输能力是有限的,其最大容许货运量如表 8-3 所示。

表 8-2　　　　　　　　　节点间的平均货运需求　　　　　　　　单位:TEU/d

节点	物流园区	港　　区			
	1	2	3	4	5
1	0	21 654.79	3 767.12	3 093.15	123.29
2	21 386.3	0	7 013.7	2 295.89	1 501.37
3	11 958.9	4 893.15	0	120.55	452.05
4	8 463.01	2 827.4	82.19	0	367.12
5	438.36	1 334.25	342.47	509.59	0

表 8-3　　　　　　　　　　路段的容许荷载设置

路段	(1,8)	(2,6)	(3,7)	(4,9)	(5,10)	(6,7)	(7,8)	(8,9)	(9,10)
设计容量/($\times 10^2$ TEU·d^{-1})	250	200	150	70	20	250	250	250	250
最大容量/($\times 10^2$ TEU·d^{-1})	500	400	300	140	40	500	500	500	500

为了展示城市地下物流系统的多样性和适用性,区别于前述章节采用的城市地下货物运输系统,本案例的运载工具采用美国得克萨斯州交通部的安全货物机车,该系统主要由运输工具、导轨、控制系统和物流末端组成,年运输量可超过 200 万 TEU,每个运输载体可运输一个集装箱,时速 48～112 km。本节地下路段设定的行驶速度 60 km/h,地上路段设定的行驶速度 45 km/h。考虑货物耦合网络运输环境,案例仿真计算的参数取值如表 8-4 所示。

表 8-4　　　　　　　　　　仿真计算参数设置

参数	c_1	c_2	m	n	h	l	p
取值	1.00	0.80	0.30	0.80	1.00	0.10	0.05

8.3.2 基于线性加权法的求解结果分析

1. 确定性权重系数影响结果分析

为了对比分析单一地上网络货物运输和网络耦合作用下的货物运输在多属性效益优化模型中的区别，设置了 6 种权重系数的取值方案，其权重系数的取值如表 8-5 所示。其中，S1、S2 和 S3 表示仅依靠地上道路运输网络、不建立城市地下物流系统时，分别以运输费用、运输时间和污染物排放量这三个属性效益值最小化为目标的三种决策方案。S4、S5 和 S6 表示在耦合网络下，分别以运输费用、运输时间和污染物排放量这三个属性效益值最小化为目标的优化决策方案。

表 8-5　　　　方案 S1～S6 权重系数设置

方案	S1	S2	S3	S4	S5	S6
w_1	1	0	0	1	0	0
w_2	0	1	0	0	1	0
w_3	0	0	1	0	0	1

案例的仿真计算结果表明，相比于单一网络，耦合网络中的三个属性效益值具有较大的优势。图 8-8 表示当 6 个方案中各属性函数达到最小值时地上道路和地下物流系统的货物量、运输时间、运输距离。通过耦合网络进行货物运输，相当于扩增了城市交通设施网络，将部分集装箱从地上转移到地下，地上路段的集装箱量减少，使得地下路段分担了地上路段的货运量。以案例 S1 和 S4 为例，将运输系统的费用这一属性效益值最小化作为目标，建立地下货物运输系统，地上货运量由 342 021.91 unit 下降为 81 846.54 unit，减少了 76.07%。以案例 S6 为例，将排放污染物这一属性效益值最小化为目标，货物将 100% 全部转移至地下，与案例 S3 相比，S6 中货物在地下运输的总距离增长了 7.34%，但是其运输总时间却下降了 43.92%，造成运输距离较大的原因是地下物流系统线路较为单一。通过仿真计算分析可以得出，耦合网络能显著减少地上货运量，从而缩短了地上货物运输时间和运输距离，减少了污染物排放量。

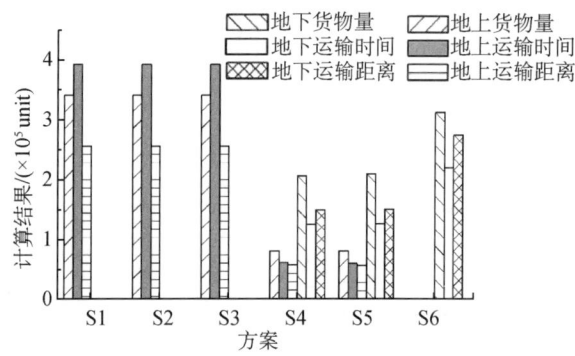

图 8-8　方案 S1～S6 中地上和地下的仿真计算结果比较

在耦合网络中,地下物流系统减少了地上道路的集装箱数量,使得地上路段的阻抗减少,其运输时间也相应减少,从而使地上运输效率得到提高。以案例 S1 和 S4 为例,当以运输费用这一属性效益值最小化为目标时,其地上路段的集装箱运输量如图 8-9 所示。利用城市地下物流系统,地上道路的集装箱数量大幅度减少,可以给城市客运交通留出大量空间。

在案例 S1 和 S4 的最优解中,(2,6),(5,10)和(6,7)等路段上的集装箱全部转入地下物流系统运输,(1,8),(3,7)和(8,7)等路段上的集装箱部分转入地下物流系统运输。此外,以耦合网络进行货物运输,案例 S4 中地上道路的货运量为 81 846.54 unit,货运时间为 62 234.86 unit,其平均单个货物的运输时间为 0.76 unit,相比于方案 S1 平均单个货物的运输时间 1.15 unit,案例 S4 的运输时间减少了近 40%。

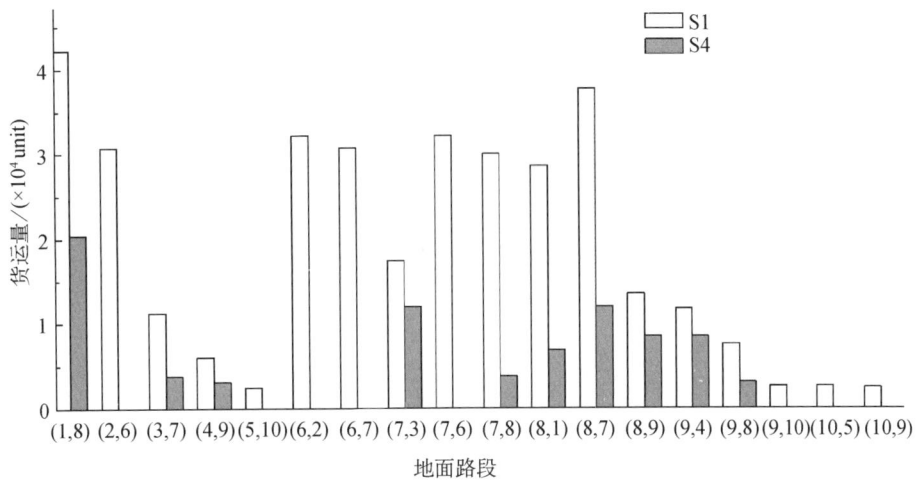

图 8-9 案例 S1 和 S4 中不同路段运输的集装箱数量

合理选择三个属性函数的权重系数可充分利用地上道路运输网络的运能,同时又可以使耦合网络中货运的运输费用、运输时间和污染物排放量这三个属性效益值维持在一定范围内。图 8-10 所示为案例 S1~S6 的仿真计算结果。以 S6 为例,当污染物排放量达

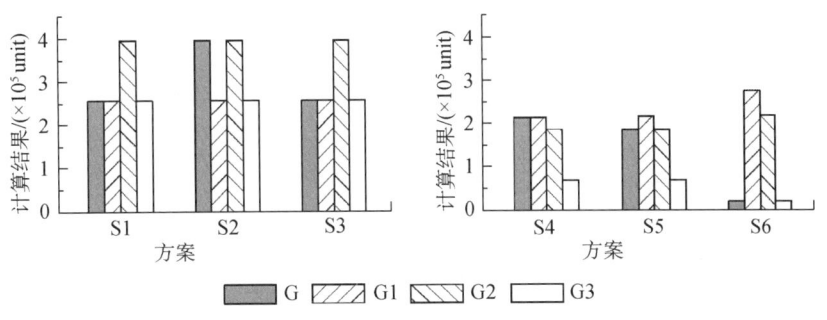

图 8-10 方案 S1~S6 中三个属性函数的仿真计算结果

到最小时,在节点运能满足需求的条件下,集装箱转移至地下物流系统运输对比仅靠地上道路运输网络方案 S3,其污染物排放量降低了 91.40%,但运输成本增加了 7.48%。因此,仅依靠地下物流系统来运输货物,空置了地上道路网络的运输能力,将导致运输成本增加。而以 S5 为例,当以运输时间最小为属性时,相比于 S2,其运输费用、运输时间和污染物排放量分别降低了 15.04%,52.30% 和 72.19%。因此,合理选择系统各属性的权重系数来优化耦合网络中货物的路径选择,能够使地上道路交通网络和地下物流系统的耦合运输实现低成本(目标属性 G1)、高效率(目标属性 G2)和可持续发展(目标属性 G3)。

2. 动态权重系数影响结果分析

为了分析耦合网络中,不同属性函数的权重系数对运输的影响,我们设置了 560 组不同取值的案例进行大量的仿真计算,其货物的运输费用、运输时间和污染物排放量三个属性效益函数的计算统计结果如图 8-11 和图 8-12 所示。图 8-11(a)是案例仿真结果插值形成的三维示意图,表示运输的总费用与权重系数 w_1 和 w_2 的关系。w_1 和 w_2 的取值越小,总体上集装箱运输费用越高。当 w_1 和 w_2 的取值均为 0 时,集装箱运输费用达到最大值 276 456.50 unit。当 w_1 取值为 1,w_2 取值为 0 时,集装箱运输费用达到最小值 217 378.28 unit。

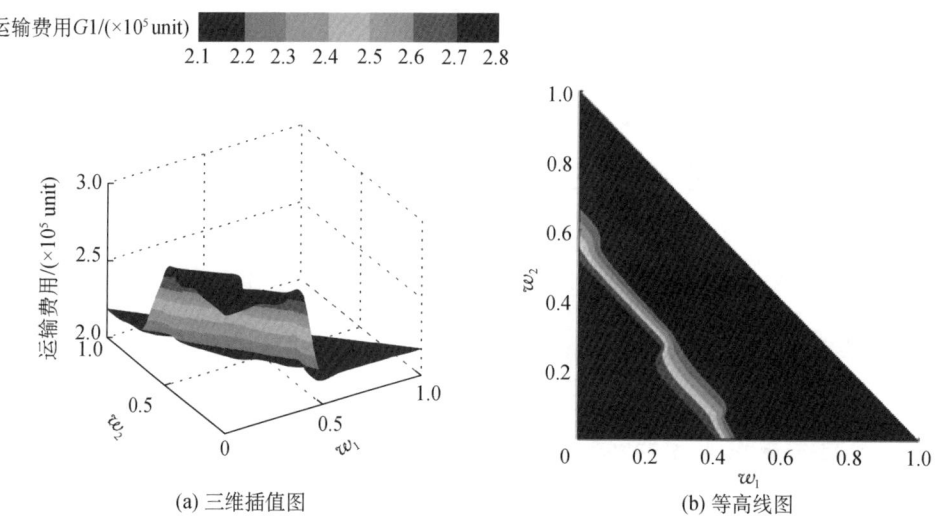

图 8-11 560 组案例运输费用的统计结果示意

从图 8-11 可以看出,在耦合网络的多属性效益优化模型中,其属性函数的权重系数越大,货物运输对应的效益值不一定越小。如图 8-11(b)所示为运输费用与权重系数 w_1 和 w_2 的等高线图。在局部区域,当固定权重系数 w_1 时,降低 w_2 并不一定会降低运输费用,主要原因是降低 w_2 后,在当前权重系数下,耦合网络运输费用对效益函数 G 增加的值小于运输时间和污染物排放量对效益函数 G 减少的值,虽然导致运输费用增加的结果,但最终求解的效益函数值仍然相对降低。

图8-12(a)表示560组仿真案例的运输时间与权重系数w_1,w_2的统计关系,图中随着w_1和w_2取值减小,总体上货运的运输时间变长。其中,白色虚线表示当w_1和w_2二者的和大于0.7时(等价于w_3小于0.3),运输时间随着w_3的减少而缓慢减少,当w_1和w_2二者的和小于0.2时(等价于w_3大于0.8),运输时间随着w_3的增大而缓慢增加。当w_1取值为0,w_2取值为1时,运输时间达到最小值188 085.73 unit。当w_1和w_2取值均为0时,运输时间达到最大值221 117.95 unit。

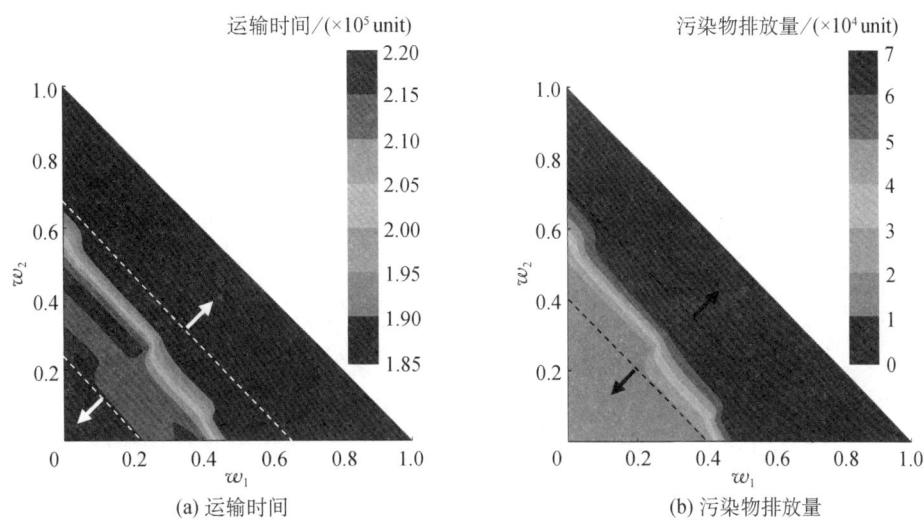

图 8-12　560组案例统计结果等高线示意

图8-12(b)表示560组仿真案例的污染物排放量与权重系数w_1,w_2的统计关系。图中随着w_1和w_2取值减小,总体上污染物排放量也减小。其中,黑色虚线表示当w_1和w_2二者的和大于0.7(等价于w_3小于0.3)时,污染物排放量随着w_3的减少而缓慢上升,当w_1和w_2二者的和小于0.4(等价于w_3大于0.6)时,污染物排放量随着w_3的增大而缓慢下降。当w_1和w_2取值均为0时,污染物排放量达到最小值22 128.50 unit。当w_1取值为1,w_2取值为0时,运输产生的污染物排放量达到最大值72 131.31 unit。

8.3.3　基于免疫选择的多属性混沌粒子群算法结果分析

基于免疫选择的多属性混沌粒子群算法中参数设置如表8-6所示,其仿真计算结果如图8-13所示。

表 8-6　算法参数设置

参数	N	n	N_1	n_1	n_2	n_3	n_4	n_5	w	b_1	b_2
取值	100	40	1 000	300	3	5	6	10	1.0	1.2	1.2

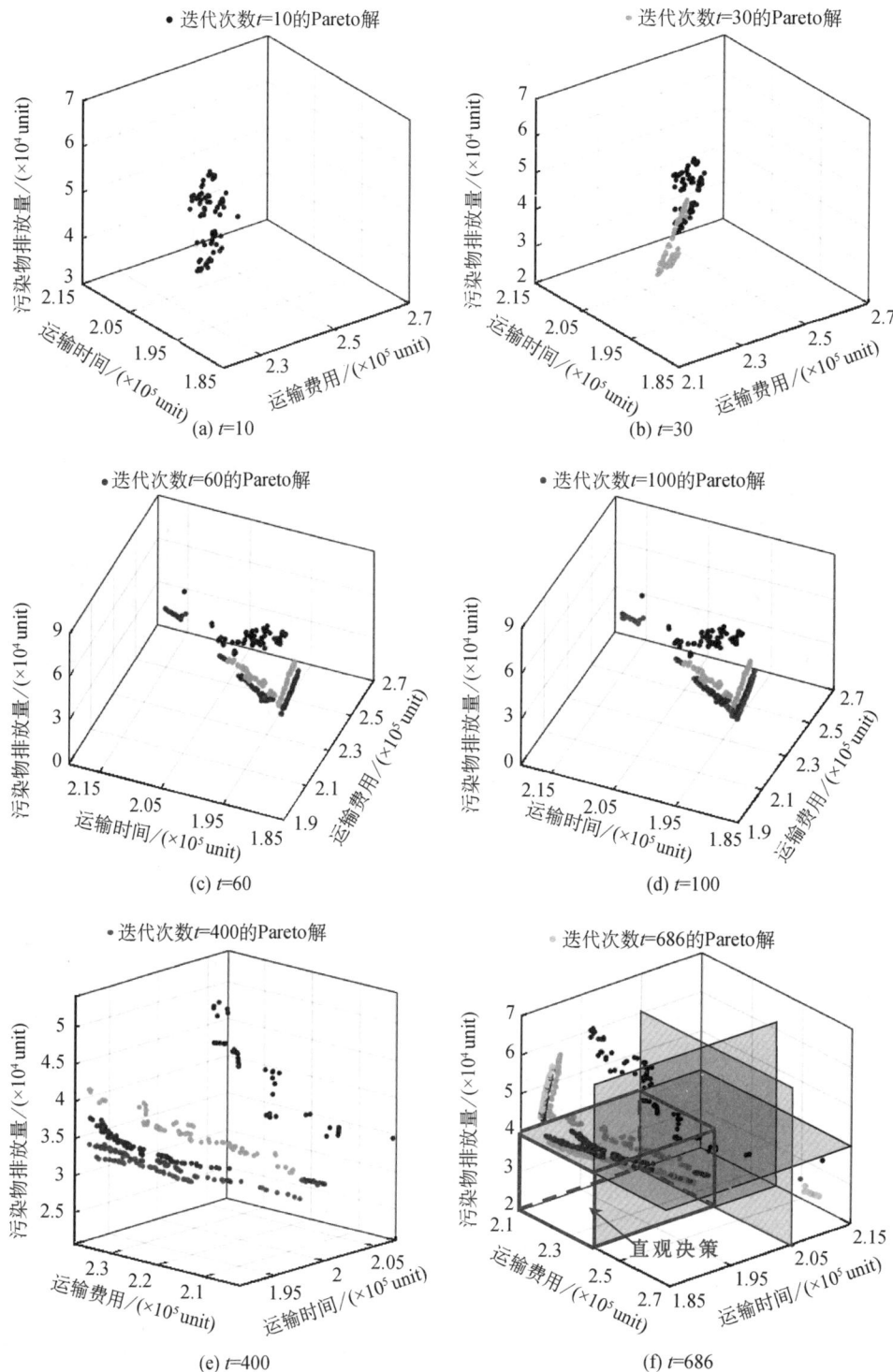

图 8-13　Pareto 最优解集中属性函数迭代更新示意

其中，图 8-13(a)表示算法的主循环迭代次数 $t=10$ 时，Pareto 最优解集中所包含的最优解对应三个属性效益值的分布，Pareto 最优解集中共包含 89 个最优解，其位置在可行域空间中相对分散。随着迭代次数的增加，Pareto 最优解集中最优解的数量和质量也不断提升。以图 8-13(b)~(d)为例，当迭代次数 $t=30$ 时，Pareto 最优解集共包含 165 个最优解，而当迭代次数 $t=100$ 时，Pareto 最优解集已饱和，共含 300 个最优解，这些解并没有局部收敛于某一点，其空间分布较为均匀。随着迭代次数的增加，Pareto 最优解集在运输费用、运输时间和污染物排放量这三个属性上的效益值也不断缩小，逐渐趋向 Pareto 前端。图 8-13(d)表示在迭代次数 $t=400$ 时，相比于其他迭代次数，其 Pareto 最优解集中的最优解在污染物排放量这一属性上的变化过程，随着迭代次数的增加，其属性向量的值也逐渐减少并趋于稳定。图 8-13(e)表示迭代次数达到 686 次时其最优解的空间分布，此时，迭代精度满足预定的迭代终止条件，算法终止。

通过基于免疫选择的多属性混沌粒子群算法求解耦合网络的多属性效益优化模型，可以避免反复计算，同时不受各属性权重系数取值变化的影响，便于耦合网络的决策者针对货物运输的策略进行优化。如图 8-13(e)所示，通过求解得到的 Pareto 最优解集，决策者在各个属性效益值上设置相应的约束值，可直接确定可行域的空间范围，进而筛选符合要求的最优解。

8.3.4 基于对比分析的效益优化策略

在耦合网络中，通过基于免疫选择的多属性混沌粒子群算法来求解多属性模型，相比于采用线性加权法，不需要先验知识以确定权重系数，但是其求解过程更为复杂。基于线性加权法和基于免疫选择的多属性混沌粒子群算法得到的多个最优解，其所对应的地上道路的货运量和地下物流系统的货运量占货物总量的比例，如图 8-14(a)，(b)所示。从

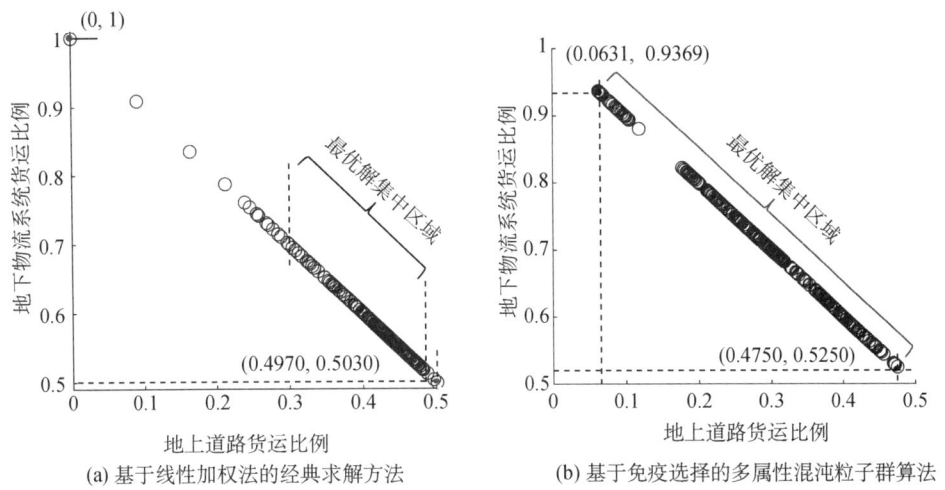

图 8-14　最优解所对应地上地下的货运量分布对比

解的空间分布上来看,相比于采用线性加权法,基于免疫选择的多属性混沌粒子群算法得到的 Pareto 最优解集在空间分布上更为均匀合理,具有解的多样性。但是,采用线性加权法更容易得到 Pareto 前端解(对应解的边界)。

因此,在耦合网络的多属性效益优化过程中,可以综合两种求解方法的优点以实现决策的综合优化。由图 8-14 可知,基于线性加权法的求解结果,其地上道路运输的货运量占货物总量比例主要集中在 0.30~0.49,而基于免疫选择的多属性混沌粒子群算法的求解结果,其地上道路运输占货物总量比例基本上均匀分布在 0.06~0.47。因此,线性加权法的解范围更广(对应单一属性极值),而基于免疫选择的多属性混沌粒子群算法解的分布更均匀(只具备近似解)。此外,地下物流系统的货运比例均大于 0.5,表明在耦合网络中,以运输费用、运输时间和污染物排放量为属性,地上道路运输的货物量低于城市地下物流系统。

8.4 本章小结

在本章研究中,首先依据耦合网络货物运输的关键要素确定了货物运输费用、运输时间和污染物排放量这三个关键属性,进而构建了耦合网络的多属性效益优化模型。基于该模型,结合上海洋山港口的耦合网络,通过线性加权法和增量分配法构建经典求解方法的流程框架,进而对三个属性效益值进行求解,并分析了不同权重系数取值变化的影响,以实现耦合网络效能的优化。本章在研究目标上,将城市地上地下一体化货运网络效能的优化配置由单一属性效益优化扩展至多属性效益优化。同时,考虑线性加权法在决策支持中的不足(无先验知识),基于粒子群算法,引入免疫选择交叉机制和混沌搜索方法,构建基于免疫选择的多属性混沌粒子群算法框架,并比较分析了其与线性加权法的优缺点,为后续在多区域多属性效益背景下耦合网络效能的优化配置研究奠定了基础。

在以上海洋山港口运输网络为例的研究中,根据耦合网络的多属性效益优化模型,以及基于线性加权方法和基于免疫选择的多属性混沌粒子群算法,得出了多属性效益约束耦合网络中货物运输的优化配置结果和各属性函数值的变化情况。结果显示,在耦合网络中,当各目标属性函数达到 Pareto 最优时,地上道路运输的货物量低于城市地下物流系统。通过耦合网络实现货物运输,能明显减少货运产生的运输费用、运输时间和污染物排放量。

基于线性加权法求解耦合网络的多属性效益优化模型,合理选择系统各属性的权重系数可以优化网络效能,充分利用地上道路网络运输能力。同时,目标属性的权重系数越大,其对应的属性效益值不一定越小。基于免疫选择的多属性混沌粒子群算法求解耦合网络的多属性效益优化模型,可以避免反复计算,不受各属性权重系数取值变化的影响(不需要先验知识),便于决策者针对耦合网络进行策略优化,相比于线性加权法,该算法得到的 Pareto 最优解集在空间分布上更为均匀合理,具有解的多样性,求解的效率也更高。但是,采用线性加权法更容易得到 Pareto 前端解,即获得单一属性的极值(对应解的边界)。

本章参考文献

[1] Chebbi O, Chaouachi J. Reducing the wasted transportation capacity of Personal Rapid Transit systems: An integrated model and multi-objective optimization approach[J]. Transportation Research Part E: Logistics and Transportation Review, 2016, 89: 236-258.

[2] Corman F, Viti F, Negenborn R R. Equilibrium models in multimodal container transport systems [J]. Flexible Services and Manufacturing Journal, 2017, 29(1): 125-153.

[3] Tzeng G H, Cheng H J, Huang T D. Multi-objective optimal planning for designing relief delivery systems[J]. Transportation Research Part E: Logistics and Transportation Review, 2007, 43(6): 673-686.

[4] Coello C A C, Pulido G T, Lechuga M S. Handling multiple objectives with particle swarm optimization[J]. IEEE Transactions on Evolutionary Computation, 2004, 8(3): 256-279.

[5] Chen M R, Weng J, Li X, et al. Handling multiple objectives with integration of particle swarm optimization and extremal optimization[J]. Foundations of Intelligent Systems, 2014, 277: 287-297.

[6] Knowles J D, Corne D W. Approximating the nondominated front using the Pareto archived evolution strategy[J]. Evolutionary Computation, 2000, 8(2): 149-172.

第9章

基于 AnyLogic 的城市地上地下一体化货运网络动态仿真

在实际环境中，城市地上地下一体化货运网络的运营环境是动态变化的，其参数具有不确定性和随机性，因而采用解析方法来进行过程描述并求解是十分困难的。因此，本章将耦合网络机理研究由静态背景扩展至动态背景下，利用仿真软件来对耦合网络的动态货运环境进行仿真实验并量化各动态因素的影响，以验证耦合网络在不同环节和环境中的有效性并优化货运流程，为耦合网络动态仿真建模提供理论指导。

目前，考虑耦合网络特征、针对耦合网络的仿真建模的研究鲜见。由于耦合网络的各个子系统对应的抽象层级不同，模拟这些子系统的最佳方法就是使用相匹配的建模方法，这样才能更真实有效地反映复杂系统的特征。而相比于其他货运网络仿真建模软件，AnyLogic 是目前唯一一种引入多方法仿真建模的仿真软件，其包含轨道库和道路交通库，可作为本章仿真建模的基础。

因此，本章应用 AnyLogic(专业版：Professional 8.3.2)构建耦合网络动态仿真模型，对城市动态环境下货物的运输环节(如客运流量变化和运营线路中断等情境)进行探索性研究，对比分析动态关键指标和参数对耦合网络货运的影响，为耦合网络实施的不确定性分析提供决策支持。本章的研究思路如图 9-1 所示。

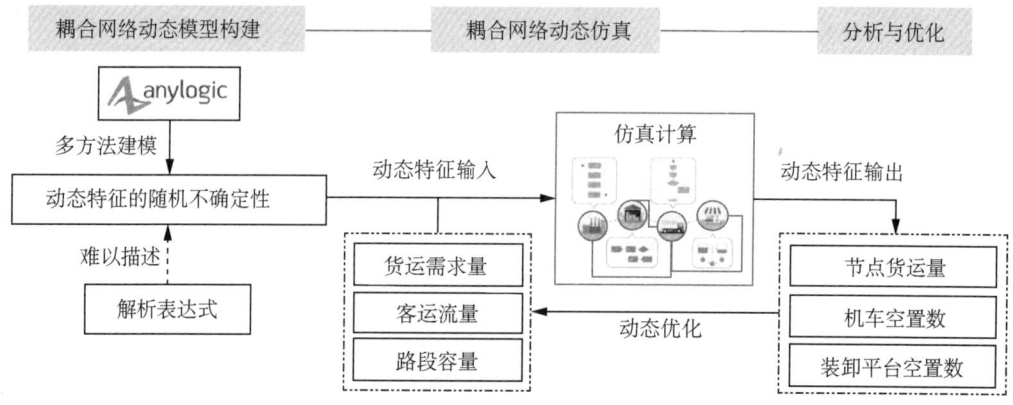

图 9-1 本章研究思路

9.1 AnyLogic 仿真软件概述及功能分析

9.1.1 AnyLogic 仿真软件概述

目前世界上通用的仿真建模软件主要有 WITNESS、FLEXSIM、AUTOMOD 和 AnyLogic 等,其功能特点对比如表 9-1 所示。其中,AnyLogic 仿真软件是由一家在美国和欧洲运营的跨国公司 AnyLogic 公司设计和开发的,其主要应用在物流、供应链、制造业、行人交通仿真、城市规划、建筑设计和港口机场等复杂系统领域。使用 AnyLogic 可以帮助不同行业的工程技术人员和管理人员针对特定工程进行深入分析,通过分析虚拟工程原型环境和考虑外部因素,动态优化复杂系统网络。

表 9-1　　货物运输仿真软件对比分析

工具名称	软件特点	适用领域	局限性
WITNESS	工商业系统流程动态建模与仿真,流程动态演示和环节的灵敏度分析,与 Factory CAD 系统交互集成	生产和物流系统规划,运营管理与优化,装备与流程设计评估	不能直接实时三维动态仿真
FLEXSIM	离散事件流程建模,3D 虚拟现实环境,使用 OptQuest 提供智能优化	制造业和物料运输,仓储工作流程(复杂的多目标系统)	系统要求高,大型仿真建模能力一般
AUTOMOD	基于发展策略运算法则的优化分析,建模高度精确,带有多种输出功能,支持设备投资分析	仓储和配送行业,交通及运输行业,制造和汽车行业	操作较复杂,且需要编程基础
AnyLogic	第一个将 Unified Modeling Language (UML)语言引入模型仿真领域,支持多方法建模	铁路物流和运输,仓库和码头操作,道路交通	主要偏向工程系统建模

AnyLogic 作为一款先进的商业仿真软件,在全球财富前百强公司中应用广泛,其国内外典型的应用案例如表 9-2 所示。近年来,AnyLogic 在国内被越来越多的用户认可。例如,中海石油气电集团用其进行原油运输网络分析,中国铁道科学研究院利用其进行站场多式联运分析,烟台华东电子科技有限公司利用其进行港口物流业务仿真与优化,陆军工程大学研究团队利用其进行地下物流系统仿真和关键基础设施研究。

表 9-2　　AnyLogic 典型应用案例分析

时间	国家	案例名称	目的和作用
2010 年	法国	Le Havre 港内部铁路物流模拟	在简单机车驱动轨道车和自主驱动轨道车两种设备间进行决策,并动态分析工程建设的可行性

(续表)

时间	国家	案例名称	目的和作用
2011年	德国	法兰克福机场旅客流模拟	为满足日益增长的客流量需求,通过仿真预测来减少客户等待时间,提高客户满意度和客运能力
2014年	俄罗斯	Adler-Alpika-Service车站模拟	为寻找最佳运营方案,通过仿真确定火车间的最短间隔,提出了最佳客流承载能力的方案
2014年	美国	CSX运输公司网络性能仿真	寻找货运需求增长和应急状态下,铁路网络中断的区域和应急的方案
2017年	中国	广东省邮政规划研究设计院	提供物流运输仿真模型,分析不同策略下的绩效指标,优化物流运输的瓶颈

9.1.2 AnyLogic 仿真建模功能分析

为了全面分析 AnyLogic 仿真耦合网络的适用性和有效性,本节首先从多方法仿真建模、动画和可视化转换、特定行业库集成、GIS 地图生成和可拓展平台 5 个方面来概述 AnyLogic 软件,其次介绍 AnyLogic 功能模块的符号组成,主要阐述本节建模所用到的功能模块。

1. 多方法仿真建模

在耦合网络中,大量复杂抽象的子系统很难通过单一建模方法来真实有效地描述。而 AnyLogic 基于多方法仿真建模,通过组合不同的仿真建模方法,能克服货运过程的复杂性并描述网络间的耦合依存关系,打破单一建模方法的局限性。不同建模方法的特点和适应性如表 9-3 所示。其中,相比于离散事件仿真和系统动力学仿真,基于智能体仿真的建模方法可以对系统进行深入分析。在多数案例中,一般采用系统动力学和离散事件的仿真方法,将变量和流程图放置于智能体内部,从而描述智能体内部的动态特征。因此,基于智能体仿真的模型大部分是多建模方法集成的。

表 9-3   三种仿真建模方式比较

建模方法	特点	适用性
离散事件仿真	以业务流程为中心,大多可描述为一系列独立的离散时间序列	将系统描述为一个过程
基于智能体仿真	智能体间行为交互导致系统动态变化	系统存在多个独立对象
系统动力学仿真	抽象的系统动力学方法	系统只存在全局依赖关系

AnyLogic 通过智能体,可以无缝集成不同的建模方法,构建高效的仿真模型。以耦合网络中的站点为例,每一个货运流程都可以设置为一个智能体来精细化模拟站点中货物打包处理、拆拼、转移和装卸等流程,同时可以通过分析站点的货物承载能力和服务能

力等参量来优化耦合网络的运营组织管理流程。

2．动画和可视化转换

AnyLogic 是一个具有将模型的运行流程转化为 2D 或 3D 交互图像来进行显示的仿真软件。因此，AnyLogic 可以将货物运输的流程以最直观的方式呈现出来。

3．特定行业库集成

AnyLogic 自带了流程建模库、流体库、轨道库、行人库、道路交通库和物料处理库等特定行业工具库，可模拟不同行业的工作流程和实物移动。以道路交通库为例，其包含了详细的车辆行驶和相互作用模型，不需要再额外借助其他仿真工具就可以自由定义流程中执行的动作。

4．GIS 地图生成

AnyLogic 中的模型可以通过便捷地调用 GIS 地图来定位城市、道路或站点等信息。以道路交通仿真建模为例，AnyLogic 可以直接提取道路网络的距离、坐标和节点等信息，从而使模型中的元素可以在虚拟现实网络环境中移动，并传输实时数据。

5．可拓展平台

AnyLogic 基于 Java 语言进行模型定义与参数设置，是可以完全扩展的，具有无限的建模能力。以动态环境下耦合网络仿真建模为例，由于缺乏成熟的模型，需要针对模型和输入条件进行重复试验来进行验证和分析。而为了避免烦琐的模型构建，需要自定义输入数据结构和相应算法来对模型进行拓展。

6．模型构建的符号组成与定义

如上所述，AnyLogic 自带了特定行业库，各行业库具有不同的功能模块。此外，AnyLogic 还包含系列控件、状态和输出等功能模块。在城市地上地下一体化货运网络的模型构建中，AnyLogic 主要采用的功能模块的项目符号和定义如表 9-4 所示。

表 9-4　　　　　　　　　　AnyLogic 建模的功能模块说明

模块归属	模块符号	模块名称	模块说明
流程建模库	●	Port	端口在消息传递机制中扮演中心角色，消息通过端口发送和接收，流程建模库中的模块通过端口实现连接
	➡	Enter	将已经存在的智能体插入过程流程图的特定位置中
	✖	Sink	从模型中彻底移除智能体，通常是过程流程图中的一个端点
	👥	Resource Pool	定义资源单元组，资源是智能体在执行某些任务时需要的对象，例如车辆和泊位等
	⊖	Hold	用于临时阻止智能体在执行过程流程图中位于 Hold 模块后的动作，其阻止条件通过编程控制

（续表）

模块归属	模块符号	模块名称	模块说明
流程建模库		Quene	以先进先出或基于优先级等准则缓冲流程图中下一个模块接受的智能体，其队列容量可以动态改变
		Service	获取给定数量的资源单元，延迟智能体并再释放获取的单元
		Move To	将智能体及其附加的资源以智能体速度移动到节点或 GIS 点等目的地
		Seize	从给定资源池中获取给定数量的资源，并发送到指定的位置
		Release	释放给定数量的被提取的资源单元，并可以返回指定位置
智能体		Agent	智能体，可代表各种事物，本节模型中定义为货物、节点和货运路径等
		Connection	集合，表示一组对象，用于定义将多个元素分组为单个单元的数据对象，用于存储、检索和操作聚合数据
		Function	函数，表示每次用户从模型中调用表达式时返回该表达式的值
		Event	事件，在模型中安排一些动作的最简单方法，通常用于延迟和超时建模
		Variable	变量，表示模型状态，通常用于存储模型模拟的结果，或对随时间变化的一些数据单元或对象特性进行建模
		Link to Agents	链接到智能体，定义了不可移动智能体间的联系网络
		Parameter	参数，用于表示被建模对象的一些特征，通常静态地描述对象

9.2 耦合网络的动态仿真建模

9.2.1 仿真建模的主要内容

耦合网络的动态建模主要是对货物运输受动态环境的影响过程进行研究。一方面，在城市地上道路交通网络中，受气候、通勤或道路管控等因素影响，其路段和线路上的客运交通流量是呈动态变化的，具有偶然性。另一方面，对货运需求而言，在一段时间内的货运需求总量是相对稳定的，但每个时段的货运需求量也是呈动态变化的，具有随机性。

因此，针对城市动态环境下的耦合网络进行仿真建模，可以在趋于真实的环境中对货运动态流程中的不确定性因素进行分析，弥补解析方法的不足。其主要研究内容包括以下四点。

(1) 货运的动态过程分析。

在 AnyLogic 模型中，将迭代间隔设置为 1 min，对地上地下一体化货运网络在一天时间内货物运输的动态过程进行描述，分析站点和路段在不同时刻的货物堆积量、等待车辆数和已处理货物量等指标。

(2) 设备设施的利用率分析优化。

在 AnyLogic 模型中，通过仿真模拟对耦合网络中各站点中泊位和运载车辆等设备设施的冗余能力进行分析，以优化设备设施的数量和参数设置，提高其利用率。

(3) 货运效率影响因素对比分析。

在 AnyLogic 模型中，通过设置不同的地上道路客运量、地下物流系统参数和地上道路运输参数等影响因素的值，形成不同的方案来进行对比，在动态环境中分析这些影响因素对货运效率的影响，确定特定的动态环境下这些影响因素的合理取值范围。

(4) 货运网络中断随机分析。

在耦合网络建设运营后，由于地上道路运输受恶劣天气和人为事故等灾害影响，部分路段可能出现中断。因此，为了保证货物的正常运输，需要针对耦合网络进行路段随机中断的货运分析，从而针对薄弱环节进行改善，进而提高耦合网络运营能力的可靠性。

9.2.2 仿真建模流程设计

对耦合网络的建模过程主要包含仿真描述和模型构建两部分。其中，模型构建是针对仿真描述在 AnyLogic 中实体化的过程。因此，仿真描述是耦合网络建模的基础。

1. 仿真描述

仿真描述分为货物网络描述、动态环境描述和运输流程描述三部分。根据城市地下物流系统和地上道路运输的网络形态，考虑仿真模拟的计算时间和计算机的内存损耗，耦合网络仿真描述过程如图 9-2 所示。其中，包含货运需求的起讫点（OD）分别为节点 1 至节点 4、节点 2 至节点 3、节点 3 至节点 2，以及节点 4 至节点 1，共四组货运需求。

仿真描述过程基本涵盖了耦合网络的特征。其中，该货运网络包含地上货车、地上地下连接通道、地下物流系统支线和地下物流系统干线四种运输路段，并且在同一节点间，地上道路运输会存在多条路径。此外，该货运网络的动态环境不仅包含站点可用泊位数、运载小车数量和货运动态需求等内部影响因素，还包含客运交通流量等外部动态影响因素。在货运流程中，货物运输需要进行路径分析和选择，以一条包含四种运输方式的路径为例，其描述了货物在站点接收打包和装车等过程。

因此，通过将动态环境描述作为模型输入条件，按照网络描述过程构建耦合网络，货物依循货运流程进行运输，以实时分析站点、路段和货物的实时状态。

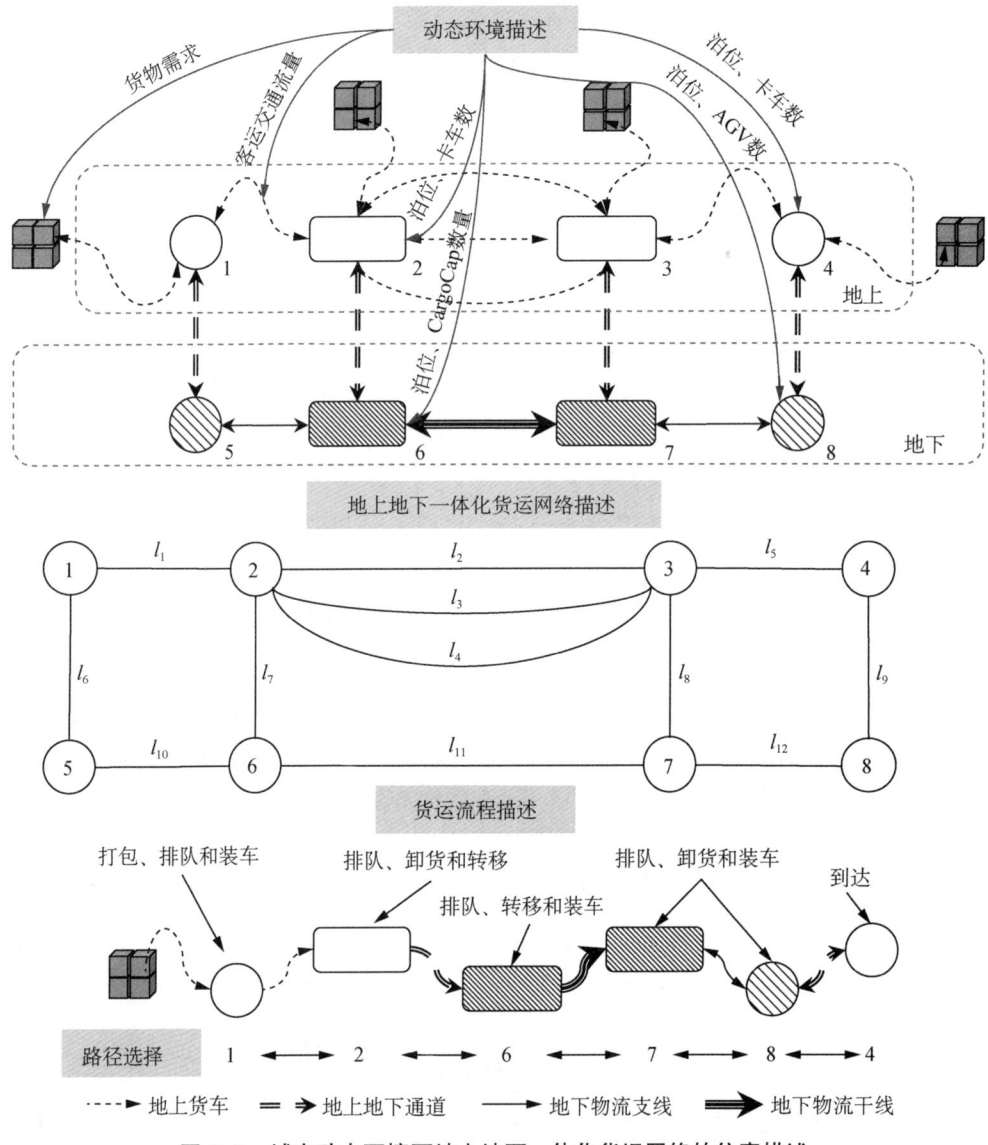

图 9-2 城市动态环境下地上地下一体化货运网络的仿真描述

2. 模型构建

根据城市动态环境下耦合网络的仿真描述,其仿真试验模型的主界面如图 9-3 所示。首先,动态环境描述将作为模型的输入条件,可以通过 Excel 表格进行导入,其参数设置已在第 6.3.3 节案例设置中进行详细阐述。其次是网络描述过程和货物流程描述。网络描述过程包含一系列矩形节点、链接和传送带,分别表示货运站点、道路和连接地上地下的通道。货物流程描述由智能体和函数构成,智能体包含单个智能体和智能体群,分别代表各货运起讫点(OD)间的货运路径、节点和货物;函数包含了各路径和节点的货运时间和处理能力计算方法。最后,输出模型不同时刻在各节点和路段上的货运状态,进而进行设备设施的利用率和影响因素分析。

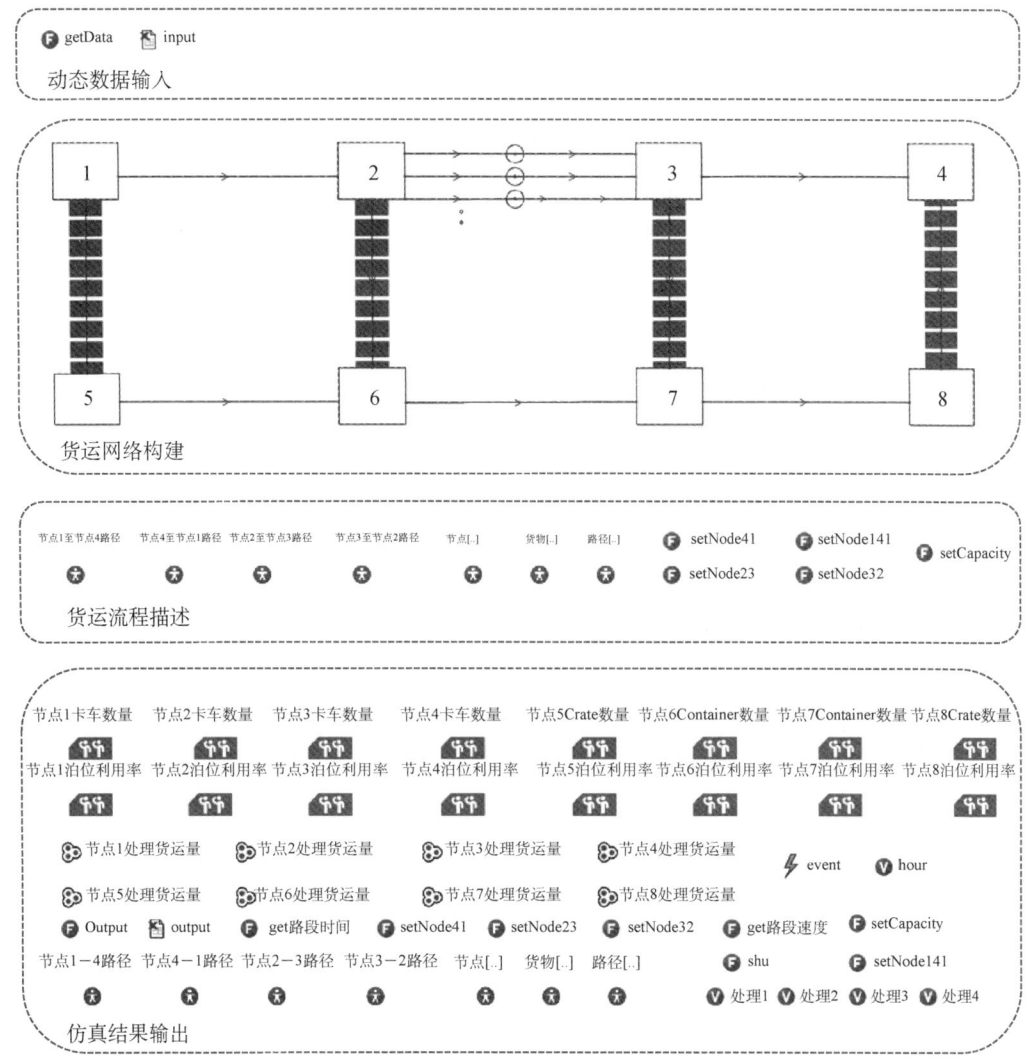

图 9-3　城市动态环境下地上地下一体化货运网络仿真试验模型

在货物流程描述过程的建模中,智能体包含了各节点间的货运路径。由于网络结构的对称性,虽然其各路段参数取值不同,但过程流程图构成类似。因此,我们分别以节点 2 至节点 3 和节点 1 至节点 4 的路径智能体为例,展示智能体的构建过程,分别如图 9-4 和图 9-5 所示。其中,各智能体包含的过程流程图主要由 Quene,Service 和 Move To 等模块构成。

在图 9-4 中,流程 1 和流程 2 分别代表地上道路运输和地下物流运输两种形式。其中,由于连接节点 2 和节点 3 的地面道路包含三条不同路段,仅路段参数取值不同,其货运流程相同,因此流程 1 包含了三条路径。在四条路径的选择中,考虑实际货运路径选择的不确定性和个人偏好,在仿真迭代中,引入轮盘赌算法,货运时间短的路径被选择的概率大,以保证大部分货物按照最小货运时间的路径进行运输。

智能体：节点2至节点3四条路径的过程流程

流程1：对应三条路径l_2, l_3和l_4

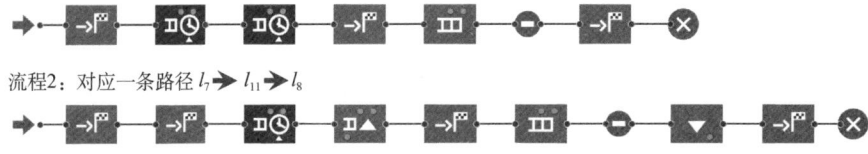

流程2：对应一条路径$l_7 \rightarrow l_{11} \rightarrow l_8$

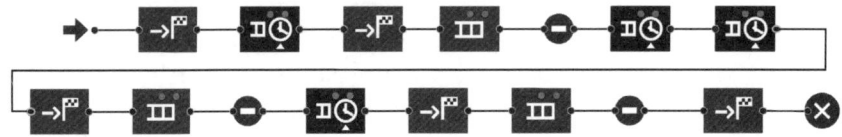

图 9-4　节点 2 至节点 3 路径智能体构建过程

智能体：节点1至节点4五条路径的过程流程

流程1：对应一条路径 $l_6 \rightarrow l_{10} \rightarrow l_{11} \rightarrow l_{12} \rightarrow l_9$

流程2：对应一条路径 $l_1 \rightarrow l_7 \rightarrow l_{11} \rightarrow l_{12} \rightarrow l_9$

流程3：对应三条路径 $l_1 \rightarrow l_2, l_5, l_1 \rightarrow l_3, l_5, l_1 \rightarrow l_4 \rightarrow l_5$

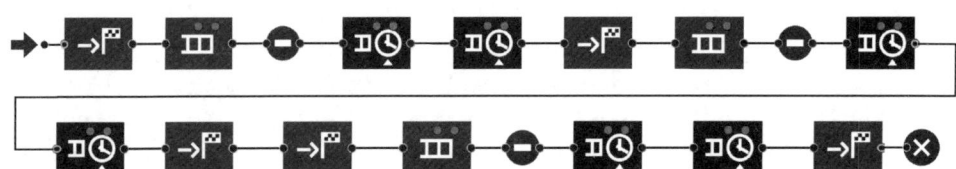

图 9-5　节点 1 至节点 4 路径智能体构建过程

在图 9-5 中，流程 1，2 和 3 分别代表地下物流运输、地上地下混合运输和地上道路运输三种形式。其中，同图 9-4，地上道路运输业包含了三条运输路径。此外，在流程 1 中，地下物流系统在干线 l_{11} 以及支线 l_{10}, l_{12} 上采用不同的机车，其特征取值也不同，我们将在参数设置中进行探讨分析。

9.3　案例研究

9.3.1　案例背景

耦合网络的动态仿真模型包含多个参数设置。首先，对于路径的运输时间而言，地上道路客车和货车的数量共同影响运载车辆在路段上的行驶速度,其货运时间通过 BPR 函数来计算。地下物流系统的运载小车在满足发车间隔时,其运输速度和时间是固定的。而对于连接地上地下空间的通道,本模型使用传送带进行货物转移,其传输速度固定。其次,网络中节点涉及货物的装载、卸载,其处理时间与节点的泊位数量和装卸能力有关。因此,本节从城市道路容量设置、货运需求量设置、客运交通量设置和节点泊位及运载工具参数设置四个方面来进行设置。

本节考虑恶劣天气和突发事件的影响,将城市道路的标准容量设置为 $C_1 \sim C_9$ 共 9 种不同情境,如表 9-5 所示。其中,恶劣天气会造成道路容量下降,突发事故(大型车祸或桥梁坍塌等灾害)造成的路段中断或极端天气会造成地面道路无法用于货物运输,其容量降至 0(对应客运量降至 0),在不建立地下物流的情境中,地面道路容量得到扩张。此外,道路距离在各情境中不发生改变。

表 9-5　　　　　　　　　　城市道路标准容量动态设置[a]

路段	l_1	l_2	l_3	l_4	l_5
距离/km	10	23	25	28	9
情境 C_1 道路设计容量/(辆·h^{-1})	700	900	700	700	600
情境 C_2 恶劣天气时容量/(辆·h^{-1})	452	789	412	503	487
情境 C_3 极端天气时容量/(辆·h^{-1})	0	0	0	0	0
情境 C_4 路段 l_1 中断时容量/(辆·h^{-1})	0	900	700	700	600
情境 C_5 路段 l_2 中断时容量/(辆·h^{-1})	700	0	700	700	600
情境 C_6 路段 l_3 中断时容量/(辆·h^{-1})	700	900	0	700	600
情境 C_7 路段 l_4 中断时容量/(辆·h^{-1})	700	900	700	0	600
情境 C_8 路段 l_5 中断时容量/(辆·h^{-1})	700	900	700	700	0
情境 C_9 不建立地下物流时容量/(辆·h^{-1})	1 000	1 400	1 000	1 000	900

注:[a] 道路标准容量设置区别于最大允许容量,其用于计算道路货运车辆的行驶时间。

针对城市货运需求量,本节考虑城市货运总量不同的动态情境 D_1 和 D_2,如表 9-6 所示。其中,情境 D_1 和 D_2 的货运总量大小分别为 9 793 TEU 和 18 834 TEU。

表 9-6　　　　　　　　　　城市不同起讫点货运量动态设置

序号	时段	城市货运需求量/(unit·TEU^{-1})							
		情境 D_1				情境 D_2			
		(1, 4)	(2, 3)	(3, 2)	(4, 1)	(1, 4)	(2, 3)	(3, 2)	(4, 1)
1	0:00—1:00	0	0	0	0	45	16	13	7
2	1:00—2:00	0	0	0	0	11	2	7	10

（续表）

序号	时段	城市货运需求量/(unit·TEU^{-1})							
		情境 D_1				情境 D_2			
		(1, 4)	(2, 3)	(3, 2)	(4, 1)	(1, 4)	(2, 3)	(3, 2)	(4, 1)
3	2:00—3:00	0	0	0	0	8	4	8	6
4	3:00—4:00	0	20	21	0	57	107	105	55
5	4:00—5:00	23	97	98	28	82	152	157	88
6	5:00—6:00	22	105	104	23	78	161	164	79
7	6:00—7:00	51	153	147	46	111	212	203	101
8	7:00—8:00	27	97	96	25	86	154	155	82
9	8:00—9:00	18	46	50	16	159	131	109	107
10	9:00—10:00	80	232	232	85	235	462	308	250
11	10:00—11:00	186	437	432	183	270	521	511	451
12	11:00—12:00	238	435	538	231	413	575	610	456
13	12:00—13:00	190	438	339	190	397	602	508	406
14	13:00—14:00	84	236	237	83	327	408	440	279
15	14:00—15:00	160	385	383	159	417	510	471	423
16	15:00—16:00	34	117	112	37	107	263	194	170
17	16:00—17:00	80	198	201	72	277	290	402	229
18	17:00—18:00	98	252	247	96	211	427	394	183
19	18:00—19:00	30	97	100	24	116	327	279	264
20	19:00—20:00	22	96	105	27	162	207	306	112
21	20:00—21:00	29	96	96	21	86	192	201	87
22	21:00—22:00	0	0	0	0	12	24	19	11
23	22:00—23:00	0	0	0	0	0	0	0	0
24	23:00—24:00	0	0	0	0	0	0	0	0

针对城市客运交通的变化，设置车辆限行措施（情境 T_1）和不限行措施（情境 T_2）两种情境进行比较分析，如表 9-7 所示。其中，情境 T_2 在不同时刻的客运车辆数量均高于情境 T_1，且高峰时期的拥堵较为严重。

表 9-7 城市客运交通量动态设置

序号	时段	城市地上路段客运车辆数量/辆									
		情境 T_1					情境 T_2				
		l_1	l_2	l_3	l_4	l_5	l_1	l_2	l_3	l_4	l_5
1	0:00—1:00	120	229	313	233	120	125	235	320	236	127
2	1:00—2:00	50	100	210	120	50	56	103	216	125	59
3	2:00—3:00	20	40	30	40	20	25	50	38	50	29
4	3:00—4:00	40	30	40	20	40	42	39	43	20	46
5	4:00—5:00	120	126	212	301	120	127	133	214	307	122
6	5:00—6:00	300	403	500	532	300	310	404	505	540	304
7	6:00—7:00	500	606	693	684	500	665	774	933	807	760
8	7:00—8:00	1 000	1 101	1 194	1 188	1 000	1 231	1 138	1 436	1 335	1 090
9	8:00—9:00	800	901	996	1 098	800	1 023	1 006	1 052	1 298	1 025
10	9:00—10:00	780	882	970	969	780	803	1 008	984	1 169	1 062
11	10:00—11:00	700	805	894	923	700	752	1 101	1 184	1 009	757
12	11:00—12:00	650	755	849	802	650	690	929	1 001	856	868
13	12:00—13:00	650	756	844	925	650	728	833	907	1 201	789
14	13:00—14:00	500	606	692	762	500	584	620	855	992	737
15	14:00—15:00	600	706	799	863	600	830	806	1 063	875	614
16	15:00—16:00	600	710	793	794	600	802	837	891	1 089	772
17	16:00—17:00	700	805	895	835	700	891	995	996	1 038	702
18	17:00—18:00	900	1 009	1 097	1 104	900	1 085	1 040	1 260	1 276	1 164
19	18:00—19:00	1 100	1 202	1 290	1 248	1 100	1 235	1 317	1 365	1 409	1 209
20	19:00—20:00	800	901	993	1 029	800	1 021	1 081	1 035	1 254	1 010
21	20:00—21:00	700	809	891	949	700	761	925	952	1 041	777
22	21:00—22:00	600	703	792	778	600	762	737	886	792	743
23	22:00—23:00	550	657	749	660	550	570	716	826	709	704
24	23:00—24:00	400	506	594	646	400	554	533	611	716	453

货运网络节点泊位及运载工具参数设置如表 9-8 和表 9-9 所示。其中,地下物流系

统干线和支线分别以美国 Najafi 教授提出的 Container 和 Crate 形式为例,如第 2 章表 2-11 所述。

表 9-8 货运网络运载工具参数设置

路段	机车	长×宽×高/(m×m×m)	速度/(km·h^{-1})	载货量/unit	装卸时间/s	发车间隔/s
地上道路	货车	6.20×2.00×2.00	40	2	100	0
地下支线	Crate	3.20×1.50×1.60	36	1	30	15
地下干线	Container	12.20×2.40×2.90	60	8	30	30

表 9-9 节点泊位和运载工具数量设置

装卸平台及运载工具	节点							
	1	2	3	4	5	6	7	8
厢式货车装卸平台数/个	10	25	25	10	0	0	0	0
Crate 装卸平台数/个	0	0	0	0	12	12	12	12
Container 装卸平台数/个	0	0	0	0	15	15	0	0
等待区厢式货车数量/辆	50	200	200	50	0	0	0	0
等待区 Crate 数量/辆	0	0	0	0	100	60	60	100
等待区 Container 数量/辆	0	0	0	0	100	100	0	0

本节通过选取不同的情境组合来构建不同的案例,从而分析货运的动态过程和影响因素,如案例 (C_1, D_1, T_1) 表示车辆限行措施下,正常道路容量和货运需求量的情境组合。对于所有案例,模型运行的基本参数设置如表 9-10 所示。考虑每次仿真模拟的效率和结果提取分析,在实际操作中采用 10 倍速率进行仿真模拟,其输出数据的符号表示和描述如表 9-11 所示。

表 9-10 仿真基本参数设置

参数	模型时间单位	总仿真时间	固定时间步长	最大内存	执行模式
运营模式	min	1 440 min	0.1 s	2 048 MB	真实时间 1∶1

表 9-11 仿真模型输出结果的符号表示及描述

符号	符号描述
t	仿真时间,表示仿真模拟已进行的总时间
i	节点,表示地上地下一体化货运网络中的节点,$i \in \{1, 2, \cdots, 7, 8\}$
j	机车形式,$j \in \{1, 2, 3\}$,当其取值为 1,2 和 3 时分别表示机车形式为货车、Crate 和 Container

(续表)

符号	符号描述
$\eta_{ij}(t)$	装卸平台空置数，表示节点 i 中 j 机车形式在 t 时刻未被利用的装卸平台数量
$\rho_{ij}(t)$	机车空置数，表示节点 i 中 j 机车形式在 t 时刻未被利用的数量
$d_i(t)$	已处理货物量，表示节点 i 在 t 时刻已经处理的货物数量
$u_i(t)$	待处理货物量，表示节点 i 在 t 时刻待处理的货物数量，即实时排队的货物量
$r_j(t)$	机车货运量，表示 j 机车在 t 时刻已处理的货运量
$b_i(t)$	实时收发货物量，表示节点 i 在 t 时刻与 $t-\Delta t$ 时刻间货物达到和发出的总和

因此，为了分析不同情境下耦合网络的动态过程，我们分别针对特定条件下不同的情境组合，形成不同案例，通过城市动态环境下耦合网络的仿真模型进行计算分析，其各案例对应的情境组合如表 9-12 所示。

表 9-12　　　　　　　　　案例设置描述

案例编号	情境组合		
	道路容量	货运需求量	客运交通量
1	C_1	D_1	T_1
2	C_1	D_1	T_2
3	C_1	D_2	T_1
4	C_1	D_2	T_2
5	C_2	D_1	T_1
6	C_3	D_1	T_1
7	C_4	D_1	T_1
8	C_5	D_1	T_1
9	C_6	D_1	T_1
10	C_7	D_1	T_1
11	C_8	D_1	T_1
12	C_9	D_1	T_1

9.3.2　结果分析与讨论

在不同动态环境下(城市道路容量、货运量和客运量三个方面)，对比不同客货运需求量下货运量的动态变化、机车及其装卸平台空置数的动态变化和网络路段容量动态变化下的货运状态，在展示动态仿真模型的可行性和适用性的同时，对耦合网络的动态货运过程进行分析。

1. 货运量动态分析

本节主要是在同一道路容量条件下(C_1)对比不同客货运需求量条件下(D_1, D_2, T_1 和 T_2)货运量的动态变化趋势。在本研究中,我们采用已处理货物量 $d(t)$、待处理货物量 $u(t)$ 和实时收发货物量 $b(t)$ 三个层面,分析耦合网络货运量的动态变化。

(1) 已处理货物量。

从耦合网络中各运输方式已处理货物量来看,地下物流系统干线在案例 1~4 中承担了大部分货物运输,如图 9-6 所示。而对于地下物流系统支线,其已处理货物量随货运需求量和客运流量的提高而不断增长,表明当地面交通拥堵或由货运引发的交通负担提高时,地上道路的货运时间延长,大部分货物将选择地下物流系统进行运输。

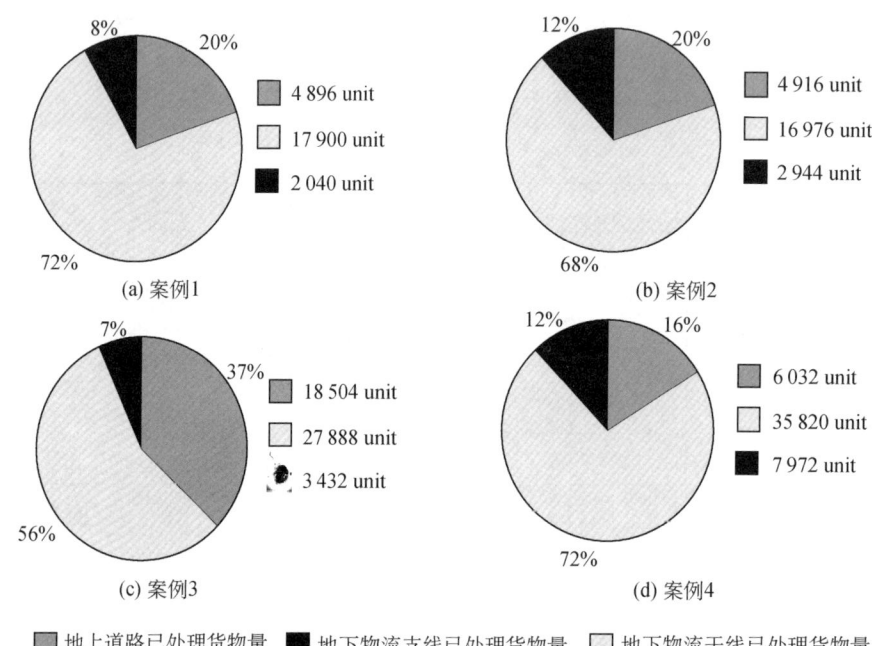

图 9-6 地上地下一体化货运网络中各运输方式已处理货物量示意

在图 9-6(c)和(d)中,案例 3 和案例 4 的地上道路货运量随客运流量增加而减少,而在图 9-6(a)和(b)中,案例 1 和案例 2 的结果却相悖。其主要原因是,当货运量较大且客运流量增加时,地面交通的承载力有限,促使货物进入地下运输。而当货运需求量较小且客运流量增加时,节点 1 至节点 4 的大部分货物由地上道路进入地下物流系统支线,从而导致地上道路交通的总流量减少,致使节点 2 至节点 3 的部分货物又重新选择了地上道路进行运输。因此,这种动态流动特征的作用效果在货运量较小时比较明显,这表明地上道路节点的已处理货物量并不是随客运流量的增加而减少的。

从耦合网络中节点已处理货物量随时间的动态变化来看,图 9-7(a)表明地上道路节点已处理货物量受需求量影响较大,受地上道路客运流量的影响较小。其主要原因是,货物通过地下物流系统运输,最终将返回地上道路节点进行处理,因此节点已处理货物量与需求量有关。此外,地上道路的客运流量影响节点处理总量的增长速率。以节点1在案例3(客运流量较小)与案例4(客运流量较大)的已处理货物量为例,当客运流量较小时,货物到达时间短,节点处理总量较早达到最大值。

由图 9-7(b)可知,在确定的道路容量 C_1 下,随着客运流量的提高,地下节点的已处理货物量在总体上也相应提高。此外,地下物流系统支线节点的已处理货物量明显低于干线节点的已处理货物量。其中,以地下物流系统支线节点5为例,案例2和案例4的已处理货物量分别高于案例1和案例3,而地下物流系统干线节点6中案例2的已处理货物量低于案例1,该相悖结果也验证了需求量较小时的货物动态流动特征。

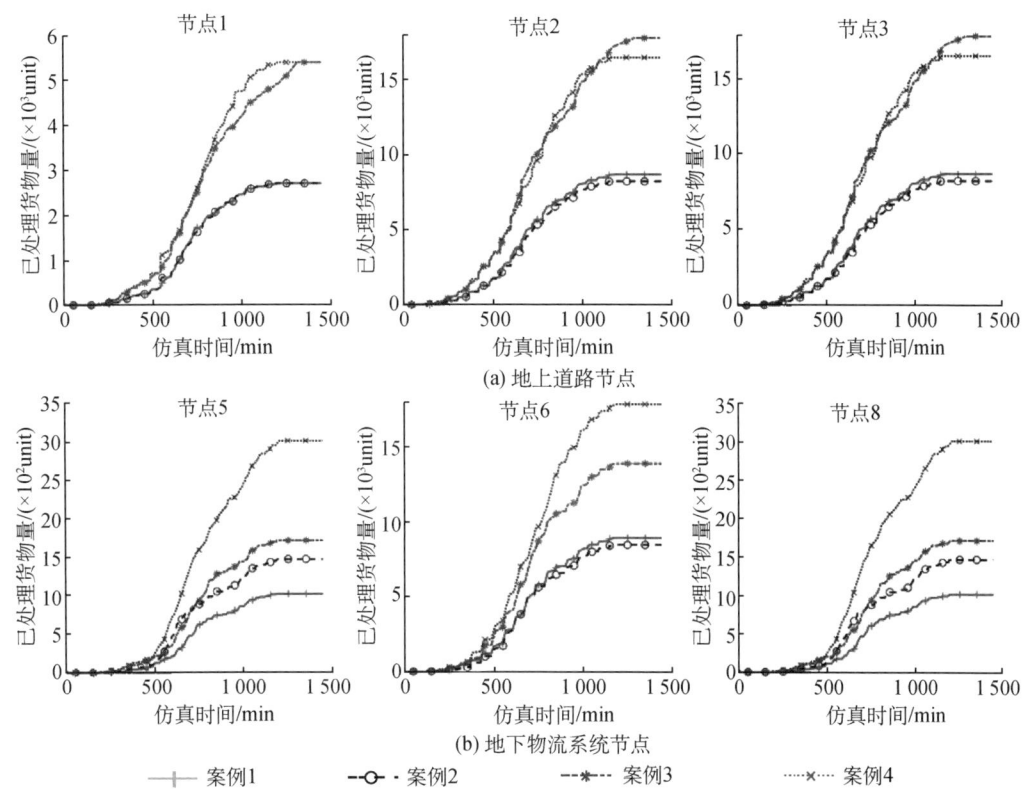

图 9-7　不同案例下城市地上地下一体化货运网络节点已处理货物量的动态变化趋势

综合图 9-7(a)和(b)的结果可知,随着客运流量和货运需求量的增加,耦合网络中节点的已处理货物量随时间增长而动态增加,并能够在不同的货运需求量和客运流量情境中完成货物运输。节点1和节点3、节点5和节点8都具有类似的特征,其主要原因是案例设置中网络的节点和需求量变化具有近似对称特征,因此后续分析仅选取节点1,2,5和6进行分析。

(2) 待处理货物量。

从耦合网络中各节点待处理货物量 $u(t)$ 来看,不同案例中节点 i 的 $u_i(t)$ 曲线互不相同,但地上节点间(节点 1 和节点 2)和地下节点间(节点 5 和节点 6)各具相似特征,如图 9-8(a),(b)所示。其中,受节点货物处理量 $d_i(t)$ 的影响,当货运需求量较小时,地上道路运输节点待处理货物量[$u_1(t)$ 和 $u_2(t)$]随着客运流量增大而增加,而在货运需求量较大时则恰好相反。对于地下物流系统,其节点的待处理货物量[$u_5(t)$ 和 $u_6(t)$]随客运流量和需求量增大而增加。此外,相比于地上节点和地下物流系统支线节点,地下物流系统干线节点的货运处理速度更快,曲线下降速度也更快。

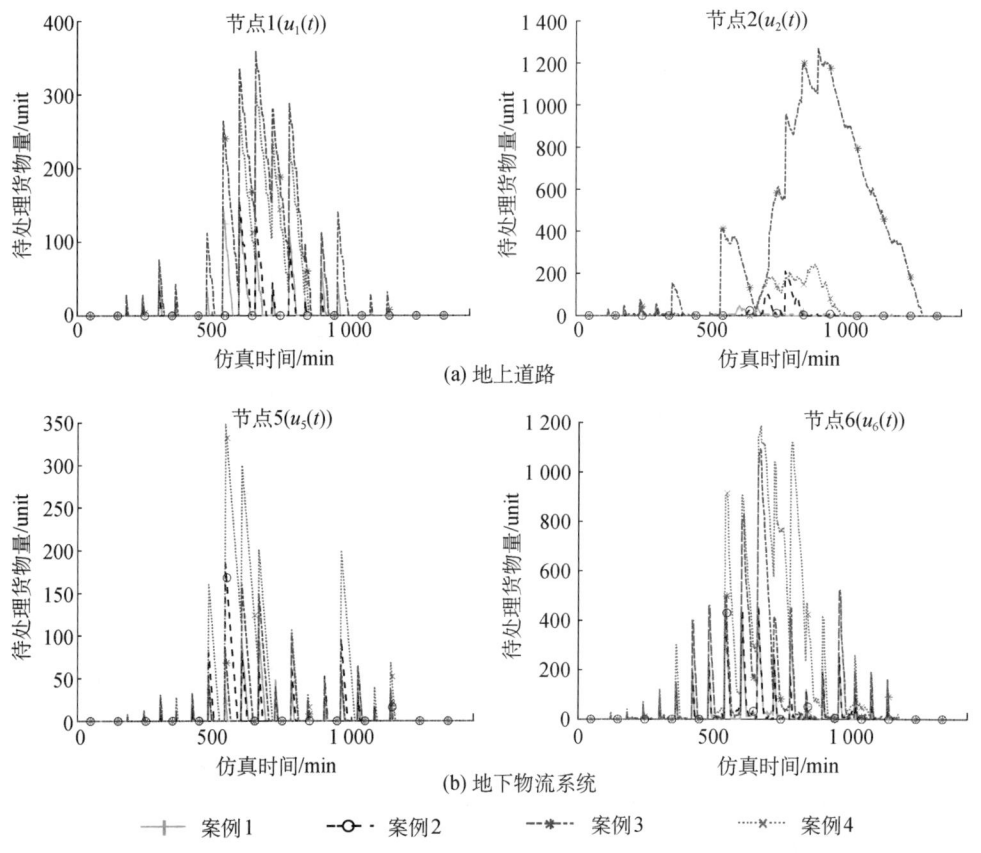

图 9-8 不同案例下耦合网络节点实时排队货物量的变化趋势

(3) 节点收发的货物量。

从耦合网络中各节点收发的货物量 $b(t)$ 来看,当收发货物的统计间隔时间 $\Delta t = 2$ min 时,不同案例中节点 i 的 $b_i(t)$ 曲线具有波动幅度较大的类似特征,如图 9-9(a)~(d)所示。不同于节点已处理和待处理货物量变化趋势,收发货物量的波动特征主要受运载小车、泊位数量和最小车头时距的影响。其中,在节点 1,2,5 和 6 中,地下物流系统节点 6 的收发货物量变化曲线的最大值最大,表明其货物处理能力最强。同理,地下物流系统支线的货物处理能力最弱。在案例 1~4 中,地上地下节点的货物收发量变化曲线在整体上随时间的推移呈先增后降的趋势。当货物需求量和客运流量增大时,其曲线达到最大值的频次明显提高。

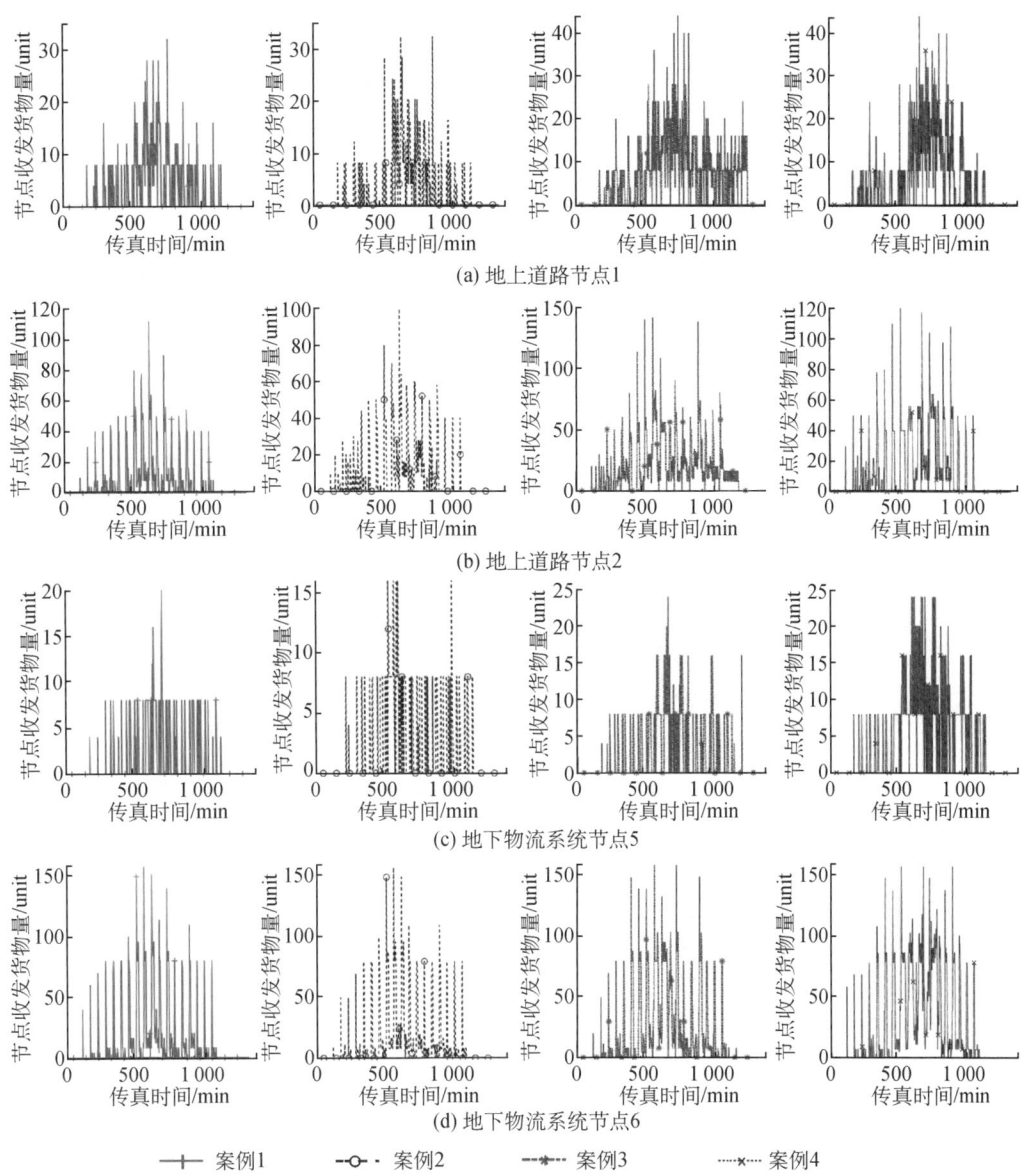

图 9-9　不同案例下城市地上地下一体化货运网络节点收发货物量 $b_i(t)$ $(\Delta t = 2\ \text{min})$ 的变化趋势

2. 机车及其装卸平台空置数动态分析

耦合网络中地上道路节点和地下物流系统节点的机车空置数 $\rho(t)$ 及其装卸平台空置数 $\eta(t)$ 随时间的动态变化如图 9-10 所示。从仿真模拟结果来看,地上与地下节点的机车及其装卸平台空置数变化趋势各有不同,其变化趋势受多因素动态影响。而通过仿真模拟,可以得到机车及其装卸平台空置数的动态变化趋势,从而可以分时段优化节点机车数量配置和装卸平台的建设。

针对地上道路节点,以图 9-10(a)中地上节点 1 的货车平台数为例,在案例 1~4 中,具有最大利用率的货车装卸平台数为 8 个,因此,在保证货物正常运输的前提下,富余

20%的平台数可以不进行开放或备用。此外,由图 9-10(b)中节点 2 货车空置数仿真结果显示,在案例 1~3 中,具有最大利用率的货车数均没有达到预设的货车数,而图 9-10(a)中节点 1 货车空置数在部分时段为 0。因此,可以通过调整节点 2 的货车资源配置到节点 1 进行货运,来动态优化货运网络。

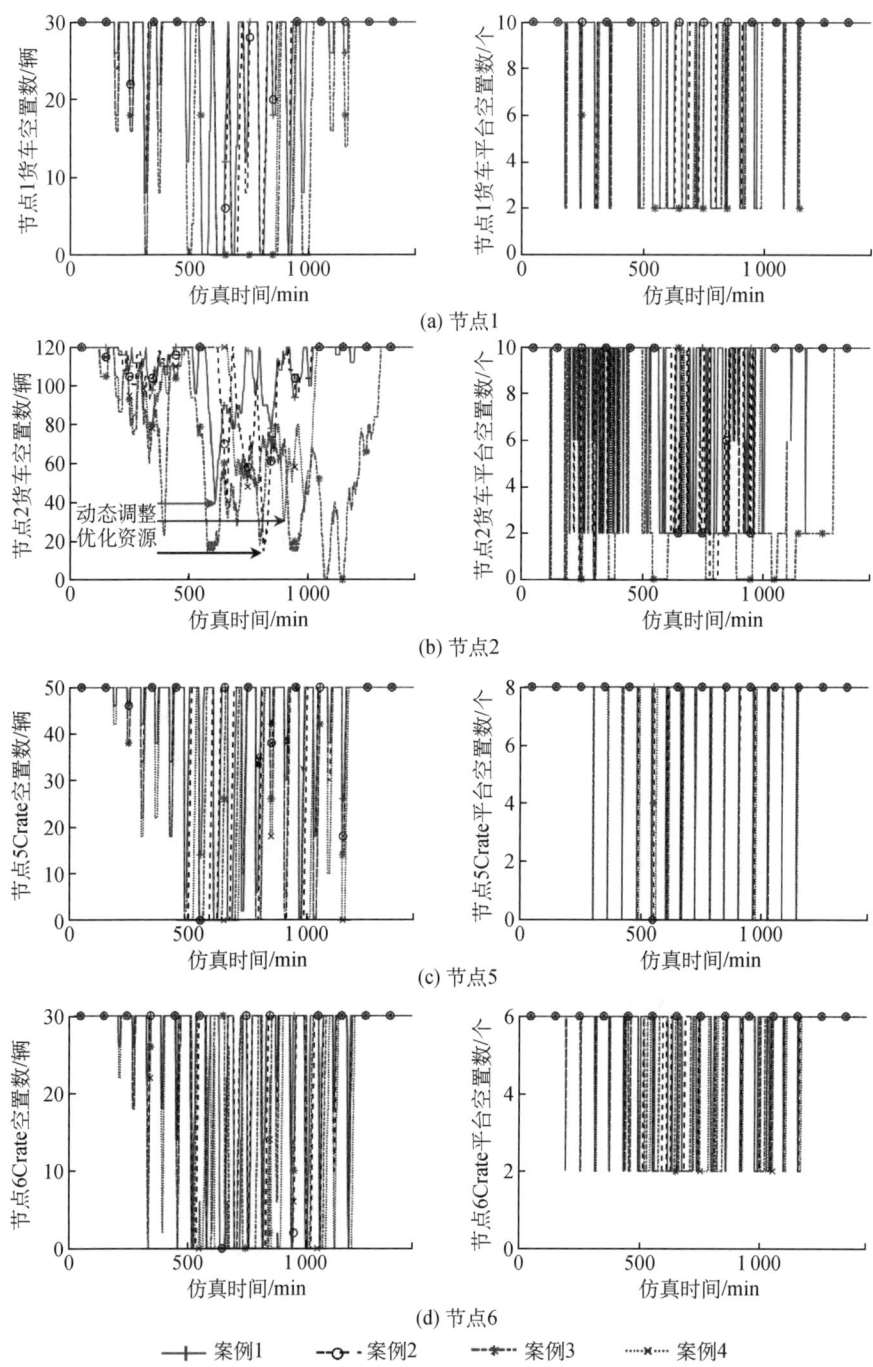

图 9-10　不同案例下耦合网络中节点机车空置数 $\rho(t)$ 及装卸平台空置数 $\eta(t)$ 的变化趋势

针对城市地下物流系统支线节点 5 和干线节点 6,Crate 机车和 Container 机车及其装卸平台的变化趋势与货运网络节点收发货运量的变化趋势类似,即与图 9-10(c)和(d)相似,受货物需求量和客流量的影响,均呈现较大的波动特征。由此可见,针对耦合网络中货物运输,对货运需求量和客运流量进行动态预测并分析,未来可以在机车资源和装卸平台限制条件下实现货运策略优化。

3. 网络路段容量变化动态分析

根据第 9.3.2 节所建立的耦合网络动态仿真模型,以及第 9.3.3 节所设置的网络路段容量变化的案例 5~12,开展动态仿真模拟,对案例中节点的待处理货物量和三种运输方式的已处理货物量进行研究分析,结果如图 9-11 和图 9-12 所示。

由图 9-11 可知,在货运量需求和客运流量相同的背景下,节点 2 和节点 6 在不同案例中的待处理货物量 $u(t)$ 均有明显差异,受网络路段容量变化的影响较大,而地下物流系统为耦合网络中的主控因素。如图 9-11(a)所示,节点 2 在案例 12 中的待处理货物量在 24 h 内仍未完成运输,当 $t=964$ min 时,$u_2(t)$ 取最大值 1 786 unit。曲线 $u(t)$ 与仿真时间围合的区域面积,可表示所有货物积压等待的时间。因此,在不通过地下物流系统运输时(对应地下网络完全中断),仅依靠增加道路容量,难以完成货物运输,同时货物总的等待时间延长。而如图 9-11(b)所示,在地上道路容量下降、部分或完全中断后,货物在地下节点的等待处理货物量曲线形式差异小,表示货物总等待时间变化幅度较小。因此,在耦合网络中,相比于地下物流系统中断,地上道路容量下降或完全中断对货运效率的影响较小。

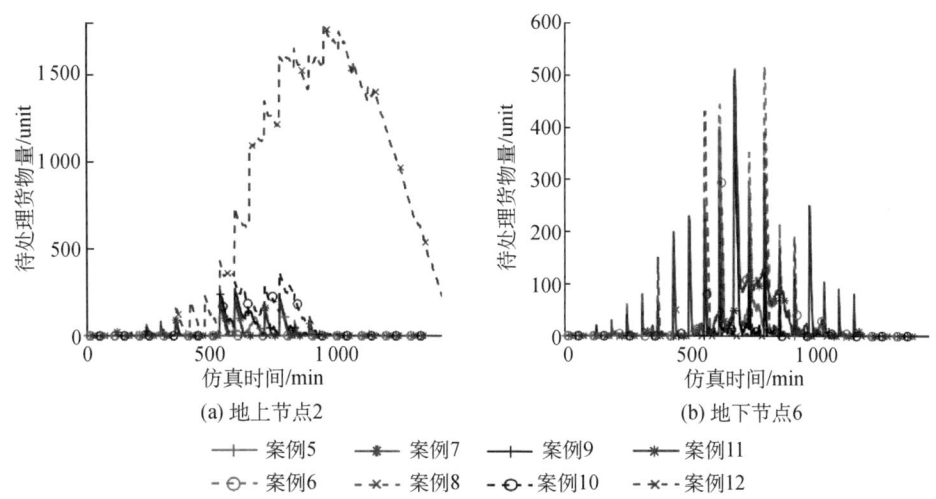

图 9-11 不同道路容量案例下城市地上地下一体化货运网络中节点的待处理货物量的变化趋势

如图 9-12(a),(b)和(c)所示,在货运量需求和客运流量相同的背景下,针对不同道路容量,除案例 12 以外,地上道路、地下物流系统支线和干线的已处理货物量 $r(t)$ 的变化曲线均具有随时间增长而增长,且增长率先增加后下降直至为 0 的相似特征。在案例

12中，由于地下已处理货运量为0，其地上道路运输已处理货物量近似直线增长，表明地上道路中所有车辆正持续满负载运营。此外，在节点2至节点3的三条路段l_2（案例8）、l_3（案例9）和l_4（案例10）中，拥有最短距离和最大容量的路段l_2中断对地上道路运输的影响最大，表明正常状态下通过路段l_2的货物量较多。

图9-12(d)为三种运输方式中已处理货物量的百分比图。其中，在地下物流系统正常状态下，其已处理货运量占已处理货物总量的60%以上。结合图9-12(a)所示各运输方式已处理货物量的比例进行对比，可知案例6、案例7、案例8和案例11中，随着路段容量下降或中断，地上道路已处理货物量所占比例下降。而对于案例5（地上道路整体容量下降）、案例9（路段l_3中断）和案例10（路段l_4中断），其地上道路已处理货物量所占比例反而上升。这主要是因为随着地上道路容量下降或中断，其近距离节点2至节点3（或节点3至节点2）中的货物大部分通过地下物流系统运输，间接导致节点1至节点4（或节点4至节点1）中部分货物选择地上道路进行运输，从而导致地上节点已处理货物量的增长幅度较大。因此，在耦合网络的动态运输过程中，短距离节点间货物由地下转入地上，间接导致地上道路交通量下降，进而导致远距离节点间的部分货物会选择地上节点进行中转运输。

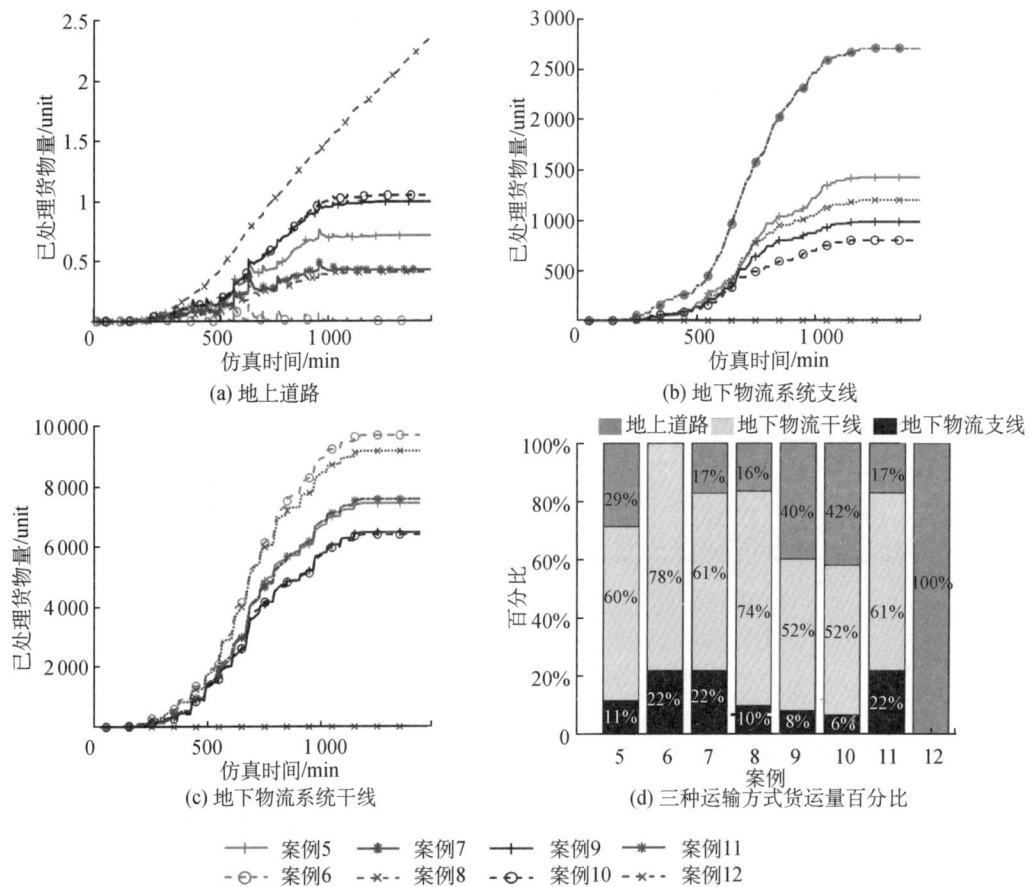

图9-12 不同道路容量案例下城市地上地下一体化货运网络中已处理货物量的变化趋势

9.4　本章小结

　　本章首先着眼于实际环境中耦合网络运营环境中的大量参数和货运路径选择具有不确定性和随机性等特征，对难以用解析方法表达的货运动态流程采用仿真模拟的手段进行仿真建模研究。基于 AnyLogic 软件多方法建模的特点和特定行业库集成等优点，本章应用 AnyLogic 构建耦合网络仿真模型，对耦合网络进行仿真实验，验证其在不同环节、不同环境中货物运输的有效性，并优化货运流程中的资源调配，以弥补静态确定性环境下解析方法的不足。

　　在已涵盖了耦合网络特征的仿真模型中，通过设置不同的城市道路容量、货运量和客运量等动态参数，对比了不同客货运需求量下货运量的动态变化、机车及其装卸平台空置数的动态变化以及网络路段容量动态变化下的货运状态。结果显示，当地面交通拥堵或由货运引发的交通负担加重时，地上道路的货运时间将延长，大部分货物将选择地下物流系统进行运输。在案例 1~11 中，地下物流系统已处理货物量占网络已处理货物量的 60% 以上。对于地上道路节点的已处理货物总量，其与客运流量的关系具有动态特征，并不是随客运流量的增加而减少。

　　此外，节点的收发货物流、机车及其装卸平台空置数变化趋势各有不同，其变化趋势受多因素动态影响，均具有明显的波动性。通过仿真模拟，可以得到机车及其装卸平台空置数的动态变化趋势，从而分时段优化节点机车数量配置和装卸平台的建设。在道路容量动态变化的案例中，相比于地上道路容量下降或完全中断对网络货运效率的影响，地下物流系统是耦合网络中货运效率的主控因素。